선을 넘는
초등
수학
공부법

선을 넘는 초등 수학 공부법

2022년 2월 20일 1판 1쇄 인쇄
2022년 3월 1일 1판 1쇄 발행

지은이 조지희(깔루아)
펴낸이 이상훈
펴낸곳 책밥
주소 03986 서울시 마포구 동교로23길 116 3층
전화 번호 02-582-6707
팩스 번호 02-335-6702
홈페이지 www.bookisbab.co.kr
등록 2007. 1. 31. 제313-2007-126호

기획 박미정
디자인 디자인허브

ISBN 979-11-90641-69-2 (13370)
정가 18,000원

이 책은 저작권법에 따라 보호받는 저작물이므로 무단전재와 무단복제를 금합니다.
이 책 내용의 전부 또는 일부를 사용하려면 반드시 저작권자와 출판사에 동의를 받아야 합니다.

책밥은 (주)오렌지페이퍼의 출판 브랜드입니다.

수학 1등급을 만드는 초등 6년 완전 학습

선을 넘는 초등 수학 공부법

조지희(깔루아) 지음

Prologue

초등 수학
아이보다 먼저 포기하지 마라

아이가 태어나 아장아장 걷기 시작할 때만 해도 아이 얼굴만 봐도 배가 부르고 행복했다. 그러나 초등학교 입학을 앞두고 우리 아이가 그 쉬운 한 자릿수 덧셈 뺄셈을 손가락으로 계산하고 있는 모습을 보면 한숨이 나온다. 학교에서 단원평가 결과가 100점이 아닐 때, 우리 아이는 왜 쉬운 문제도 틀리는지, 혹시 고등학생이 되어서도 그럴까 봐 고민이다. 유명 수학학원에 입학 테스트를 보고 가장 낮은 반도 들어갈 수 없다는 충격적인 결과를 받은 날 눈물이 앞을 가린다. 옆집 아이는 수학 진도가 3년이나 앞선다는데 우리 아이만 수학이 뒤처지는 것은 아닌지 걱정이다.

부모인 내가 수포자(수학 포기한 자)라 우리 아이도 그런 걸까? 수학을 못해서 원하는 학교, 원하는 직장에 들어가지 못하면 어쩌나. 초등학교 수학이 중학교와 고등학교까지 연결된다는데 초등 수학부터 어려워하니 난감하다. 차라리 수학 공부할 시간에 아이가 좋아하는 다른 공부를 하는 게 나을까. 그러나 현실은 수학을 못했을 때 받는 불이익이 너무 많다. 수학 진도 느린 것이, 수학을 못하는 것이 죄도 아닌데, 경제적으로 여유만 있다면 우리나라 입시 체제를 벗어나 해외에서 공부시키고 싶은 마음이 들기도 한다. 하지만 최소한의 사교육을 받는 정도밖에 지원할 형편이 안 된다.

어느새 아이는 커서 사춘기가 시작되었다. 공부가 점점 어려워지니 느는 것은 잔소리뿐이다. 특히 수학을 잘하지 못하면 유난히 화가 치민다. 이 세상에 수학이라는 과목이 없어진다면, 부모와 자식 관계가 조금은 더 좋아지지 않을까 하는 생각이 들기도 한다. 타고난 수학 머리도 없는데 초등학교 입학부터 수능까지 12년 동안 많은 시간과 비용을 투자하는 것이 올바른 일인지 모르겠다. 그 시간과 비용을 아이가 좋아하는 분야에 쏟는 것은 어떨까 싶지만 대학은 제대로 가야 할 것 같다. 왜냐하면 우리 세대는 적어도 공부를 열심히 해서 좋은 대학을 나오면 어느 정도 먹고살 수 있다고 믿어왔기 때문이다. 자녀를 키우며 수학 때문에 고민하고 힘들어할 것이라고 예상하지 못했을 것이다. 이쯤 되면 그냥 우리 아이의 수학을 포기해버려야 할까?

여러 과목 중에 유독 수학만 '포기자'라는 단어가 붙는다. '수포자', 이제는 누구나 아는 익숙한 말이 되어버렸다. '수학 실패'도 아닌 '수학 포기'라니, 여기에는 도전조차 하지 않는다는 의미가 내포되어 있다. 한국교육과정평가원이 2017년부터 2020년까지 4년간 학생 50명을 추적 연구한 '초중학교 학습 부진 학생의 성장 과정에 대한 연구'의 중간 보고서는 수학에 어려움을 겪는 학생은 초등학교 3학년 때 '분수'에서 첫 고비를 맞는다고 발표했다. 수학 포기자가 초등 3학년 때 나온다는 것이다. 특히 3학년 2학기 분수 연산을 이해하지 못하면 학년이 올라갈수록 교과 내용조차 어려워할 수도 있다.

유아부터 초등 저학년까지는 부모가 아이의 수학 공부를 지도하는 경우가 많다. 수와 연산이 대부분을 차지하고 있기 때문에 설령 부모가 수학 포기자라고 해도 충분히 아이를 가르칠 수 있다. 학년이 올라갈수록 문장제 문제가 길어지고, 단순 연산 문제에서 심화 문제로 이어지면 부모도 초등 수학이 어렵다는 것을 실감하는 순간이 생각보다 빨리 찾아온다. 교육부가 실시한 2018~2019 국가 수준 학업성취도 평가 '교과별 기초학력 미달 비율' 결과에서 2019년 중3 기준 수학 기초학력 미달 비율은 11.8%였다.

학년이 올라갈수록 학생 스스로 수학 포기자라고 여기고 수학과 멀어지는 비율이 높아지는 것이다. 재미있게 공부해도 어려운 과목인데 아이들 입장에서는 개념도 이해되지 않는 문제를 빨리 풀고 답을 찾아야 한다. 그 답답한 마음을 부모도 고스란히 느낄 수 있다.

수학은 다른 과목과 달리 초등부터 고등 과정까지 개념이 연결되어 있다. 위계성이 있는 학문이라 학년이 올라갈수록 개념이 확장되고 심화로 이어진다. 초등 수학에서 어려움을 느끼면 중학교 교과과정조차 따라가기 힘들다. 아이들이 수학 포기자가 되는 가장 큰 이유는 교과 내용이 너무 어렵다기보다 중고등학교에 들어가면 아예 수학을 못하게 되는 것은 아닐까 하는 막연한 두려움 때문이다.

특히 초등학교 때는 수학을 잘한다는 이야기를 들었는데 중학교에 올라가서 성적이 크게 떨어진 아이들이 있다. 이해되지 않는 부분을 제대로 해결하지 못해 학습 결손이 생겼기 때문이다. 고등 수학 완성의 징검다리 역할을 하는 중등 수학에서 학습 결손이 생기면 어디서부터 어떻게 공부할지 모르겠다고 막막해한다. 학원도 다녀보고, 과외도 해보지만 생각보다 결손은 쉽게 채워지지 않는다. 게다가 부모님과 선생님의 꾸지람과 과도한 학습량 그리고 암기식 문제 풀이 등이 지속적으로 쌓이다 보면 아이는 결국 나는 안 되는구나 하고 수학을 포기하고 싶은 마음이 든다.

그 모습을 옆에서 지켜보는 부모의 마음은 어떨까? 어릴 때부터 수학에 도움이 된다는 각종 교구와 학습지를 시작으로 한 번도 손에서 수학을 놓아본 적이 없다. 그런데 우리 아이는 점점 수학이 어렵다고 한다. 수학머리는 타고나는 것일까? 우리 아이는 아무리 해도 안 되는 것일까? 공부 욕심도 없고 열심히 하는 것 같지도 않은 아이를 보면 속이 터진다. 우리나라 교육과정에도 화가 나고 차라리 부모인 나조차 수학을 포기하면 마음이 편할 것 같다.

이 책을 읽고 있는 당신은 아이의 수학을 포기하기에는 이르다. 수학 공부에 제대로 빠져보지 않고서 포기하면 안 된다. 특히 초등 수학과 중등 수학은 누구나 열심히 하면 상위권에 진입할 수 있다. 그 자리에 한번 앉아보는 경험! 실수 많은 아이가 만점을 받아보는 경험! 아이가 그 짜릿한 경험을 할 수 있도록 지지해주자. 그 경험을 해보기 전까지 아이가 수학을 포기하고 싶다 하더라도 절대로 포기하지 마라.

"엄마 아빠, 나는 수학이 너무 싫어. 나 그냥 수학 포기할까 봐. 아무리 공부해도 안 돼."

이렇게 말하더라도 수학을 포기하겠다는 것이 아니다. 반대로 도움을 요청하는 신호이다.

"엄마 아빠, 수학이 어려워요. 나 좀 도와주세요. 난 포기하고 싶지 않아요."

우리 아이의 마음속에는 잘하고 싶은 욕구가 숨어 있다. 그 마음을 들키는 순간 공부에 대한 자존심이 무너진다.

대학 입시가 끝날 때까지는 수학 공부를 포기하지 마라. 부모가 아이보다 먼저 포기하면 아이는 다시 일어설 힘이 없다. 손을 내민 아이에겐 따뜻한 격려와 열정을 심어줘야 한다. 우리 아이가 자신조차 믿지 않는 상황에서도 진심으로 잘할 수 있다고 끝까지 믿어주어야 한다.

부모는 우리 아이를 포기하지 않는 유일한 사람이다.

깔루아교육 조지희

Contents

Prologue
초등 수학 아이보다 먼저 포기하지 마라   4

1장   수학 잘하는 아이는 무엇이 다른가?

수학만큼 중요한 국어 공부   16
생각하는 힘 기르기   25
만 3~5세, 수학을 시작하기 좋은 나이   32
모르는 것을 인정하는 용기   39
집에서 효율적으로 공부하기   42
공부하는 부모, 따라 하는 아이   46
부모의 채점 공부   51
엄마표·아빠표 수학, 이것만은 꼭!   64
수학을 잘하는 아이들의 공부 습관   75

2장 자기주도 학습을 위한 수학 공부법

수학 공부 환경 만들기	80
교과과정은 수학 공부의 나침반	88
자기주도 수학의 첫 번째 단추, 연산	98
아이와 함께하는 수학 문제집 선택과 활용	106
최고의 자기주도 학습 밑거름, 수학 풀이 노트	127
스스로 생각하는 힘을 길러주는 수학 동화	136
보약이 되는 수학 학습지 활용	143
수학 자신감 키우기	152
자기주도 학습을 위한 집중력 기르기	157

 **3장 상위권으로 가는 수학 공부법**

우리 아이 진짜 실력 파악하기	164
꿈이 있는 아이, 포기하지 않는 아이	170
연산이 무너지면 수학이 무너진다	174
개념 잡는 수학 공부법	180
수학 점수를 좌우하는 문제 해결 방법 알아보기	187
무리한 수학 선행이 아닌 유리한 수학 선행을 하자	193
경시대회의 의미	206

오답 관리는 곧 실력이다 213
화내지 않고 기다리는 부모 되기 219

4장 놓치지 말아야 할 수학 공부법

1~2학년을 위한 수학 공부법 224
3~4학년을 위한 수학 공부법 239
5~6학년을 위한 수학 공부법 260
중학교 입학 준비를 위한 수학 공부법 282

5장 똑똑한 초등 수학 공부 마스터

잘 모르겠다면 연산부터 288
실수도 실력일까? 293
심화 문제집, 꼭 해야 할까? 297
체력과 정서가 기본 302
수학학원, 어떻게 선택할까? 306
문제를 처음 풀 때는 많이 틀리는데
다시 풀면 거의 맞히는 아이 313

모르는 문제를 부모에게만 의지하는 아이   316
수학 공부가 어렵다고 하는 아이   322
수학 공부가 처음이라면 어떻게 할까?   328
수학 점수 올려주는 수학 로드맵 만들기   334

Epilogue   343

1장

수학 잘하는 아이는 무엇이 다른가?

수학만큼 중요한 국어 공부

흔히 '수학을 잘하려면, 국어를 잘해야 한다', '수학보다 국어가 먼저다'라고 한다. 몇 개월 동안 매일 연산 문제집만 풀게 한 부모라면 왜 국어를 해야 하는지 의문을 가질 것이다. 수학은 보통 수와 연산부터 시작하기 때문에 처음에 수를 익히고 계산을 정확하게 하는 것에 비중을 둔다. 수학과 국어의 상관관계는 신경 쓰지 않는다. 우리 아이가 연산을 곧잘 한다면 수 감각이 있는 것이니 초등 수학 정도는 잘할 거라고 믿는다.

책을 좋아하고 잘 읽는 아이라면 학교 시험 수준의 문장제 문제도 크게 걱정하지 않는다. 그런데 막상 학교에 입학하여 단원평가를 보면, 백점 맞기가 생각보다 어려운 일임을 실감한다. 단원평가는 개념과 계산력을 확인하는 문제를 점차 문장제로 확대하여 서술형 풀이로 출제된다. 계산은 쉽게 해결할 수 있지만, 문제의 의미를 제대로 이해하지 못해 잘못된 계산식을 세워 틀리기도 한다. 더구나 어떻게 풀이 과정을 써야 하는지조차 모른다.

2015교육개정 수학 교과서를 보면 문장제 문제가 등장하고 풀이를 서술하는 과정이 필수로 포함되어 있다. 시중에 판매하는 기본 교과 문제집에도 기본적으로 문장제 문제가 수록되어 있다. 1학년 아이가 3학년 수준의 연산을 할 줄 안다고 해서 3학년 수학 문제를 풀 수 있을 거라는 생각은 착각이다. 다음의 교과서 문제 예시를 살펴보자.

6. 행복 아파트에 사는 가구의 수를 알아보려고 합니다. 물음에 답하세요.

- 행복 아파트 한 동은 25층이고, 한 층에 11가구씩 살고 있습니다. 행복 아파트 한 동에는 모두 몇 가구가 살고 있나요?

    풀이 25×11=275

    답 275가구

- 행복 아파트는 동별로 살고 있는 가구의 수가 모두 같습니다. 행복 아파트 세 동에는 모두 몇 가구가 살고 있나요?

  풀이 $275 \times 3 = 825$

  답 825가구

풀이에 나오는 곱셈을 보자. 두 자릿수 곱셈을 할 줄 안다면 누구나 맞힐 수 있는 문제다. 하지만 아이들은 문제에서 모르는 어휘가 나오거나 문제 풀이의 단서를 제공하는 핵심 문장을 파악하지 못하면 식을 세우지 못해 쉬운 계산 문제도 틀리곤 한다. 위 문제에서는 '가구'라는 어휘의 뜻을 몰라도 문제를 풀 수 있다. 하지만 대부분의 아이들은 문제에 자신이 모르는 단어가 나오면 일단 어렵다고 생각해버린다.

문제집의 심화 문제는 문장이 길어지고 생각해야 하는 과정이 더 복잡하다. 수학을 잘한다면 한 번쯤 접해봤을 저학년용 문장제 유형을 보자. (19쪽)

이 문제를 해결하기 위해 필요한 능력은 무엇일까? 덧셈부터 나눗셈까지 기본 연산을 할 수 있다고 해서 맞힐 수 있는 문제가 아니다. 어휘를 정확하게 이해하고 문장의 의미를 이미지화할 수 있어야 한다. 처음에는 그림으로 그려 풀이하고, 경험치가 쌓여 과정이 숙달되면 글과 식으로 문제를 풀 수 있다.

이와 같은 유형의 문제를 틀리는 아이들은 우선 '도로 양쪽'이라는

> 길이가 66m인 도로 양쪽에 6m 간격으로 은행나무가 심어져 있습니다. 각각의 은행나무 사이에 2m 간격으로 해바라기가 심어져 있다면 은행나무와 해바라기는 각각 얼마나 심어져 있을까요?(단, 은행나무를 심은 자리에는 해바라기를 심지 않습니다.)
>
> 풀이 (은행나무 사이의 간격의 수)=66÷6=11(개)
> 도로 한쪽, (은행나무의 수)=(간격의 수)+1=11+1=12(그루)
> (각각의 은행나무 사이의 해바라기 수)=2(송이)
> (총 해바라기의 수) =2×11=22(송이)
> 따라서, 도로 양쪽에는 은행나무 12×2=24(그루), 해바라기 22×2=44(송이)가 심어져 있습니다.
>
> 답 은행나무 24그루, 해바라기 44송이

단서를 무시하고 '도로 한쪽'만 계산하기도 하고, 나무 사이 간격의 수를 나무의 개수로 오인하기도 한다. 수학 문제에서는 '단'이라는 조건을 반드시 충족해야 하므로 이 부분을 놓쳐 해바라기의 수를 잘못 세기도 한다. 문제를 제대로 이해하지 못한 것이다. 이렇듯 심화 문제를 많이 접했다면 계산 능력도 중요하지만 무엇보다 문제를 제대로 이해하는 국어의 중요성을 실감하게 된다.

초등학교 시절 수학 문제가 어려워 부모님께 여쭤보면 '수학은 문제에 답이 있다', '문제만 제대로 읽어도 풀 수 있다'고 말씀하셨다. 그때는 부모님이 성의 없이 대답하는 것처럼 들려 서운했다. 하지만 부모가 된 지금 나도 아이에게 똑같은 말을 하고 있다. '수학은 문제

속에 답이 있다'고 말이다.

정말 수학은 문제 속에 답이 있을까? 정확히는 답을 구할 수 있는 단서, 실마리가 있다. 그 단서를 파악했다면 문제를 이해했다는 뜻이다.

문제 해결은 국어에서 시작된다. 특히 ==수학을 잘하고자 한다면 국어 실력은 수학적 사고력이나 계산력보다 우선되어야 한다.== 그렇다면 수학을 잘하기 위해 책을 많이 읽으면 될까?

수년간 컨설팅을 통해 알게 된 점은 수학을 잘하는 아이들은 대부분 초등학교 입학 전에 독서량이 상당하다는 것이다. 똑같은 1학년이라도 5세부터 글을 읽은 아이와 7세부터 글을 읽은 아이는 문해력의 차이가 있을 수밖에 없다. 한글을 스스로 읽기 시작한 지 얼마 안 된 초등학교 1학년 아이에게 심화 문제집을 주면 문제를 읽고 또 읽어도 이해가 되지 않는다고 한다. 그러나 글을 스스로 읽은 지 오래된 아이들은 문장을 빠르고 정확하게 이해한다. 글을 읽고 생각한 경험이 더 많기 때문이다. 하지만 한글을 늦게 떼었다고 해서 수학을 못하는 것은 아니다. 스스로 한글을 읽게 된 시점부터는 독해력이 쑥쑥 올라가 수학 문제도 잘 이해한다. 기본 연산 실력이 비슷한 초등 저학년 아이들이 심화 문제에서 차이가 난다면 이는 국어 실력 때문이라고 해도 과언이 아니다.

==문제를 읽어도 이해가 안 된다고 하는 것은 어휘력의 부재 때문이다.== 다른 과목은 잘 이해하는데 수학 문제만 이해 안 되는 경우는 없

다. 우선 우리 아이가 국어 학습이 부족하다는 것을 받아들여야 한다. 책을 많이 읽으면 어휘를 정확히 파악하지 못하더라도 문맥을 통해 이해하는 능력이 생긴다. 모르는 어휘가 있어도 수학 문제에서 핵심을 파악할 수 있다는 것이다.

하지만 무조건 책을 많이 읽는 것이 해결책은 아니다. 책 읽기는 이해를 바탕으로 하는 인풋 중심의 활동이고 수학은 이해와 사고를 바탕으로 결론을 도출하는 아웃풋 중심의 활동이다. 책 읽기를 통해 얻은 인풋을 아웃풋으로 이끌기 위해 필요한 것이 바로 국어 공부다.

국어의 중요성을 실감하는 학부모들은 취학 전부터 국어 학습지를 시작으로 고학년까지 국어 교과 문제집과 독해 문제집을 풀게 한다. 글을 읽고 중심 문장, 중심 내용을 파악하는 훈련은 수학 문제에서 핵심을 파악하는 데 도움이 된다. 심화 문제들은 문장이 길기 때문에 충분한 연습을 통해 독해 능력과 사고력을 길러야 한다.

수학 선행을 하는 경우에도 해당 학년에서 요구하는 독해력이 뒷받침되어야 한다. 초등 3학년이 5학년 수학을 공부한다면, 5학년 국어 문제도 풀 수 있어야 한다는 것이다. 단순히 수학 연산을 잘한다는 이유로 선행을 시작한다면 응용 수준의 문장제 문제부터는 애를 먹는다.

수학적 감각은 있는데 국어 능력이 부족하다면 문학뿐만 아니라 비문학도 함께 읽는 것이 좋다. **비문학은 문학과 달리 배경 지식을 기반으로 이해해야 하기 때문에 수학 문제에 등장하는 문장과 비슷하다.**

객관적, 논리적 지문 해석 능력을 기를 수 있는 문제집을 풀어보면 도움이 된다. 보통 독해력 문제집은 학년보다는 단계별로 나오니 현재 아이가 풀고 있는 문제 수준과 비슷한 난이도로 선택하면 된다. 통상적으로 아이가 5학년 수학을 공부하고 있다면 일반적인 독해 문제집 5단계를 풀어보면 도움이 될 것이다.

또한 개념 이해에 필요한 수학만큼은 정확한 의미를 아는 것이 중요하다. 국어도 한자어를 많이 알면 어휘력에 도움이 되듯이 수학도 마찬가지다. 수학 용어의 대부분은 한자어이다. 예를 들어 '기약분수(既約分數)'를 풀이하면 '이미 약분이 된 분수', '더 이상 약분이 안 되는 분수'라는 뜻이다. 이와 같이 용어의 의미를 알면 조금 더 쉽게 수학 문제에 접근할 수 있다. 하지만 사전적 의미와 함께 수학적 의미도 함께 알려주어야 한다.

| 수학 난이도별 추천 독해 문제집 |

난이도	기본	응용	심화	사고력	고학년 심화/경시
독해 문제집	초능력 국어독해	뿌리깊은 초등국어 독해력	초등 국어 독해력 비타민	디딤돌 초등 독해력	초등 고학년 디딤돌 독해력

이때 가장 기본이 되는 것이 교과서에 나온 개념이다. 그 어떤 수학 동화나 개념 사전도 교과서를 대신하지 못한다. 교과서를 제대로 읽고 이해하는 것이 수학 용어를 익히는 가장 우선적인 공부 방법이다. 설명이 더 필요할 경우 수학 사전을 함께 보면 도움이 된다. 저학년은 용어만 간단하게 설명되어 있는 것보다는 개념 설명 중심의 사전을 선택하는 것이 좋다. 고학년은 용어 중심 사전을 구비하면 중등 개념까지 활용할 수 있다.

수학 공부할 시간도 부족한데 어떻게 국어 공부까지 챙겨야 할까? 국어 공부는 수학적 사고력으로 자연스럽게 이어진다. 수학에 도움이 되는 최고의 국어 공부 방법은 책을 읽고 간단하게라도 요약해보는 것이다. 3~5줄이라도 정리해서 책 표지에 포스트잇으로 붙이거나 독서 노트에 적는다. 긴 지문을 요약해본 경험이 있는 아이들은 수학

| 추천 초등 수학 사전 |

용어 설명 중심 사전		개념 설명 중심 사전	
수학 용어사전	와이즈만 수학사전	개념 연결 초등 수학사전	초등수학 개념사전

문제가 조금 복잡하고 문장이 길어도 충분히 핵심을 찾을 수 있다. 국어에서 요약은 논리적 글쓰기로 이어지고, 수학 문제를 읽고 요약해보는 것은 논리적 문제 풀이로 연결된다. 이러한 훈련을 지속한다면 수학을 잘할 수 있다.

생각하는 힘 기르기

같은 선생님께 같은 시간, 같은 교재로 배웠는데 누군가는 수학 문제를 틀리고 누군가는 백점을 맞는다. 공부 태도의 문제일까, 아니면 타고난 수학적 감각 때문일까? 초등 저학년 때는 대부분 수학적 감각보다 태도의 문제가 크다. 그런데 학습 태도도 좋고 성실한 우리 아이는 왜 고학년이 되어서도 여전히 수학 문제를 많이 틀리는 것일까? 우리 아이는 수 감각이 없어서 아무리 공부해도 수학을 못하는 것일까?

물론 학습 태도나 타고난 수학적 감각이 수학 점수에 영향을 미치기는 한다. 하지만 수학 학습에서 가장 중요한 것은 '사고력', 즉 생각하는 힘이다. 어려운 수학 문제를 틀렸을 때, 대부분 우리 아이가 개념이 부족했던 것은 아닌지 먼저 고민한다. 그만큼 수학에서는 개념이 가장 기본이다. 그런데 아이에게 관련 개념을 물어보면 잘 이해한 것 같기도 하다. 개념 수준의 기본 문제를 풀어보라고 하니 오답도 거의 없다. 그러면 무엇이 문제일까?

그림이 없는 하얀색의 총 6피스짜리 퍼즐이 있다고 하자. 문제를 해결하기 위해서는 6개 피스의 퍼즐을 직사각형 모양으로 맞춰야 한다. 단, 퍼즐의 색은 칠해도 되고 칠하지 않아도 된다.

아이들마다 가지고 있는 수학적 경험치에 따라 이 문제를 쉽게 생각하기도 하고, 어렵다고 생각하기도 한다. 평소 수학 공부는 안 했지만 퍼즐이나 게임 교구를 가지고 놀아본 아이들은 잘 몰라도 일단 이렇게 저렇게 맞춰본다. 그런데 4피스짜리 퍼즐조차 해본 적 없는 아이들은 시작하기가 두렵다. 게다가 그림도 없고, 색도 칠해지지 않

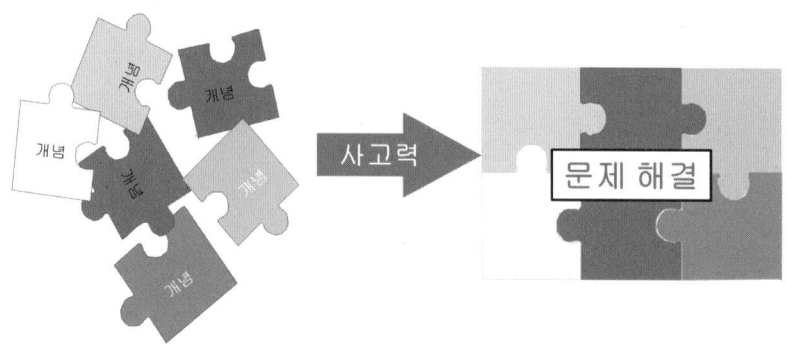

은 퍼즐이면 더하다. 퍼즐을 완성하는 미션이 수학 문제를 해결하는 과정이라고 생각해보자.

이 퍼즐 1피스 각각은 수학에서 배운 개념이다. 그 개념을 다 이해했을 때 색을 칠하고, 개념을 배우지 않았거나 배웠는데도 잘 모르면 색을 칠하지 않는다. 수학도 마찬가지다. 가끔 수학 개념을 모르는데도 사고력 수학 문제를 잘 푸는 아이들이 있다. 하지만 문제가 조금 더 복잡해지면, 즉 퍼즐의 피스가 많으면, 색을 칠하지 않고서는 퍼즐을 다 맞추는 데 상당한 시간과 노력이 필요하다. 퍼즐을 완성해가는 과정이 바로 생각하는 힘이다. 문제를 풀기 위해서는 반드시 사고력이 필요하다.

1피스 각각의 개념을 익혀서 이해하면 색을 칠할 수 있는데, 이것이 개념 학습에 해당된다. 색이 칠해진 1피스는 색이 칠해지지 않은 1피스보다 문제 해결에 유리한 것과 같이 수학에서 개념이 중요하다. 어려운 문제가 나와도 이렇게 저렇게 해보는 것과 같은 수고를 덜 수 있고 같은 것을 반복하며 헤매지 않아도 된다. 그만큼 개념을 이해한다는 것은 수학 문제를 푸는 데 큰 도움이 된다.

아이가 6개 퍼즐을 완성하기 전에 각 개념 피스를 이해해서 5피스에 색을 칠했고, 1피스는 개념 이해를 못 해서 색을 칠하지 못했다고 하더라도 전체 퍼즐을 완성하는 데는 큰 어려움이 없다. 퍼즐 1피스의 색을 칠하는 과정처럼 아이가 개념은 잘 알고 있는데 응용 이상의 어려운 문제를 잘 풀지 못한다면 퍼즐을 맞춰본 경험, 즉 수학적으로 사고하는 경험이 부족한 것이다.

고도의 사고력을 요하는 문제는 6피스짜리 퍼즐 판만 주어지고 색이 없는 수많은 피스 중에 골라서 퍼즐을 완성하라는 것과 같다. 문제를 풀기 위해서는 내가 알고 있는 개념, 즉 퍼즐 피스를 찾아서 맞춰봐야 한다.

결국 수학을 잘하기 위해서는 개념 학습도 중요하지만 사고력을 바탕으로 문제를 푸는 경험이 중요하다. 생각을 많이 해야 하는 문제는 결코 하나의 개념으로 해결할 수 없다. 머릿속에 있는 여러 개의 개념 퍼즐 조각 중 필요한 개념들을 꺼내서 조합해봐야 한다. 이 과정에는 충분한 시간이 필요하기 때문에 고학년보다는 여유 있는 저학년 때 하는 것이 좋다. 어려운 수학 문제를 풀어서 성취감을 느껴본다면 수학이 재미있어진다.

초등학교는 중간고사와 기말고사가 없기 때문에 교과 시험에서 자유롭다. 하지만 중등 수학을 준비하는 초등 고학년은 교과 개념 학습과 응용 연습을 해야 한다. 초등 4학년 이전에 사고력 수학을 경험한다면 이후 수학 공부를 할 때도 개념을 활용하는 데 유리하다. 설령 개념을 잘 모르더라도 문제를 끝까지 푸는 끈기를 기를 수 있다. 이 경험들이 지속적으로 쌓이다 보면 어느새 사고력을 바탕으로 공부하게 된다.

보통 수학을 공부하는 순서는 문제 난이도에 따라 '개념-기본-응용-심화-경시'로 구분된다. 어떤 아이들은 기본 난이도의 문제에도 사고력이 필요할 수 있으며, 심화 난이도까지는 많은 생각을 하지 않아도 되는 아이들도 있다. 생각하는 힘을 기르기 위해서는 정답률이 70% 이하로 나오는 교재를 선정하는 것이 좋다. 또한 한 문제에 여러 가지 개념이 필요한 응용 수준 이상의 문제들을 풀어보면 도움이 된다. 한 가지 개념을 설명하고 유사 문제를 풀도록 하는 개념 학습서는 피하는 것이 좋다.

저학년 때는 아무리 어려운 문제라도 배운 범위가 좁기 때문에 많은 개념이 필요하지 않다. 배운 범위에서 조금만 생각하면 풀 수 있는 문제들이 많다. 그러나 고학년 때는 배운 범위가 넓어지고, 계산이 복잡한 문제들도 있다. 문제를 제대로 이해해도 계산 실수로 틀리는 경우도 적지 않다. 무엇보다 생각을 충분히 할 수 있는 시간적 여유가 없다. 그래서 사고력 수학을 저학년 때 해보라고 하는 것이다.

저학년 때는 사고력 문제집의 유형과 난이도가 교과 문제집 심화와 비슷하거나 더 어려운 문제들이 많기에 따로 공부할 필요가 있다. 그러나 고학년은 교과 심화에도 사고력이 요구되는 고난도 문제가 많기 때문에 따로 준비하지 않아도 된다. 다만 자기 학년의 교과 심화 문제의 90% 이상 풀 수 있다면 고난도의 사고력을 요하는 경시 문제를 접해볼 것을 추천한다.

이때 ==어떤 문제로 공부하는지도 중요하지만 생각하는 힘을 기를 수 있도록 충분한 시간을 주는 것이 좋다.== 지금 당장은 시간을 내기 힘들다고 할 수 있지만, 지금이 아니면 사고력을 기를 기회가 주어지지 않을 수 있다. 일주일에 1~2시간은 수학적 사고력 향상을 위한 공부를 권한다. 저학년은 1시간부터 시작하자. 30분 정도로는 깊이 생각해보지도 못한 채 끝나버린다. 책상에 앉자마자 바로 집중해서 수학 문제를 푸는 아이는 많지 않다. 문제는 아이 스스로 풀되 부모는 공부를 시작하고 단 10분이라도 아이 곁에 머물면서 어떻게 문제를 접근하는지 관찰해본다. 고학년은 문제 난이도에 따라 시간이 더 필요할 수도 있다. 계산 문제는 바로 집중해서 풀 수 있지만, 사고력 수학은 문제 이해와 해결 과정이 중요하기 때문에 충분한 시간이 필요하다.

생각하는 힘을 기르려면 부모나 선생님의 도움 없이 스스로 문제를 해결해야 한다. 수학의 개념을 잘못 이해하면 나중에 바로잡는 데 시간이 더 걸리므로 처음부터 개념을 제대로 익혀야 한다. 문제가 어려워서 못 풀겠다고 해도 곧바로 결정적인 힌트를 주거나 풀이 과정을 알려주지 않는다. 엄마 아빠도 생각해봐야 할 것 같다고 하며, 아이가 스스로 사고력 수학에 몰입할 수 있는 시간과 기회를 제공한다. 생각을 깊이 해야 하는 문제는 사고력 수학을 공부하는 날 이외에도 생각해볼 수 있도록 문제를 아이가 볼 수 있는 곳에 붙여둔다. 스스로 공부하는 아이만이 생각하는 힘을 기를 수 있다. 그 힘은 훗날 우리 아이의 특권이 될 것이다.

| 추천 사고력 문제집 |

	1단계	2단계	3단계	4단계	5단계
유아	즐깨감	창의사고력 키즈 팩토			
초1~2		창의사고력 팩토		영재사고력 1031	필즈 수학 최강 TOT
초3~4		창의사고력 팩토	최상위사고력	영재사고력 1031	필즈 수학 최강 TOT
초5~6			최상위사고력	영재사고력 1031	3%올림피아드

만 3~5세
수학을 시작하기 좋은 나이

2015 누리과정은 만 3~5세 아이의 발달 특성을 고려하여 연령별로 구성된 반면, 2020년부터 적용하는 2019 개정 누리과정은 3~5세 모든 유아가 경험해야 할 내용으로 구성되었다. 아이들마다 발달이 다름을 고려하되 연령별로 구분하지 않고, 유아가 늘 자신의 방식에 따라 가장 적합하게 놀이한다는 유아 경험의 실제를 존중하기 위해서 놀이 중심으로 교육과정을 실천하도록 하고 있다.

신체운동/건강, 의사소통, 사회관계, 예술 경험, 자연탐구 총 5개 영역으로 나뉘며, 그중에서 수학은 자연탐구 영역에 속한다. 모든 영역의 내용이 통합적으로 유아의 경험과 연계되도록 지도하기 때문에 누리과정을 통해 만 3세부터는 기관에서 수학적 경험이 시작된다고 볼 수 있다. 호기심이 많은 유아기는 사물이나 자연탐구에 관심이 많다. 누리과정에도 유아가 호기심을 가지고 궁금한 것을 적극적으로 탐구하는 과정을 즐기며, 생활 속의 문제를 수학적 과학적으로 탐구해보면서, 생명과 자연환경을 존중하는 내용으로 구성되어 있다.(〈2019 누리과정 해설서〉 참고)

범주	내용
탐구 과정 즐기기	주변 세계와 자연에 대해 지속적으로 호기심을 가진다.
	궁금한 것을 탐구하는 과정에 즐겁게 참여한다.
	탐구 과정에서 서로 다른 생각에 관심을 가진다.
생활 속에서 탐구하기	물체의 특성과 변화를 여러 가지 방법으로 탐색한다.
	물체를 세어 수량을 알아본다.
	물체의 위치와 방향, 모양을 알고 구별한다.
	일상에서 길이, 무게 등의 속성을 비교한다.
	주변에서 반복되는 규칙을 찾는다.
	일상에서 모은 자료를 기준에 따라 분류한다.
	도구와 기계에 대해 관심을 가진다.
자연과 더불어 살기	주변의 동식물에 관심을 가진다.
	생명과 자연환경을 소중히 여긴다.
	날씨와 계절의 변화를 생활과 관련 짓는다.

생활 속에서 탐구하는 활동은 초등 수학과 유기적으로 연결된다. 우선 주변 사물의 특성과 변화를 오감으로 탐색해본다. 수학을 처음 배울 때, 사물의 모양, 색, 길이, 무게, 위치와 방향, 수 세기 등의 속성을 파악하고, 패턴과 같이 반복되는 규칙을 찾거나 속성을 비교하는 활동을 통하여 분류 기준을 만들고 생활 속에서 활용하는 과정을 자연스럽게 거친다.

누리과정에서 자연탐구 영역의 내용을 가정에서도 접목하여 기관에서 배우는 내용과 연계하면 아이 발달에 맞춰 취학 전까지 어떤 수학적 활동을 하면 도움이 되는지 참고할 수 있다.

예를 들어 귤을 간식으로 먹을 때도 조금만 관심을 기울이면 충분히 수학적 탐구 활동이 가능하다. 엄마와 아이가 귤 5개를 가지고 '생활 속에서 탐구하기' 내용을 활용해보자.

1. 귤은 무슨 색일까? 노란색도 있고, 주황색도 있네. 껍질을 벗겨보니 주황색이야.
   질감이 어떤지 만져볼까? 매끈매끈하기도 하고, 어떤 것은 거칠기도 해.
2. 엄마가 귤을 몇 개 가지고 있을까? 하나, 둘, 셋, 넷, 다섯! 5개야. 아빠가 귤을 1개 먹으면 몇 개가 남을까? 하나, 둘, 셋, 넷! 4개야.
3. 귤을 위에서도 보고, 옆에서도 보고, 아래에서도 보자. 어떻게 보이는지 똑같이 그림을 그려보자. 둥근 모양이 보이네.
4. 귤 2개를 양손에 쥐어보자. 작은 귤이 큰 귤보다 가볍네!

5. 귤 5개를 규칙을 만들어 나열해보자.
   꼭지가 있는 곳을 위, 꼭지가 없는 곳을 아래라고 정하자.
   위-아래-위-아래-? 마지막은 어떻게 놓아야 할까? 위!
6. 귤을 크기나 색깔별로 분류해보자.
7. 귤이 크면 무거운 것 같아. 우리 함께 저울로 무게를 재어보자.
   귤 5개를 엄마랑 서우랑 똑같이 나눠보자. 2개씩 가져가고 1개가 남았네.
   어떻게 하지? 귤 1개를 둘이 똑같이 나눠보자.
   반으로 가르니 똑같이 나눌 수 있게 되었어.
   1개를 절반으로 나눈 것을 어떻게 표현할 수 있을까? 이것은 ½이라고 해.

비록 유아라 할지라도 어려운 수학적 개념을 부모가 일상에서 아이와 놀이를 통해 경험하거나 이야기로 설명해주면 나중에 수학이 수월해진다. 유아기에 경험하는 것을 아이들이 기억하기 쉽지 않지만, 다시 들으면 처음 듣는 것과 차이가 있기 마련이다. 공부를 따로 하지 않아도 시간이 지나면서 저절로 공부가 되는 효과를 얻을 수 있다. 위와 같은 놀이를 했던 아이가 초등 3학년이 되어 처음 분수를 배울 때, 귤을 나눠본 경험을 떠올리면 '절반' $\frac{1}{2}$'이라는 말이 익숙하게 들릴 것이다. 수학은 경험을 통해 익숙해지는 연습이 필요하다.

만 3~5세는 누가 시키지 않아도 지적 호기심이 왕성할 때다. 처음에는 사물의 인지가 우선이다. 공을 만지작거리며 "이게 뭐야?"라고 물었을 때, "공이야"라고 답하는 부모가 있는 반면 "공이야. 모서리 없이 둥글둥글하지? 이 공은 노란색이네. 공은 '구' 모형이야"라고 자세히 설명하는 부모가 있다.

==아이가 질문 하나를 하면 열을 알려준다는 마음으로 유아기에는 지적 자극을 주는 것이 좋다.== 이런 활동은 수학적 사고뿐만 아니라 언어 이해력을 높여 글을 깨치는 데도 도움이 된다. 이때 부모에게 필요한 것은 다양한 수학 공부법이 아니라 체력이다. 부모가 피곤하고 무기력하면 아이에게 수학적, 언어적 자극을 주기 어렵다. 말 한마디를 하더라도 유아기 아이와 함께하는 배움 활동은 인내와 수고가 동반된다. 인지 능력을 키워가는 시기에는 수 세기, 모양, 크기, 색 등을 오감으로 알려주면 아이는 수학적 감각을 체득할 수 있다.

"왜 밤은 깜깜해?", "왜 여름은 더워?", "왜?"라는 질문이 꼬리에 꼬리를 무는 시기가 오면, 이제 우리 아이가 한 단계 성장할 때라고 생각해야 한다. 아이의 질문을 귀찮아하면 안 된다. 자연과 더불어 과학적 호기심이 왕성할 때라 이를 수학과 유기적으로 연계해서 설명하면 아이도 잘 이해할 수 있다. 밤이 깜깜한 이유를 설명할 때는 태양과 지구를 그림으로 그리거나 공을 이용하여 빛을 비추어가며 지구의 자전으로 밤낮이 바뀌는 원리를 이야기해준다. 더 나아가 하루는 24시간이고 지구가 자전하는 데 걸리는 시간이며, 서양에서는 밤과 낮을 12시간씩 24시간으로 나눈다고 지식을 확장해주면 아이는 더 큰 세계를 보는 눈을 가진다.

유아의 잠재적 가능성은 무한하다. "왜?"라는 질문에 이어 논리적 사고가 서서히 생긴다. 부모가 "밥 먹자"고 말하면 "왜 밥을 먹어야 하는데?"라고 묻고, "유치원 가자"고 하면 "왜 유치원을 가야 하는데?"라고 반문하기도 한다. 부모들은 짜증을 내거나 화를 내는 것이 아니라 이때야말로 논리적으로 아이에게 차분히 설명해주어야 한다.

이 시기에 생활 습관을 잘 들이면 나중에 공부하는 습관을 들이기가 수월해진다. 우리 아이만의 공부 루틴을 만들어야 한다. 만 3세는 하루 15분, 만 4세는 20분, 만 5세는 30분 정도 공부 시간을 정해두면, 학교에 입학해서도 수업 시간 40분을 거뜬히 버틸 수 있다. 부모가 계획적이지 못하면 아이도 자연스럽게 따라간다. 오늘은 여행 가니 못 하고, 내일은 피곤해서 못 하고, 이러한 핑계들로 공부할 수 없는 상황을 합리화한다면 공부 루틴을 만들기 어렵다. 아이들도 예측할 수 있는 상황을 더욱 편안하게 느끼기 때문에 부모 마음대로 루틴을 깨지 않도록 계획적인 일상을 유지해야 한다. 아이와 함께 취침 시간과 기상 시간, 가능한 식사 시간까지 정하고 나서 나머지 시간에 무엇을 할지 아이의 일상을 관찰하여 정한다. 매일 앉아서 집중하는 시간을 갖는 것이 필요하다.

매일 공부하기 좋은 과목은 바로 수학이다. 한글을 제대로 읽지 못하는 아이라도 수 세기와 숫자 읽기는 쉽게 깨친다. 숫자를 읽고 쓰는 것부터 수와 양을 일치시키는 교구 활동, 한 자릿수 덧셈과 뺄셈 등 매일 조금씩 수와 연산을 공부하는 습관을 가지면 수학에 대한 호기심을 확장할 뿐 아니라 연산 능력도 키울 수 있다. 유아기에 수와 연산을 배우기 시작한 아이들은 초등학교에 들어가서도 수학에 대한 자신감으로 인해 수학을 더 잘하고 싶은 마음이 생긴다.

학교 가기 전에 한글이라도 떼고 들어가야 한다고 생각하기보다는 한글에 관심이 생길 때가 바로 수학을 시작하기 좋은 때라고 생각한다. 글을 깨친다는 것은 자음과 모음의 결합 원리를 이해하는 것인데, 한 자릿수의 덧셈과 뺄셈의 원리와 크게 다르지 않다. 한글도 반복적인 학습을 통해 읽기를 완성할 수 있듯이 수 세기를 반복적으로 학습하면 수 체계를 깨친다.

보통 만 3세부터 수와 연산을 공부한 아이들은 자연스럽게 교과 진도보다 1~2년 앞서 연산 공부를 하게 된다. 초등 수학 연산은 4학년 정도에 완성할 수 있다. 사칙연산을 기준으로 4학년까지 익히고 5학년부터는 분수의 심화와 혼합계산으로 이어간다. 초등 4학년 때 초등 수학의 연산을 완전히 익히면 수학에서 상위권을 유지하기 유리하다. 그렇다고 모든 아이들이 만 3세에 수학을 시작해야 하는 것은 아니다. 아이의 관심과 수준에 맞춰 취학 전에 시작한다면 초등 수학에서 자신감을 가질 수 있다.

모르는 것을
인정하는 용기

　새로운 과목을 공부할 때 아이들은 2가지 부류로 나뉜다. 처음이니 그냥 모르는 채로 일단 공부를 시작하는 아이들과, 기본적인 내용이라도 한 번쯤 살펴보고 시작하는 아이들이다. 어릴 때부터 공부 잘한다는 소리를 듣고 자란 아이는 자신이 모르는 것이 있다는 사실 자체를 받아들이기 힘들다. 주변 사람들에게 실망을 주지 않고 자신이 잘하고 있다는 자기 효능감을 유지하기 위해 미리 공부한다.
　영어를 한마디도 못하는 사람들이 영어를 배울 때도 마찬가지다.

원어민이 가르치는 학원을 다니거나, 또는 집에서 알파벳과 파닉스를 어느 정도 하고 학원에 간다. 각각의 장단점이 있지만 보통 전자가 영어를 더 빨리 배운다. 원어민과 영어로 대화하는 것이 목적이라면, 그에 맞는 적절한 방법을 빠르게 선택해야 한다.

수학을 잘한다는 소리를 듣고 자란 아이는 수학 개념조차 몰라서 헤매는 것을 용납 못 할 것이다. 자신에게 실망하고 싶지 않은 것이다. 그리고 자신이 모른다는 것을 주변 사람들에게 숨기고 싶어 한다. 공부에 대한 자존심 때문이다. 하지만 "나는 수학을 잘해. 그래서 모르는 게 없어"라는 마음보다는 "틀려도 괜찮아. 개념이 잘 이해 안 되는데, 부모님께 물어봐야겠다"라고 생각하는 것이 수학을 잘하는 방법이다. ==자신이 모른다는 것을 인지하고 주위 사람들에게 물어본다는 것은 사실 용기가 필요한 일이다.==

수학 공부를 할 때 우리는 주입식 교육에 여전히 익숙하다. 수동적인 공부 방식에서는 선생님이 가르쳐준 개념을 이해하고 스스로 문제를 잘 풀면 수학을 잘한다고 생각한다. 많은 모범생들이 선생님에게 들어서 이해하는 것을 자기 스스로 안다고 착각하는 실수를 범한다. 이들은 수업 중에 잘 모르는 것이 있으면 나중에 다시 공부해야겠다고 생각하며 그냥 지나치기도 한다. 하지만 모르는 것을 물어보는 것은 올바른 공부 방법이다. 모르는 것은 부끄러운 일이 아니며, 자존심을 깎아내리는 일도 아니다. 자신이 모르는 것을 숨기고 아는 척하는 것이 더 문제이다.

자신이 모르는 것을 질문할 수 있는 용기를 가지는 데는 이스라엘의 다브카(Davca)와 후츠파(Chutzpah)가 도움이 될 것이다. 다브카는 히브리어로 '그럼에도 불구하고'라는 의미로 실패해도 괜찮으니 한계를 극복하는 돌파력을 보여준다는 뜻이다. 모르는 것을 질문하는 것은 자신의 한계점을 인정하는 것이다. ==문제를 계속 풀어보면서 질문을 반복하고 자신이 이해하지 못한 영역을 이해하는 영역으로 바꾸어가는 과정이 곧 수학 공부이다.== 후츠파는 '담대한, 저돌적'을 뜻하는 말로 어려서부터 끊임없이 질문하고 자기 주장을 당당히 밝히는 이스라엘의 도전 정신을 의미한다. 특히 실패로부터 교훈을 얻고 고정관념에 자신을 가두지 않기 때문에 수학 공부에서 질문을 통해 스스로 문제를 풀어보는 것과 같다.

수학을 잘하고 싶다면 용기를 내어 모르는 것에 대해 끊임없이 확인하고 질문하자. 수학을 잘하는 아이는 모르는 것에 대한 질문을 주저하지 않는다.

집에서 효율적으로 공부하기

유명한 학원에 다니면 수학을 잘한다고 생각하는 부모들이 많다. 더욱이 주변에 잘한다는 아이들을 보면 입학 테스트조차 통과하기 어려운 학원을 다닌다. 그런데 수학을 잘하는 아이들은 학원에 다니는 것과 별개로 집에서도 공부를 열심히 한다. 여기에서 말하는 공부는 무엇일까? 단순히 숙제를 말하는 것은 아니다. 집에서 하는 공부는 수동적 학습보다는 능동적 공부를 의미한다.

수동적 학습은 학교나 학원에서 선생님이 설명해주는 개념이나 원리, 문제 풀이 과정 등이 해당된다. 아무리 수학을 잘하는 아이라고 해도 인풋(input) 없이 아웃풋(output)을 낼 수 없다. 수동적 학습은 무조건 잘못이라고 할 수 없으며 인풋이 있어야 능동적 학습의 형태인 문제 풀이 및 오답 정리, 오답 유사 문제 풀이 등을 해낼 수 있다.

아이들은 수업을 듣거나 인터넷 강의를 들으면 개념이 이해되고 자신이 공부를 열심히 했다고 생각한다. 그런데 막상 문제를 풀어보면 어려워한다. 수학은 배우는 과정보다 익히는 과정이 더 중요하다. 교과서가 필수인 이유가 바로 여기에 있다.

과외나 학원 같은 사교육의 도움을 받는 경우 집에서 숙제만 하면 수학을 잘할 거라고 기대한다. 하지만 집에서 제대로 공부하지 않으면 배운 내용을 제대로 익히지도 못한 채 다음 진도를 나가고 숙제하느라 시간만 허비할 수 있다. 부모가 수학 공부를 봐주기 힘들어서 사교육을 하는 것인데, 집에서 또 공부하라고 하니 부모 입장에서는 답답할 것이다. 그러나 아이가 수학을 잘하길 바란다면 사교육도 효과적으로 이용해야 한다.

사교육을 하는 경우
효율적인 공부하는 방법

첫째, 아웃풋을 내는 시간을 가져야 한다. 숙제하고 채점한 뒤 오답을 체크하는 것만으로도 많은 시간이 걸린다. 하지만 오답 풀이 과정을 노트나 화이트보드에 적어보면서 어느 부분에서 틀렸는지 되새겨가며 공부해본다. 이때 누군가에게 설명하듯이 풀이해보면 자신이 제대로 이해했는지 확인할 수 있다.

<mark>둘째, 배운 개념을 재확인하여 내 것으로 만들어야 한다.</mark> 배운 개념에 대한 공식이나 내용을 노트에 정리하는 것보다는 기본 예제 문제를 꼼꼼히 풀이하여 개념을 재확인한다. 예제 문제 풀이에서 오답이 나올 경우 다시 개념부터 읽어가며 체크한다. 인터넷 강의를 들어도 좋다.

그렇다면 엄마표 수학으로 집에서 공부하는 아이들은 위에서 말한 방법대로 열심히 하면 수학을 잘하게 될까? 사교육의 도움을 받으면 아이가 제대로 이해하지 못한 단원은 있어도 진도는 꾸준히 나가기 때문에 최소 두 달에 문제집 한 권은 풀 수 있다. 또한 심화서까지 공부하게 되므로 타의적이라도 양적인 목표는 어느 정도 달성할 수 있다. 그런데 집에서 부모와 함께 공부하는 아이들은 해당 학년의 심화를 선행보다 중요시하므로 많은 양을 공부하지는 않는다. 또한 아이 수준을 고려하여 공부하다보니 난이도를 높이지 않는다. 단원 마무리 문제 외에는 시험을 보지 않기 때문에 실전 요령을 익히는 시간도 필요하다.

엄마표 수학을 하는 경우 효율적인 공부 방법

첫째, 커리큘럼이 있어야 한다. 학습 진도표를 만들어 꾸준히 공부해야 느슨해지지 않는다. 오늘은 피곤하니 내일 하자거나, 내일은 또 다른 일이 있어 차일피일 미루면, 한 학기에 수학 문제집 한 권 마무리하기도 어렵다.

둘째, 오답과 유사한 유형의 문제를 풀어봐야 한다. 틀리면 다시 풀게 해서 정답이면 그냥 넘어가는 경우가 많은데 꼼꼼하게 점검해야 한다. 오답 문제를 다시 풀어서 맞혔다 하더라도 다음에 유사한 문제가 나왔을 때도 잘 풀어야 한다. 오답 유사 문제를 찾아서 조금 더 풀어보면 완전히 이해했는지 확인할 수 있다.

셋째, 심화 교재를 풀어보자. 난이도를 아이 수준에 맞춰 깊이 있는 문제를 풀어보지 않으면, 고등학교 수학 문제 풀이를 어려워할 수 있다. 최소한 사교육과 비슷한 수준으로 공부하면 시간이 부족하진 않을 것이다.

공부하는 부모 따라하는 아이

아이가 수학을 잘하는 집은 대부분 부모가 공부한다. 아이가 배우고 있는 교과과정을 이해하려는 것이기도 하지만 공부하는 모습을 보여주고 싶은 것이다. '아이는 부모의 등을 보고 자란다'는 말이 있다. 엄마가 책 읽는 모습을 본 아이는 돌도 안 되어 책을 집는다. 초등 시기의 아이들에게 부모는 절대적인 롤모델이다. 어릴 때부터 가정교육이 중요하다고 말하는 것도 이와 다르지 않다. 아이는 부모를 보고 그대로 따라 하기 때문이다.

평소에 부모가 책을 보거나 공부하는 모습을 보면, 아이들도 으레 집에서 공부하는 것을 당연하게 여긴다. 부모가 집에서 TV를 켜놓고 일을 하거나 책을 보면 아이도 그렇게 따라 한다. 식탁이나 거실 테이블에서 TV를 보며 수학 문제를 푸는 것이다. 특히 수학 문제는 집중해서 풀지 않으면 풀이 속도가 굉장히 느려지고 정확도가 떨어질 수밖에 없다. 가끔 부모의 좋지 않은 습관까지 모방하니 부모는 아이 앞에서 바른 모습을 보여주기 위해 노력해야 한다. 아이가 수학을 잘하는 집은 대부분 아이가 공부할 때 부모도 함께 공부한다. 적어도 아이 옆에서 TV를 보거나 게임을 하지는 않는다.

아이를 키우다 보면 부모의 인격은 더욱 성숙해질 것이라고 생각하지만 때로는 감정이 이성을 넘어설 때가 있다. 특히 수학을 아이와 함께 공부할 때 그런 모습이 많이 보인다. 고학년보다는 저학년일 때 이런 경우가 많다. 노력과 시간을 들였는데 결과가 좋지 않거나, 부모에 비해 아이가 노력하지 않는다는 생각이 들면 감정적으로 부딪히게 된다. 사실 저학년 아이들은 왜 수학을 공부해야 하는지 이해하지 못한다. 반대로 부모는 아이가 저학년부터 수학 실력을 차곡차곡 잘 다져야 나중에 수학을 포기하지 않을 것이라고 생각한다.

시간을 중요하게 생각하는 부모라면 오늘 해야 할 공부가 제 시간에 끝나지 않았을 때 아이를 감정적으로 대할 확률이 더 높다. 수학은 공부한 만큼 결과가 나오는데 공부하지 않는 아이를 보면 애가 탄다. 이럴 때일수록 부모는 자기계발을 위한 공부, 아이의 학습에 도움이 되는 공부보다 우리 아이에 대해 알아야 한다.

==수학 공부는 감정의 영향을 많이 받는다.== 우리 아이가 어떤 마음가짐으로 수학을 공부하는지, 어려운 문제를 만났을 때는 어떤 마음이 드는지, 수학 공부를 하기 싫을 때와 즐거울 때는 어떤 상황인지 등을 파악한다. 단순히 채점을 하고, 다 맞으면 칭찬하고, 쉬운 문제를 틀리면 잔소리를 하는 것은 아이의 수학 실력 향상에 절대 도움이 되지 않는다. 부모가 직접 수학을 가르치다 보면 왜 우리 아이는 이런 문제를 어려워하는지 이해할 수 없고, 한 번만 가르쳐주면 척척 풀 것이라고 기대하기도 한다. 수학은 부모와 아이의 관계가 좋아야 즐겁게 공부할 수 있다. ==수학 문제를 잘 푸는 것도 중요하지만 초등 시기에는 문제를 해결하는 과정에서 성취감과 즐거움을 느끼는 것이 더 중요하다.== 아이에게 수학을 가르치면서 화를 내고 주눅 들게 할 바에는 아예 가르치지 않는 것이 훨씬 낫다. 수학 공부를 할 때마다 부모에게 혼난다면 아이는 공부해봤자 혼만 나느니, 차라리 어떤 결과를 보여줘도 잔소리를 듣지 않는 과목을 더욱 선호하게 된다. 이렇게 되면 수학과는 점점 멀어질 수밖에 없다.

  부모들은 일단 교과서를 펼쳐서 아이가 공부하는 단원을 살펴본다. 그리고 서점에 가서 문제집 한 권을 사서 어떻게 문제를 풀어서 진도를 나갈지 고민한다. 여기서 중요한 전제 조건 하나가 빠졌다. 아이가 공부를 잘하길 바란다면 우선 아이에 대해 공부하자. 자기 아이에 대해 잘 모르는 부모가 의외로 많다. 아이에 대한 공부는 어떻게 해야 할까?

첫 번째, 아이가 여유 시간에 스스로 선택해서 하는 활동이 무엇인지 관찰한다. 책을 볼 수도 있고, TV나 동영상을 보기도 할 것이고, 공부를 할 수도 있다. 어떤 활동을 할 때 가장 즐거워하는지 또는 가장 힘들어하는지 살펴본다. 이때만큼은 수학 진도를 크게 신경 쓰지 않는다. 옆집 아이의 수학 진도, 유명 학원의 수학 진도는 머릿속에서 지워버리자. 참고는 할 수 있지만 그것이 기준은 아니다. 좋아하는 활동을 수학 공부에 접목하면 훨씬 재미있게 공부할 수 있다. 평소 유튜브를 많이 보고 영상 촬영에 관심이 많다면 수학 문제 풀이 영상을 만들어보는 것도 도움이 된다. 틀린 문제를 어떤 과정을 거쳐 정답으로 풀었는지 영상으로 촬영해서 설명해본다. 그림 그리기를 좋아하는 아이라면 그림을 그려서 문제를 풀어보는 것도 좋다.

두 번째, 부모는 아이에게 그 누구도 해줄 수 없는 것이 무엇인지 고민한다. 이 고민 자체가 아이를 이해하는 과정이다. 더 나아가 부모의 역할을 잘하고 있는지 돌이켜보는 시간이 필요하다. 아이가 고민을 털어놓고 조언을 구하는 상대가 부모라면 얼마나 좋겠는가? 그렇게 하려면 아이의 입장도 존중해야 한다. 부모에게 인정받고 존중받는 아이들은 자신을 믿어주는 든든한 버팀목이 있기에 불필요한 감정으로 에너지를 소비하지 않는다. 아이의 마음을 편안하게 해주는 것이 바로 부모만이 해줄 수 있는 것이 아닐까?

계획표를 만들고 실천해보라고 하는 것은 선생님도 해줄 수 있는 일이다. 계획표는 해야 할 일을 알려주는 도구일 뿐이고 결국은 아이 스스로 공부하고자 하는 의지가 있어야 실천할 수 있다. 하지만 부모의 긍정적인 피드백이 없다면 아직 어린 아이들은 계획표를 계속 실천하기 어렵다. 내적 동기에 가장 큰 기여를 하는 것은 부모의 격려와 아낌없는 응원이다. 언제 어떤 상황에서도 힘내라고 용기를 줄 수 있는 사람은 부모뿐이다.

스스로 감정의 파도가 일어나야 마음이 움직이기 때문에 부모의 진심 어린 조언과 사랑은 아이에게 공부할 수 있는 큰 힘이 된다. 초등 기간에 이러한 내적 동기가 만들어진다면 수학을 점점 더 잘하고 싶은 마음이 생길 수 있다. 수학을 잘하는 아이 뒤에는 아이에 대해 공부하는 부모가 있다는 것을 꼭 기억하자.

부모의 채점 공부

　자녀가 수학 공부를 하기 시작하면 부모는 수학 교재를 꼼꼼하게 관리하려고 노력한다. 수학은 위계성 학문이므로 첫 단추인 초등 수학에서 부족한 영역이 생기면 중고등학교 수학이 힘들 수 있다는 불안감 때문이다. 초등 수학에서 채점 결과가 좋지 않으면 아이를 다그치게 된다. 문제를 몇 번이나 설명해도 이해하지 못하는 아이를 보며 답답해하는 부모, 빨리 풀라고 다그치는 부모가 그저 원망스러운 아이의 모습은 어느 가정에서나 쉽게 볼 수 있다.

첫 번째 문제를 풀 때는 오답이 많다가 다시 풀었을 때 정답이 많으면 칭찬보다는 왜 처음부터 집중하지 않았냐고 잔소리하는 부모도 있다. 그러다 보니 아이뿐만 아니라 부모도 채점이 점점 좋지 않은 기억으로 남는다. 반대로 채점 결과가 100점이면 칭찬과 함께 오늘 숙제가 끝났다며 보상으로 게임을 허락한다. 아이 수학 실력을 채점 결과로 평가하다 보면 학년이 올라갈수록 수학이 점점 더 어렵게 느껴져 공부하기가 힘들어질 수밖에 없다. 채점 결과에 일희일비할 필요 없다. 점수는 우리 아이가 수학을 잘하는지 못하는지에 대한 판단 기준이 아니다. 그저 우리 아이의 실력을 높일 수 있는 수단이라고 생각하자. 정답과 오답 풀이 과정을 확인하며 어떻게 문제에 접근했는지 들여다보는 것이 채점을 하는 이유다.

아이의 수학 실력을 올릴 수 있는 채점 방법에 대해 알아보자.

채점은 반드시 부모가 한다

유아부터 초등 3학년까지는 엄마가 수학 문제집을 채점하는 가정이 많다. 그런데 아이의 학년이 올라갈수록 수학 문제집 채점을 아이가 직접 하거나 아예 채점하지 않는 경우가 많다.

아이가 어릴 때는 엄마 말을 잘 듣는 편이다. 어려운 수학 문제도 조금만 알려주면 곧잘 해낸다. 문제가 어렵지 않아서 틀린 문제도 엄마가 충분히 설명할 수 있다. 하지만 3학년 이후부터는 지문이 길어지는 만큼 문제를 이해시키는 데도 시간이 오래 걸린다. 바쁜 시간을 쪼개어 아이를 위해 노력하지만 집중하지 않는 아이의 태도 때문에 채점하고 틀린 문제를 해결하는 과정이 점점 어렵다.

아이 수학 공부에 대한 스트레스는 엄마도 받기 마련이다. 이런 일들이 점점 쌓이다 보면 엄마는 아이에게 "이제부터 네가 알아서 해. 문제 풀고 채점도 네가 해"라고 말한다. 이것은 '더 이상 엄마는 너의 수학 공부에 관심 없어'와 같은 의미다.

수학 문제 푸는 것만으로도 어려운 아이에게 채점까지 맡긴다면 어떻게 될까? 공부에 대한 의지와 별개로 주어진 문제라도 풀면 다행이라는 생각으로 대부분 채점을 하지 않는다. 채점을 안 하니 무엇이 틀렸는지도 모르고 틀린 문제를 다시 풀어야 할 이유도 찾지 못한다. 적어도 숙제는 해야 한다고 생각하는 아이라면 문제를 풀고 채점은 한다. 하지만 오답은 해결하지 않고 지나가거나 한 번만 더 풀어 보고 확인하는 정도에 그친다.

==아이에게 채점을 맡기고 스스로 수학 공부를 잘하길 바라는 것은 부모의 욕심이다.== 물론 언제까지 부모가 아이의 공부에 개입해야 할지는 각 가정마다 다를 것이다. 부모 중 한 명은 적어도 오답 확인만이라도 하길 바란다. 그래야 우리 아이가 무엇을 어려워하고 힘들어 하는지 알 수 있다. 채점 없이 문제집만 풀어서는 절대 공부가 될 수 없다. 개념을 익히고, 유형 학습을 통해 제대로 익혔는지 확인하는 절차가 필요하다. 특히 틀린 문제를 통해 잘못 이해한 개념을 바로

잡고, 실수를 줄여나가는 연습을 해야 한다.

그렇다면 언제까지 부모가 채점을 해줘야 할까? 아이 스스로 채점하길 원한다면 연산이나 도형 문제집을 권유한다. 풀이 과정이 복잡하지 않고 단답형 문제들은 실수로 인한 오답이 대부분이기 때문이다. 적어도 중등 수학까지는 주로 공부하는 교재만큼은 부모가 채점해주는 것이 좋다. 매 학년마다 아이들이 수학을 어려워하는 고비가 있다. 특히 초등 5학년은 중등 수학의 밑거름이 되기 때문에 모든 단원들을 꼼꼼히 공부해야 한다.

5학년 정도 되면 부모 도움 없이 아이 스스로 할 수 있는 일이 많아진다. 수학 공부도 마찬가지다. 문제를 풀고, 채점을 하고, 틀린 문제도 스스로 풀 수 있다. 하지만 제대로 이해하며 공부하고 있는지 점검하는 데는 부모의 도움이 필요하다. 중등 수학은 부모도 잘 모르는 문제들이 많다 보니 채점까지 사교육에 맡기기도 한다. 특히 서술형은 우리 아이의 풀이 과정과 답안지를 비교해봐도 도통 어디가 맞고 어디가 틀렸는지 알기 힘들다. 그러다 보니 부모에게 채점은 어렵고 귀찮은 일이다.

고등 수학을 힘들어하는 아이들을 보면 중등 수학의 개념조차 제대로 모르는 경우가 많다. 중등 수학에서 채점이라도 제대로 해줬다면 적어도 후회는 없을 것이다. 최소한 부모의 관심 속에서 공부했기 때문이다. ==틀린 문제를 아이와 함께 고민하는 것은 아이가 수학을 포기하지 않는 가장 좋은 방법이다.==

채점도 습관이다

아이의 수학 실력을 객관적으로 받아들일 줄 알아야 한다. 우리 아이는 늦게 머리가 트일 것 같으니 나중에 해도 된다는 생각은 분명 착각이다. 수학은 아이 눈높이에 맞는 교재로 차곡차곡 쌓아가지 않으면 완전 학습이 어려운 과목이다. 최소한 자기 학년의 응용 문제는 풀어야 한다.

모처럼 아이 수학에 관심을 갖기로 결심하고 바쁜 시간을 내어 채점한다고 해보자. 쉬운 개념 문제를 틀리거나 단순 계산 실수가 많다면 어떻게 할 것인가? 대부분의 부모는 채점하다 말고 다시 풀어오라고 잔소리하거나 틀린 문제를 크고 진하게 표시해 감정을 드러내기도 한다. 사회적 지위가 있고 바쁜 일상을 보내는 부모들은 채점을 더욱 힘들어한다. 시간을 가치 있는 곳에 써야 하는데, 아이 수학 문제집, 그것도 오답이 수두룩한 문제들을 채점한다는 것이 여간 괴로운 일이 아니다. 어릴 때부터 스스로 공부하고 인정받으며 자란, 소위 모범생이었던 부모라면 일상에서 잘못되거나 틀리는 것 자체가 불편할 수 있다.

수학도 마찬가지다. 당연히 맞혀야 할 개념 문제나 연산 문제를 틀렸을 때, 부모의 스트레스는 고스란히 잔소리로 전달된다. 아이와 실랑이를 벌이는 것도 하루 이틀이지 힘든 상황은 회피하고 싶어지기 마련이다. 채점 이후의 오답 처리 과정이 생각보다 많은 시간과 정성을 요구하기 때문이다. 때로는 채점이 점점 귀찮아지고 하기 싫어져 오늘 해야 할 분량을 내일로 미루기도 한다. 이제부터 생각을 바꿔보자. 수학 문제를 풀어보는 이유가 무엇일까? 모르는 부분을 찾기 위해서다. 틀린 문제는 오히려 우리 아이가 부족한 부분이 무엇인지 알려준다.

<mark>아이의 수학 실력이 나아지길 바란다면 채점을 귀찮아하거나 미루지 않아야 한다.</mark> 부모의 생각과 습관은 아이의 공부 태도에도 영향을 미친다. 아이는 부모의 모습을 보고 자라기 때문이다.

| 아이는 부모의 거울이다 |

부모	아이
채점하기 귀찮다.	공부하기 귀찮다.
채점은 내일 해야지.	공부는 내일 해야지.
빨간 색연필이 없네. "채점하게 색연필 가져와!" 아이에게 지시한다.	문제 풀다 보니 지우개가 없네. "엄마, 지우개 어딨어?" 엄마에게 물어본다.
너무 많이 틀려서 채점을 못 하겠네 "처음부터 다시 풀어!"	모르는 게 많아서 문제를 못 풀겠네. "별표 해야지."

 엄마 아빠용 필통을 준비하자

아이가 학교에 가면서 필통도 가져가지 않았을 때, 대부분의 부모는 "공부하러 가는 애가 필통도 안 가져가니? 기본 태도가 안 되어 있어!" 하며 잔소리한다. "채점하게 색연필 가져와"라고 아이에게 지시하는 부모도 다를 바 없다. 아이에게 필기구를 가져오라고 지시하거나 눈앞에 보이는 아무 필기구로 점수를 매기지 말자. 공부에 필요한 준비물을 잘 챙기는 것이 기본 태도인 것처럼 아이에게 준비된 부모의 모습을 보여주자. 채점을 하거나 아이 공부를 지도할 때, 엄마 아빠용 연필꽂이나 필통을 준비해보면 어떨까?

연필꽂이는 누구나 쉽게 꺼내 사용할 수 있으니 잃어버리기 쉽다. 아이와 공부할 때 사용하는 전용 필통이 있으면 필기구를 찾는 수고가 줄어든다. 필통에는 연필, 지우개, 삼색 볼펜, 빨간색과 파란색 색연필, 자, 네임펜을 넣어둔다. 저학년은 조금 큰 필통을 준비하고 풀, 가위, 테이프도 함께 넣어두면 수학 활동이 있는 문제를 풀 때 유용하다. 고학년의 경우 아이가 갖고 싶어 할 만한 연필로 멋지게 풀이 과정을 설명하는 것도 작은 동기부여가 될 수 있다.

처음부터 정확하게 채점한다

문제 풀이 후 처음 채점을 할 때 맞힌 문제만 동그라미 표시를 하고, 틀린 문제에는 아무런 표시를 하지 않는 경우가 있다. 아이가 틀린 표시를 싫어하거나, 처음 문제를 풀 때는 많이 틀리지만 다시 풀어서 거의 맞힐 때 이런 방법으로 채점을 한다. 하지만 이것은 수학 실력 향상에 전혀 도움이 되지 않는다. 중요한 것은 처음 채점 결과다. 틀린 연산 문제는 처음에 채점 표시를 하지 않고 다시 풀어서 맞혔을 때 동그라미 표시를 해버리면 처음부터 맞힌 것처럼 보일 수 있다. 틀렸다는 표시는 잘못해서 표시하는 것이 아니라는 점을 분명히 알려줘야 한다. 쉬운 문제를 틀릴 때마다 아이에게 잔소리하면, 수학 문제를 틀리는 것은 잘못한 일이라고 생각하게 된다. ==채점은 단순히 정답과 오답을 표시하는 것뿐이라고 알려주자.== 그래도 오답 표시를 싫어하는 아이가 있다면 다음과 같이 채점한다.

1) 맞힌 문제만 정답 표시를 한다
2) 오답을 두 번째 풀었을 때 맞힌 문제는 다른 색 색연필로 표시하고, 틀린 문제는 별 표시를 한다.
3) 오답을 세 번째 풀었을 때 맞힌 문제는 별 표시에 동그라미를 더하고, 틀린 문제는 별 표시를 하나 더 한다.
(예시 : ㊀, ☆)

잘한 것을 보여주려고 채점하는 것이 아니다. 우리 아이가 수학 문제를 제대로 이해했는지 구분하는 척도일 뿐이다. 쉽고 간단한 문제일수록 채점을 대충해서는 안 된다. 초등 수학에서 가장 정확성을 요하는 영역은 수와 연산이다. 문제를 풀면서 계속 틀리는 유형이 있는지 확인해야 한다. 실수라고 생각했던 문제들도 지속적으로 틀린다면 실수가 아니라 연산이 부족한 것이다. 이때는 틀린 문제에 매달려 다시 풀기보다는 개념부터 다시 학습하는 것이 효과적이다.

아이의 가채점은
실력 향상의 지름길이다

초등학교는 수학 한 단원을 마치면 대부분 그 단원의 내용을 이해했는지 평가한다. 단원평가 문제의 난이도가 보통 수준이라고 할 때

문제를 읽고 풀이하는 과정을 한 번만 하고 제출하는 아이들이 많다. 그러다 보면 실수를 발견하지 못한 채 시험지를 제출한다. 어렵고 안 풀리는 문제는 표시해두었다가 한 번 더 풀어보고 제출하지만 쉽다고 생각한 문제는 확인하지 않는 아이들이 많다. 부모들은 학교에서 평가를 한다면 "문제 다 풀고 천천히 꼭 검토해야 해"라고 말한다. 평소 집에서 "문제 좀 빨리 풀 수 없겠니?"라고 말할 때와는 정반대다.

집에서 수학 문제를 풀 때, 천천히 검토까지 하는 아이들이 얼마나 되겠는가. 집에서도 검토하는 연습을 해봐야 학교에서도 능숙하게 검토할 수 있다. 평소 아이가 푸는 모든 수학 문제를 검토해야 하는 것은 아니다. 물론 매번 이렇게 공부하면 도움은 되겠지만 아이 성향에 따라 또는 학습 진도와 문제의 유형에 따라 선택해야 한다. 개념을 익히는 과정부터 검토하면 진도가 더디게 나갈 수도 있다. 개념은 익히는 연습을 하되, 검토하는 방법은 응용문제에 적용하는 것이 오히려 효과적이다. 그리고 단원 마무리 평가 문제만큼은 꼭 검토하자.

여기에서 ==수학 공부와 시험에 도움이 되려면 문제를 검토하며 가채점을 해야 한다.== 아이 스스로 문제의 답을 예측하여 기호로 표시하는 것이다. 우선 문제를 푼 다음에 훑어보면서 검토한다. 이때 정답이라고 생각했다면 ○를 표시하고, 정답인지 아닌지 헷갈린다면 △를 표시한다. 잘 모르거나 이해 안 되는 문제는 ☆ 표시를 한다. 공부를 잘하는 아이일수록 자신이 예측한 가채점의 결과가 실제 채점 결과와 비슷하다. 자신이 무엇을 알고 무엇을 모르는지 메타인지 능력이 높기 때문이다. 수학은 답에 대한 확신이 있어야 정답으로 이어질 수 있다.

우리 아이는 공부는 열심히 하는데 성적이 오르지 않아 걱정이라면 가채점을 해보고 다음과 같은 방법으로 오답을 확인해보자. 이것은 자신의 실력을 파악하는 데 그치지 않고, 실력을 향상시키는 최고의 방법이다.

답지를 보고 채점한 후 오답을 확인할 때는 1번부터 순차적으로 하는 것이 아니라 중요도에 따라 우선순위를 정하는 것이 효율적이다. 가채점에서 아이 스스로 완벽하게 이해했다고 판단해 ○을 표시한 문제가 오답인 경우 계산 실수가 아니라면 개념을 잘못 이해했는지 확인한다. 이것은 1순위로 오답 확인과 개념 공부가 필요한 문제이다. △ 표시를 했는데 정답이라고 해서 그냥 넘어가서는 안 된다. 다음에 이와 유사한 문제가 나왔을 때 또 헷갈릴 수 있다. 자신이 어느 부분에서 왜 헷갈렸는지 이유를 찾아야 한다. 오히려 몰라서 ☆ 표시를 했다면 간단하다. 문제 이해부터 차근차근 해나가면 되기 때문이다. 오답은 아이가 잘 안다고 생각하는 문제부터 확인해나가는 것이 좋다.

스스로 가채점을 하고 오답 확인의 우선순위에 맞춰 공부하면 실수를 줄일 수 있다. 이는 곧 실력 향상을 의미한다.

아이가 표시한 기호	정답인 경우	오답인 경우	오답 확인의 중요도
○	완벽하게 이해했다고 판단	계산 실수가 있는지 확인 개념을 잘못 이해했는지 확인	1순위
△	왜 헷갈렸는지 이유 묻기 자신감 심어주기	개념 설명 및 비슷한 유형 연습	2순위
☆	풀이 과정을 보며 칭찬, 격려하기	풀이 흔적이 있다면 격려하기 풀이 없이 ☆ 표시만 있다면 소리 내어 문제 읽기부터 시작	3순위

채점 점수를 기록하자

목표 없는 공부는 도착점이 없는 마라톤과 비슷하다. 너무 먼 미래의 목표는 지금 동기부여가 되기 어렵다. 수학은 다른 과목과 달리 채점을 통해 공부의 이해도를 대략적으로 알 수 있다. 암기 과목은 외우기만 하면 만점을 받을 수 있지만, 수학은 암기만으로 문제를 풀기 힘들다.

채점을 하면 맞힌 문제와 틀린 문제만 표시하고 점수를 매기지 않는 경우가 많다. 점수는 곧 정답률을 의미한다. 모든 문제집의 정답률이 90% 이상 되어야 다음 진도로 넘어가는 것은 아니다. 아이마다 실력이 다르기 때문에 문제 난이도에 따른 기준 점수를 아이와 함께 정해보고, 1차 채점과 오답 해결 후 2차 채점 점수를 기록하자.

| 예시 | 문제집 점수(정답률) 기록표

	목표 기준 점수	1차 점수	2차 점수	분석
개념	90	100	-	Pass
기본	90	90	95	Pass
응용	80	75	90	Pass
심화	70	50	60	문제집 난이도 점검
경시	60	25	30	교재 중단 여부 고민
사고력	80	95	95	Pass
연산	100	85	100	Pass

표를 만들어 정리해도 좋지만 문제집에 직접 기록하는 것이 편리하다. 개념이나 기본서와 같이 문제집 전체 난이도가 비슷하다면 목표 기준 점수를 표지에 적는다. 응용, 심화 이상의 문제집은 한 단원에서 A, B, C와 같이 난이도가 표시된 경우가 있는데, 이때는 오늘 공부할 부분의 상단에 목표 기준 점수를 적는다.

목표 기준 점수는 반드시 아이의 실력을 고려해야 한다. 옆집 아이가 기준이 되어서는 절대 실력 향상으로 이어지기 어렵다. 목표한 기준 점수에 항상 도달하지 못하면 문제집 난이도를 점검해야 한다. 아이 실력에 맞는 교재 선정이 가장 중요하다. 또한 점수에 대해 아이에게 감정적으로 표현하기보다는 객관적인 수치만 이야기하는 것이 좋다. 목표 기준을 넘지 않았다 하더라도, 노력한 과정에 대한 칭찬과 격려를 잊지 않는다.

부모가 항상 아이와 밀착하여 수학 공부에만 관심을 기울일 수도 없고, 익숙하지 않은 학습법을 아이에게 적용하기는 쉬운 일이 아니다. 앞서 설명한 채점 방법을 한 번에 실행하기보다는 한두 가지씩 각자의 계획을 세워서 실천한다. 습관이 될 때까지 계획과 부모의 다짐을 아이도 볼 수 있는 곳에 붙여놓으면 마음가짐도 달라지기 마련이다.

과연 우리 아이가 스스로 채점하며 공부하는 날이 오기는 할까? <u>처음에는 아무리 바빠도 부모가 직접 채점하는 노력을 보여주자.</u> 아이들은 부모가 보여주는 방식을 그대로 배우기 마련이다. 채점을 통해 아이가 수학 공부에 관심을 가지면 언젠가 수학 답안지 해설과 자신의 답을 비교 분석해서 공부할 수 있는 내공이 생긴다. 그때가 바로 아이가 채점하며 공부하는 타이밍이다. 그날까지 조금만 더 아이에게 힘을 실어주자.

| 예시 | 한 달 수학 채점 계획표

	계획 내용	나의 다짐
1주 차	채점은 반드시 엄마가 한다. 처음부터 정확하게 채점한다.	틀렸다고 아이를 혼내지 않는다.
2주 차	문제 풀이 후 즉시 채점한다. (늦어도 하루를 넘기지 않는다.)	휴대폰을 내려놓으면 시간이 생긴다.
3주 차	아이에게 스스로 가채점하는 방법을 알려준다.	공부할 시간을 충분히 준다.
4주 차	수학 문제집 목표 기준 점수를 정하고, 점수를 기록한다.	진짜 아이 실력과 마주해도 실망하지 않는다.

엄마표 · 아빠표 수학 이것만은 꼭!

'엄마표 수학', '아빠표 수학'이라는 말만 들어도 부담스러운 부모들이 있다. 수학을 전공하거나 수학을 잘해야 엄마표나 아빠표로 가르칠 수 있다고 생각하는 것이다. 학창 시절 수학을 잘했던 부모들이 아이도 잘 가르칠 것 같지만 과목을 불문하고 자녀를 직접 가르치기는 힘들다. 현재 국내에서 가장 유명한 수학자 가문의 한 사람인 김영욱 고려대 수학과 명예교수는 〈동아 사이언스〉 인터뷰에서 자녀에게 오히려 수학을 가르치지 않으려고 노력했다고 말한다. 수학자 부모도 직접 아이들을 가르치면 마음처럼 잘 안 된다는 것이다.

==엄마표·아빠표 수학은 내용과 더불어 공부하는 태도도 지도해야 하고 습관도 길러줘야 한다.== 초등 저학년 때는 공부할 내용도 어렵지 않고 배워야 할 범위도 적다. 하지만 초등 입학 전이나 중학교 입학 전에 내신을 엄마가 관리해야 할 것 같다는 생각을 많이 한다.

엄마표 수학은 정말 어려운 걸까?

아이가 수학을 싫어하지 않고 끝까지 포기하지 않는 것만으로도 엄마표·아빠표 수학은 성공적이라고 말할 수 있다. 그러면 엄마표·아빠표 수학에서 기억해야 할 것에 대해 알아보자.

가르치려 하지 않는다

보통 엄마표·아빠표 수학이라면 당연히 수학을 가르쳐야 한다고 생각한다. 부모가 수학을 잘하고, 가르치는 것을 좋아한다고 해서 수학을 잘 가르치는 것은 아니다. 아이에게 수학을 가르치려면 개념을 정확하게 설명하기 위해 미리 수업 준비를 해야 한다. 부모는 아이를 이해시키는 과정에서 인내해야 한다. 아이가 잘 따라온다면 순조롭지만, 공부하기 싫어하거나 아무리 설명해도 들으려 하지 않으면 가르치기가 버겁다.

고집이 강한 아이들은 부모가 가르쳐주는 것을 잔소리로 여기기도 한다. 특히 어릴 때부터 스스로 활동하는 것을 좋아하는 아이들은 부모가 알려주는 것을 간섭이라고 생각한다. 그래서 아이를 직접 가르치고자 하는 부모는 선생님이 되어서는 안 된다. 다음 대화와 같이 선생님 역할에 부모의 부정적 감정이 실리면 아이는 공부를 하다가 모르는 것이 있어도 쉽게 물어보지 못한다.

- 아이 : "엄마, 이 문제 어려워요."
- 부모 : "방금 가르쳐줬잖아. 이해 못 했어? 다시 생각해보자. 그래도 모르겠으면 다시 알려줄게."

부모들은 자신이 가르치면 아이가 잘 이해할 거라고 기대한다. 아이가 잘 이해하지 못했을 때는 열심히 알려줬는데 왜 이해를 못 할까 고민한다. 부모는 하나부터 열까지 가르치기보다는 우리 아이가 잘 모르는 것을 알아가도록 도와주는 마음가짐이 필요하다. 개념 설명까지 해주기보다는 아이 스스로 개념을 이해하는 시간을 충분히 주어야 한다.

모르는 문제가 나왔을 때는 바로 알려주기보다 어떤 개념들을 이용해야 문제를 해결할 수 있는지 방향을 제시해주는 것이 좋다. 책에 나온 개념 설명으로 이해하기 어려워할 때 교구나 그림 같은 반구체를 활용하면 엄마 아빠와 함께하는 공부가 더 재미있다고 생각하게 된다. 또한 부모가 자신이 어릴 때 모르는 문제를 어떻게 해결했는지 경험을 들려주는 것도 도움이 된다. 아이를 가르치기보다 함께 공부한다는 마음가짐이 중요하다.

시험으로 아이의 수학 실력을 평가하지 말자

초등학교는 중간고사나 기말고사가 없으니 아이의 수학 실력을 가늠하기 위해 사설 경시대회나 유명 수학학원에 가서 테스트를 본다. 보통 사교육에서 진행하는 시험은 고난도 유형으로 출제되어 우리 아이가 잘한다고 생각했는데 형편없는 점수를 받을 때도 있다. 엄마표·아빠표 수학을 꾸준히 하려면 수학 평가의 기준과 목표를 정해야 한다. 학원의 최고 레벨반의 커리큘럼이 기준이 되면 아이와 함께 공부해야 할 범위가 많아진다. 시간을 많이 할애해야 하면 지속하기가 힘들다. 학원보다는 학교 평가를 기준으로 각 단원별로 교과 익힘책 수준을 목표로 진행하는 것이 오히려 아이의 수학에 대한 자신감을 키울 수 있다.

그렇다면 수학을 또래보다 잘하는 아이는 어떻게 해야 할까? 초등 3학년이지만 초등 5학년 심화 문제까지 푸는 아이는 문제집의 단원 평가 또는 총정리 문제의 채점 결과가 우리 아이의 실력이라고 보면 된다. 결과가 80점 이상은 되어야 공부한 내용을 이해했다고 볼 수 있다. 해당 문제집의 난이도에 따라 목표 기준 점수는 다르겠지만 최소한 85점 이상을 목표로 공부하면 그 학년이 되어 실수를 바로잡았을 때 만점 가까이 나올 수 있다. 우리 아이가 공부하는 과정을 85% 이상은 이해해야 한다. 이러한 과정이 쌓이다 보면 실력이 되고, 그때 경시대회에 참여해도 늦지 않다. 가장 중요한 것은 현재 아이가 공부하고 있는 과정을 충분히 이해하는 것이다.

사고하는 방법을
스스로 찾도록 돕는다

사고하는 방법을 가르치기는 매우 어려운 일이다. 사고력이 있어야 어려운 수학 문제도 풀 수 있다고 하니 부모들은 사고력을 키우는 데 관심을 가질 수밖에 없다. 사고력 수학학원이 있을 정도이니, 사고력 문제라고 하면 뭔가 특별해 보이기까지 한다. 부모 세대는 학교 다닐 때 사고력 수학을 따로 공부하지 않았기 때문에 직접 가르칠 수 있을지 고민한다. 대부분 문장제이고 부모가 어렸을 때는 경시대회에서 봤을 법한 문제들이다.

과연 엄마표·아빠표 수학으로 사고력을 기를 수 있을까? 가능하다. 문제 하나를 가지고 스스로 답을 찾아가는 과정에서 사고력이 길러지는데, 이때 필요한 것이 충분히 생각할 시간이다. 고등학생에 비하면 초등학생은 시간이 많은 편인데도 모든 과목을 골고루 소화하느라 이런저런 활동이 많다. 그러다 보니 막상 공부할 시간이 부족하다. 시간이 충분하지 않은 상태에서 문제를 빨리빨리 풀고, 모로 가도 서울만 가면 된다는 식으로 정답을 맞히는 데만 치중하면 절대 사고하는 방법을 공부할 수 없다.

아이와 수학 공부를 하다 보면 가끔 문제를 멍하니 쳐다볼 때가 많다. 이때 "문제 안 풀고 뭐 하니?"라고 물어보면 "생각하는 중이에요"라고 말할 것이다. 아이에게 딴 생각을 한 것 아니냐며 핀잔을 주어서는 안 된다. 생각하는 시간을 충분히 주고, 아이의 태도를 칭찬한다. ==부모는 사고하는 방법을 찾는 길잡이 역할을 해야 한다.== 사고는 복잡한 미로 찾기와 같아서 나무보다 숲을 보는 눈을 키워야 한다. 문제를 꼼꼼히 읽고 하나씩 해결하는 것보다는 문제 전체의 맥락을 파악하고 생각한 다음에 접근하면 오히려 더 쉽게 풀린다. ==문제를 해결해나가는 경험을 스스로 쌓는 것이 곧 사고하는 방법이다.==

보통 아이들은 문제를 풀다가 어려우면 바로 엄마 아빠를 찾는다. 그런데 풀이 과정이 전혀 없다면 문제 자체를 이해하지 못했거나 생각조차 하지 않은 것이다. 어느 부분이 왜 어려운지 설명해보라고 하는 것은 사고력을 길러주는 가장 쉬운 방법이다. 스스로에게 끊임없이 질문하는 과정에서 사고력이 길러지기 때문이다. 이때 부모는 진심을 다해 아이의 설명을 귀담아 들어줘야 한다.

설명하는 과정에서 문제 풀이가 막히면 부모는 사고력 문제집의 답안지를 보고 어떻게 풀어야 하는지 살펴본 다음 모범 답안을 예시로 보여준다. 그림을 그려서 설명하거나 식을 세워도 좋다. 같은 문제를 다른 방법으로 풀어보는 것만큼 좋은 사고력 훈련법이 없다. 매

번 부모가 해줘야 하는 것은 아니다. 처음에 몇 번 예시를 보여주고, 그다음부터는 아이 스스로 해결할 때까지 기다려준다. 간혹 아이가 답안지보다 더 쉽고 간단하게 푼다면 수학에 재미를 느낀 것이니 실력은 저절로 향상된다.

타고난 수학머리 없어도
노력으로 1등급 가능하다

초등부터 고등까지 교과 수학은 누구나 공부하면 좋은 결과를 얻을 수 있다. 타고난 수학머리가 없어도 노력으로 충분히 1등급이 가능하다. 아이의 수학 공부에 관심이 많은 부모들은 학창 시절 수학을 너무 잘해서 이득을 봤거나 반대로 수학을 못해서 손해를 본 경험이 아이에게 고스란히 전해지는 경우가 많다. 수학 공부의 중요성을 실감한 만큼 아이의 공부에도 관여하는 것이다.

개념 학습과 응용문제를 통해 충분히 익히고 사고력을 길러서 문제 해결 능력을 키워준다면 수학을 잘할 수 있다. 물론 초등학교부터 중학교 2학년까지는 수 감각이 있는 아이들이 수학을 잘하는 것처럼 보인다. 교과과정이 대부분 수 연산 영역이기 때문이다. 옆집 아이는 수학머리가 있어서 따로 수학 공부를 하지 않아도 잘한다고 부러워할 필요 없다. 수학 공부는 입시까지 마라톤과 같아서 차근차근 페이스 조절을 해야 한다.

수 연산을 유독 어려워하는 아이들은 초등 때 힘들겠지만 포기하지 않고 꾸준히 공부한다면 충분히 수학을 잘할 수 있다. 오히려 수학머리는 있는데 공부를 안 하는 아이가 더 걱정이다. 수학 공부를 하지 않아도 만점을 받을 수 있는 학년은 중2까지다. 이후로는 수학머리보다 공부 경험치가 더 중요하기 때문에 노력하지 않으면 수학 성적이 잘 나오기 어렵다.

고등 수학 1등급 성적을 받으려면 많은 노력이 필요하다. 고등학교에서 1등급은 4%이다. 100명 중 4등 안에 들어야 1등급이며 5등은 2등급을 받는다.

중등은 절대평가이기 때문에 90점 이상이면 A를 받는다. 그렇다고 수학의 목표가 90점이 되어서는 안 된다. 이 점수를 상대평가로 환산해보면 90점 이상이어도 2~4등급을 받는다. 많은 부모들이 아이가 중학교까지는 수학을 잘했는데, 고등학교 와서는 수학 점수가 안 나온다고 말한다. 이것은 평가 기준이 다르기 때문이다. 따라서 아이의 실력을 객관적으로 보며 공부해야 한다. 타고난 수학머리만 믿어서도 안 된다. 매일 정해진 시간을 공부하고 끝내는 것이 아니라 교과과정을 완벽하게 숙지할 정도로 노

등급	누적 비율	등급 비율
1	~4%	4%
2	~11%	7%
3	~23%	12%
4	~40%	17%
5	~60%	20%
6	~77%	17%
7	~89%	12%
8	~96%	7%
9	~100%	4%

력해야 한다. 엄마표·아빠표 수학의 강점은 꼼꼼함이다. 여기에 로드맵이라는 체계를 입히고 노력이 더해진다면 1등급을 충분히 받을 수 있다.

욕심을 내려놓고 칭찬하자

가장 어려운 것이 아이에 대한 욕심을 내려놓는 일이다. 우리 아이가 다른 아이들보다, 그리고 더 높은 학년의 수학까지 잘하기를 바라는 마음은 당연하다. 다른 아이들 놀 때 우리 아이가 공부했다면 이런 욕심은 더 커질 수밖에 없다.

공부를 많이 하지도 않고 시험을 잘 보기를 기대한다거나 아이 공부를 제대로 봐준 적 없으면서 결과에 실망하는 것은 부모의 욕심이다. 아이가 처음 배우는 개념을 금방 익히고 문제를 다 맞혀야 한다고 욕심을 부리면 공부했는데 왜 이해를 못 하냐고 다그치기 쉽다. 수학은 너무도 정직해서 공부한 만큼 결과가 나오는 과목이다. 공부한 만큼 기대하는 것은 욕심이 아니지만, 충분히 공부하지 않고 좋은 결과를 기대하는 것은 욕심이다. 그래서 우리 아이의 실력을 명확하게 아는 것이 중요하다.

특히 수학머리가 있는 아이들은 초등 수학은 공부하지 않아도 쉽게 풀기 때문에 어릴 때부터 수학을 잘한다는 이야기를 듣는다. 그러다 중학생이 되어 내신 성적을 받아보고 큰 충격을 받는다. 그동안 잘하던 아이가 학교 시험조차 어려워한다. '우리 아이는 수학머리가 있으니 조금만 공부하면 되겠지?'라는 생각은 중등부터 통하지 않는다. 아무리 수학머리가 있다고 해도 초등 때부터 노력해야 한다. 부모는 아이가 노력한 만큼 결과가 나왔을 때 칭찬해주면 된다.

보통의 부모는 만점을 받아야 칭찬한다. 초등학교 단원평가 정도는 무조건 100점을 받아야 한다는 부모도 있다. 아무리 쉬운 시험이라도 100점을 받기는 어려운 일이다. 결과보다는 과정을 칭찬할 줄 알아야 한다.

엄마표·아빠표 수학을 하다 보면 문제 풀이와 채점 중심으로 진도를 나가는데 아이의 풀이 과정을 꼭 살펴보자. 서술형 문제는 오답이라도 아이의 풀이 과정을 봤을 때 충분히 고민하고 노력했다면 칭찬을 아끼지 않아야 한다. 이때 주의할 점은 이유 없는 칭찬을 하지 않는 것이다. 아이도 자신이 무엇 때문에 칭찬받는지 알기 때문이다.

문제를 풀고 채점을 하다 보면 오답이 나오기 마련이다. 오답을 다시 풀어서 맞혔다면 대부분의 부모는 안타까워하며 아이에게 처음부터 잘 풀었으면 좋지 않았냐고 말한다. 실수하거나 풀이 과정이 틀린 것을 바로잡기란 쉬운 일이 아니다. 원래 자신의 실수는 잘 보이지 않는 법이다. 새로운 문제를 푸는 것보다 오히려 더 어려울 수 있다. 오답을 다시 풀어서 정답을 맞혔을 때가 바로 칭찬할 타이밍이다.

수학으로 아이가 칭찬받을 일은 많지 않지만 오답을 다시 제대로 풀었을 때 칭찬을 자주 해주면 아이의 자신감도 올라가고 점점 실수도 줄어든다.

엄마표·아빠표 수학의 약점은 무엇일까? 로드맵이나 계획표가 없다면 쉽게 무너지고 진도가 늘어지므로 일주일에 한 번, 공부한 과정을 다시 한 번 정리하고 다음 주 공부를 미리 계획하는 습관을 가진다. 핵심은 시간 관리에 있다. 주변 환경을 탓하지 않는 부모의 태도 또한 중요하다. 오늘은 엄마가 바빠서, 내일은 집안 행사가 있어서 그다음 날은 여행을 가야 해서 수학 공부를 못 하는데 아이가 잘하기를 기대할 수 없는 노릇이다. 이런 상황이라면 사교육의 도움을 받아서 숙제 관리를 하는 것이 오히려 낫다. 엄마표·아빠표 수학을 한다면 주 3회는 꼭 수학 공부 시간을 확보하는 것이 좋다.

직접 수학을 가르치지 않더라도 입시가 끝나기 전까지는 적어도 아이가 무엇을 공부하고, 어려워하는지 꾸준히 관심을 가져야 한다.

수학을 잘하는 아이의 공부 습관

초등 수학은 초중고등학교 전체의 학습 범위에서 20% 정도밖에 차지하지 않는다. 절반은 고등 수학이 자리 잡고 있다. 초등 시기에 학습 범위가 좁은 이유는 아이들의 지적 발달에 맞추기 위해서이기도 하지만 공부하는 습관을 기를 시간이 필요하기 때문이다. 따라서 초등 수학은 기초 과정에 중점을 둔다. 전체 수학에서 나머지 80%를 좌우하는 잠재력은 바로 공부 습관에 있다. 공부를 열심히 하는데도 결과가 만족스럽지 못하다면 공부 습관을 점검해볼 필요가 있다. 수학을 잘하는 아이들은 어떤 공부 습관을 가지고 있는지 살펴보자.

첫 번째, 복습을 한다. 수학은 복습을 통해 개념을 이해하고 응용문제를 해결하는 과정을 거쳐야 한다. 책상에 앉아 공부하는 시간은 많은데 점수도 잘 안 나오고 어려워하는 아이들은 선행 진도 나가기에 급급한 경우가 많다. 수학 진도가 나가면 충분한 복습을 통해 자신의 것으로 만들어야 한다. 머리로는 이해해도 막상 연필을 들고 문제를 풀라고 하면 선뜻 떠오르지 않는 이유는 복습이 부족했기 때문이다. 진도만 나가는 공부는 의미가 없다.

일정한 주기로 복습을 반복하기는 사실상 쉽지 않다. 쉬운 복습 방법은 그날 배운 내용을 자기 전에 한 번 훑어보는 것이다. 시간 여유가 있다면 모르는 내용을 정리하거나 숙제로 내준 문제 풀이를 해보는 것도 좋다. 복습을 습관화해 몸에 배면 부담 없이 반복할 수 있다. 수학 공부는 지난 시간에 배운 내용을 복습하는 것으로 시작하자. 5~10분이면 충분히 훑어볼 수 있다. 복습은 공부의 준비운동 단계로 다음 공부할 내용을 이해하는 데 걸리는 시간을 줄여준다.

두 번째, 숙제 이외에 부족한 부분을 채운다. 수학을 잘하는 아이들은 학원 숙제를 다 못할 정도의 사교육을 받지 않는다. 숙제보다는 스스로 공부해야 한다는 생각이 자리 잡고 있다. 자기주도 학습은 스스로 공부한다는 의미만이 아니다. 자신에게 꼭 필요한 영역을 선택하여 공부하고, 틀린 답이 있다면 오답도 적어보고, 스스로 연구 활동을 하며 기록한다. 잘 모르는 내용은 검색하거나 책에서 정보를 얻기도 한다. 스스로 배운 내용은 쉽게 잊어버리지 않으며, 깊이 있는 내용으로 이어질 수 있다. 아이의 실력에 날개를 달아줄 수 있는 것은 바로 이와 같은 자기주도 학습이다.

세 번째, 머리로만 풀지 않는다. 초등 때는 문제집에 끼적이며 대충 문제를 푸는 아이들이 많다. 수학을 잘하는 아이들을 두 부류로 나뉜다. 수 감각이 좋은 수학 영재와 성실하게 공부하는 우등생이다. 여기에서는 우등생을 기준으로 이야기해보자. 물론 암산으로도 문제를 풀 수 있지만 수학은 정확성을 요하므로 풀이 과정을 적어야 한다. 단, 풀이 과정을 자세히 적는 것이 목표는 아니다. 풀이 과정을 줄이는 것도 실력이므로 간단하게라도 반드시 풀이를 적고 문제 푸는 습관을 들인다. 학년이 올라갈수록 풀이 과정도 복잡하고 길어질 수 있다. 고학년부터는 수학 노트에 문제를 풀이하는 습관을 들이면 중고등 수학에서 실수를 줄이는 방법을 저절로 터득하게 된다.

네 번째, 마스터 교재가 있다. 가장 많이 공부하는 핵심 교재를 마스터 교재라고 한다. 이 교재를 마스터하면 수학을 잘할 수 있다. 아이 실력에 따라 마스터 교재는 다를 것이다. 교과서가 될 수도 있고 심화 문제집이 될 수도 있다. 그러나 개념 설명부터 심화 유형까지 경험할 수 있는 유형서를 추천한다(《개념+유형 파워》, 《쎈 수학》 등).

교과서와 함께 마스터 교재를 풀면서 오답을 점차 줄여나가는 연습을 하다 보면 어느새 나올 만한 유형 문제들을 모두 섭렵할 수 있다. 수학을 잘한다는 것은 자기 학년에서 배운 내용을 충분히 숙지하고 응용문제를 풀 줄 아는 것이다. 마스터 교재를 정해두고 오답 정리를 통해 자기 것으로 만들어야 한다. 마스터 교재는 꼭 두 권을 준비한다. 개념 수준의 문제들도 포함되어 있기 때문에 모두 노트에 문제를 풀 필요는 없다. 간단히 해결되는 문제들은 문제집에 직접 풀어도 괜찮다. 첫 번째 문제집을 풀고 나서, 실수라도 틀린 문제를 반드시 두 번째 문제집에 표시해둔다. 일종의 오답 노트인 셈이다. 두 번째 표시한 문제만 풀고 여기서 틀린 문제는 오답 노트를 따로 만들면 자신의 취약점을 쉽게 파악할 수 있다. 초등 3학년부터는 기초를 탄탄히 다지고 수학 공부의 경험치를 쌓기 위해 마스터 교재를 두 번 풀어보는 것을 권장한다.

다섯 번째, 비법이 없다. 수학은 빈틈없이 쌓아야 잘할 수 있는 과목이다. 마음먹고 한 달 동안 하루도 빠짐없이 수학을 공부한다고 해서 단기간에 실력이 상승하지 않는다. 내가 알고 이해한 만큼 결과가 나오는 것이 수학이다. 그래서 수학 점수는 정직하다. 수학을 잘하고 싶다면 우선 책상에 앉아 공부해야 한다. 풀어야 할 문제집도 사고 계획도 세워야 하지만, 일단 책상 앞에 앉아서 오늘 배운 수학책을 펼쳐보자.

2장

자기주도 학습을 위한 수학 공부법

수학 공부 환경 만들기

    2015년 필리핀에서 홈리스 소년이 매일 밤 맥도날드 불빛이 비치는 주차장에서 벤치와 나무 상자를 책상과 의자 삼아 공부하는 모습은 많은 이들에게 반성과 울림을 주었다. 이러한 모습이 글로벌 이슈로 등장했다는 것은 그만큼 어려운 환경에서도 공부하고자 하는 아이들이 점점 줄어들었기 때문이 아닐까. 지금의 부모 세대 또한 의식주만큼은 부족함 없이 자랐을 것이다. 물론 '개천에서 용 난다'는 말처럼 열악한 환경에서 열심히 공부해 성공한 사람도 있다. 하지만

'개천에서 용 나리?'라는 말로 바뀌었듯이 주어진 환경 또한 배제할 수 없다.

의지만 있으면 누구나 공부를 잘할 수 있다는 말은 초등학생들에게 크게 와 닿지 않는다. 사람은 꼭 필요하다고 생각하는 일에서 동기부여를 얻는다. 아이들은 공부의 필요성을 인지하기 쉽지 않다. 공부를 안 한다고 해서 살고 있는 집이 없어지거나 끼니를 거르는 것도 아니니 왜 열심히 해야 하는지 모를 수 있다. 대학을 가려면 수학을 잘해야 한다는 말도 초등학생들에게는 그저 먼 이야기다.

처음에 부모들은 인터넷으로 어떻게 수학을 가르칠지, 어떤 문제집을 풀어야 할지 검색한다. 아이가 책상에 앉아 열심히 공부하지는 않아도 최소한 문제집을 훑어보기를 기대한다. 그런데 아이는 문제집엔 관심 없고 집에 오자마자 컴퓨터를 켜거나 스마트폰으로 게임을 한다. 도대체 무엇이 문제일까? 어떻게 하면 우리 아이가 수학을 공부하는 모습을 볼 수 있을까? 수많은 부모들은 같은 고민을 한다.

그 해답을 찾기 위해 가장 먼저 해야 할 일은 바로 공부 환경을 점검하고 바꿔보는 것이다. 각 가정마다 집안 환경과 분위기가 다르다. 정답이 정해져 있는 것은 아니며, 생활 방식에 맞춰 공부 환경을 만들어가면 된다.

공부 환경은 넛지(Nudge)와 같다. 넛지란 '옆구리를 슬쩍 찌르다'는 뜻이다. 미국의 경제학자 리처드 탈러는 '넛지 효과' 이론으로 노벨경제학상을 받았다. 넛지 효과는 판단과 행동은 온전히 그 사람에게 맡

종류	항목
물리적 환경	깨끗한 공부방과 책상, 조명, 공기정화 식물, 불필요한 외부 정보 차단, 문제집 정리용 책장, 교구 및 수학 도구 수납장, 아이 수준에 맞는 교재 및 필요 시 사교육(학원, 학습지 등)
인적 환경	과정은 단호하게, 결과에는 따뜻한 격려를 해주는 부모 공부에 집중할 수 있는 환경을 만들어주는 가족 멘토 또는 실력 있는 선생님
심리적 환경	충분한 수면과 공부 몰입 시간 스트레칭과 운동, 마음의 여유, 루틴 만들기

긴 채 상대방이 눈치채지 못하도록 자연스럽게 간섭해서 원하는 행동을 이끌어내는 것이다. 가정에서도 넛지 효과를 이용하면 아이가 눈치채지 못하는 사이에 공부하는 분위기를 만들 수 있다. 일상의 작은 변화로 자연스럽게 공부 환경이 최적화된다.

조금씩 아이가 공부할 수 있는 분위기를 만들어보자. 특히 수학 과목은 집중해야 성취도가 올라가므로 물리적 환경뿐만 아니라 인적 환경과 심리적 환경도 중요한 변수로 작용한다. 공부에 집중할 수 있는 환경을 만들면 공부 효율이 올라간다. 또한 공부 습관을 기르는 데도 좋다.

물리적 환경

방에서 혼자 공부하는 습관이 들지 않았거나 공부방이 따로 없는 경우 식탁이나 거실에서 공부한다. 저학년 때는 부모가 많이 머무는 공간에서 공부해야 도움을 받기가 쉽다. 거실 바닥에 쪼그려 앉거나 엎드려 TV를 보면서 문제집을 푸는 아이도 있다. 수학은 집중력을 요하기 때문에 책상이나 테이블에 앉아서 공부하길 권장한다. 바른 자세로 앉아서 공부해야 집중하기 쉽고 조금 더 오래 앉아 있을 수 있다. 식탁에서 공부하는 경우에는 집안일을 하고 있는 부모님을 바라보거나 간식을 먹거나 다른 가족들과 이야기를 나누기 쉽다.

부모들의 하소연은 거의 비슷하다. 집중하면 5분 안에도 풀 수 있는 분량인데, 혼자 방에서 풀라고 하면 1시간이 걸려도 다 풀지 못한다는 것이다. 그래서 부모가 있는 공간에서 공부하라고 하면 문제를 풀다가 시선을 빼앗기기 쉽다. 수학 시험을 보면 시간이 부족해서 문제를 다 못 풀었다고 하는 아이들이 많다. 수학은 시간 내에 정확하게 문제를 풀 수 있는 능력을 길러줘야 하는 과목이다. 그래서 수학만큼은 아이가 집중해서 공부할 수 있는 환경을 만들어주어야 한다.

공부방이 있다면 아이가 책상에 앉아 집중할 때까지 함께 머물러주자. 공부방이 없어 거실이나 식탁에서 공부해야 한다면 잠시 집안일을 멈추고 불필요한 외부 정보를 차단해주자. 특히 시각과 청각적 정보를 차단하는 것이 필요하다. 외동인 경우는 공부방 대신 거실 테이블을 활용해도 좋지만, 형제자매가 있다면 아이를 위한 공부방을 만들어주는 것이 더 유리하다.

공부를 하고 싶은 마음이 들려면 우선 공부방이 깨끗해야 한다. 책상에 이것저것 물건이 쌓여 있으면 공부에 집중하기 어렵다. 방 정리가 되어 있지 않으면 집중할 수 있는 에너지를 정리하는 데 써야 한다. 깨끗한 책상, 문제집을 보관할 수 있는 책장, 각종 교구나 문구를 정리할 수 있는 수납장이 있으면 좋다. 공부에 필요하지 않는 소품은 다른 곳에 정리한다. 조명과 공기정화 식물은 집중도를 높일 뿐만 아니라 피로도를 줄여준다.

공부를 하려면 적합한 교재가 필요하다. 시중에 있는 모든 문제집을 살 수는 없다. 연산 교재, 주 교재, 오답 유형을 풀 수 있는 부교재, 필요 시 수학적 역량을 끌어올릴 수 있는 개별 교재 등을 준비하면 된다. 너무 많은 수학 문제집은 압박감을 줄 수 있다. 기초적인 연산을 도와주기 힘들고 꾸준히 공부하는 습관을 들이고 싶다면 학습지를 시작하는 것도 좋다. 부모가 학습을 도와주지 못하는 상황에서 아이 스스로 공부해 좋은 성과를 내기를 바라는 것은 욕심이다. 학원이나 학습지 등 아이가 공부할 수 있는 환경을 만들어주는 것도 필요하다.

인적 환경

영리한 아이들 중에는 숙제하라고 하면 부모님이 궁금해하는 친구 관계나 학교 생활 같은 일상적인 이야기를 하거나 배가 고프다거나 졸린다고 한다. 공부하기 싫어 다른 핑계를 대는 것이다. 허용을 많이 하는 부모는 아이의 요구를 잘 들어주는 편이다. 아이들은 어떻게 하면 지금 숙제를 안 해도 되는지 이미 알고 있다. 공부 시간이 정해져 있지 않으면 아이는 하루 종일 숙제하는 기분으로 오후 시간을 보내다 잠이 들 수밖에 없다.

공부하기 싫은 아이는 어떻게든 갖은 핑계를 대며 숙제를 미루고 부모는 계속 "숙제 다 했니?"라고 확인하지만, 막상 공부한 양은 얼마 되지 않는다. 부모가 변해야 아이 공부에 도움을 줄 수 있다. 공부 시간은 단호하게 관리해야 한다. 저녁 먹고 숙제하자는 식이 아니라 공부할 분량과 끝낼 시간을 제시한다. 아이가 집중해서 문제를 푸는 데 걸리는 시간보다 몇 분 더 주자. 일찍 숙제를 마쳤을 때 성취감을 얻고, 자신이 성장하고 있다는 것을 스스로 느낀다. 채점 결과를 보고 아이를 다그치기보다는 따뜻한 격려와 응원을 보내주는 것이 아이가 공부에 재미를 붙일 수 있는 방법이다.

옆에서 동생이 태블릿이나 스마트폰으로 영상을 보고 있는데 자신은 공부해야 한다면 불만이 쌓일 수 있다. 동생도 책을 보게 하거나 아직 글을 깨치지 못했다면 수준에 맞는 학습 활동 재료를 준비해서 집중할 수 있는 환경을 만들어준다. 대가족인 경우 공부 시간을 정해두고 그 시간만큼은 TV 시청이나 게임, 대화를 삼가고 집중할 시간을 준다. 공부하는 분위기를 만드는 데는 가족의 도움이 필요하다.

심리적 환경

"수학 10문제 풀래? 줄넘기 1천 개 할래?"라고 물어보면 대부분의 아이들은 줄넘기 1천 개를 선택한다. 줄넘기가 수학보다는 덜 힘들다고 생각하는 아이들이 많다. 수학은 어려운 것이 아니라 할 만한 공부라는 것을 알려줘야 한다. 우선 아이의 컨디션이 좋아야 공부한 만큼 결과가 나온다. 아이의 실력 대비 실수가 없어야 정답을 맞힐 수 있다. 몸이 피곤하면 집중하기 힘들고 공부할 시간이 부족하면 마음이 조급할 수밖에 없다. 충분한 수면은 필수다. 충분한 영양도 중요하지만, 아이들에겐 잠이 보약이다.

아이의 컨디션을 관리한 다음에 공부 시간을 확보해야 한다. 빡빡한 학원 스케줄과 숙제가 수학 공부의 전부라면 스스로 공부하는 시간이 없는데도 열심히 공부한다는 착각에 빠진다. 진짜 공부는 학원이 아니라 아이 스스로 집에서 하는 것이다. 여러 가지 공부를 하다 보면 쉽게 피곤하고, 한 과목에 집중하기도 어렵다. 아이가 집중하기까지 걸리는 시간을 우선 확인하고, 적어도 일주일에 한 번은 수학 몰입의 날을 정해서 그날만큼은 수학 공부 시간을 충분히 준다.

공부를 시작할 때 5분이라도 스트레칭을 하면 심리적으로도 도움이 된다. 루틴을 만들어서 하루를 예측 가능하다면 안정적으로 공부할 수 있다. 충분한 수면과 가벼운 운동, 적절한 영양 섭취, 콘텐츠를 소비하는 문화생활과 더불어 자아성찰을 위한 독서까지, 챙겨야 할 일들이 많겠지만, 공부 시간도 반드시 포함해야 한다.

저학년은 최소 하루에 30분, 고학년은 1~2시간 정도 공부하는 시간을 만들어서 공부도 잠을 자는 것처럼 일상생활의 일부로 만들어야 한다. 게임이나 영상 시청을 제외한 놀이 시간도 제공해 아이가 시간을 알차게 쓰고 있다는 것을 느끼게 한다. 그러면 시간에 쫓기는 것이 아니라 시간을 조절하게 되고, 이것이 성취감과 자신감으로 이어질 수 있다.

교과과정은
수학 공부의 나침반

 취학 전에 옆집 아이가 수학 학습지나 사고력 수업을 한다는 이야기를 들으면 우리 아이도 가르쳐야 하나 싶다. 아이가 7세가 되면 학교 갈 준비를 하기 위해 연산은 집에서 가르치고 사고력 수학을 위한 문제집을 몇 권 사온다. 그러다 학교에 입학하면 1학년 1학기 수학을 어떻게 공부해야 할지 막막하다.
 수학이라는 망망대해에서 가장 중요한 것은 무엇을 공부해야 하는지부터 아는 것이다. 방향을 모르면 좋은 방법도 소용없다. 수학 공부를 하는 근본적인 이유나 진로를 떠나 수학 공부의 종착지는 수능이다. 현실적으로 수학을 잘하면 입시에 유리하고, 진로 선택에서도 우위를 선점할 수 있다.

교과서를 들여다보면 어려울 것 없어 보이는데, 막상 문제집을 골라서 풀려고 하면 종류도 많고 심화도 어디까지 해야 하는지 알 수 없다. 수학학원 커리큘럼을 보더라도 이것이 지금 우리 아이에게 필요한 공부인지 감을 잡기 어렵다. 교과 진도보다 **빠른** 곳이 많아 학원 진도만 따라가다가 특정 학년이나 단원에서 충분한 연습이 이루어지지 않아 중간에 선행을 멈추기도 한다.

특히 초등 저학년 때는 시행착오가 더 많다. 사고력 수학을 해야 한다고 하기도 하고, 특별한 연산 방법으로 배우는 학원을 다니면 수월하게 연산을 할 수 있다고도 하니 마음이 흔들리지 않을 수 없다. 수많은 수학 공부 방법이 있는 만큼 어떤 것이 우리 아이에게 맞는지 해보지 않고서는 모른다.

하지만 적어도 부모가 교과과정을 바로 알면 수학 교육의 방향을 잡을 수 있다. 교과과정을 무시한 채 문제집이나 학원 진도에 의존하다 보면 어느 순간 우리 아이가 학교에서 공부하는 내용과는 무관한 문제만 풀기도 한다. 실제 5학년 아이가 꽤 오랜 시간 사고력 학원에서 공부하거나 2년 이상 선행을 하고 있는데도 막상 학교에서 보는 단원평가 시험에서는 70점을 겨우 넘기는 일도 비일비재하다. 이때 필요한 것이 우리 아이의 수학 공부 방향을 확인해보는 것이다. 교과

과정이 나침반 역할을 해줄 것이다.

수학의 교과 학습 체계

수학 과목은 철저한 나선형 구조로 학습 체계가 형성되어 있다. 특히 초등 때 배우는 수와 연산, 도형과 측정은 전 학년의 내용을 건너뛰면 다음 학년의 진도를 나가기 어렵다. 우선 아이의 교과서 단원명을 보면 현재 학기에 무엇을 공부하는지 알 수 있다. 선행이나 예습을 한다면 다음 학기에는 무엇을 공부하는지 내년에는 무엇을 공부할지 연계성을 이해해야 한다. 교과과정을 아는 것만으로도 수학 공부의 순조로운 출발이 가능하다. 진도의 방향성을 제시해주기 때문에 현재 공부하고 있는 단원의 중요도를 쉽게 파악하고, 공부의 심화 수준이나 속도를 조절하기 수월하다. 공부하다 문제가 생기면 교과과정을 보고 어디서부터 잘못된 것인지 확인한다.

초등학교 수학은 '수와 연산', '도형', '측정', '규칙성', '자료와 가능성' 5개 영역으로 구성되어 있으며, 수학적 지식을 이해하고 기능을 습득하는 것과 더불어 문제 해결, 추론, 창의·융합, 의사소통, 정보 처리, 태도 및 실천의 수학 교과 역량을 길러야 한다고, '2015 교육과정'에 고시되어 있다. 초등 과정이 중등 수학으로 연계되므로 어느 영역이든 중요하지 않은 것이 없다. **최소한 초등 수학에서 수와 연산과 도형을 철저히 공부한다면 중등 과정에서 어려워 수학을 포기하**

영역	초등 수학 내용	중등 수학의 연계
수와 연산	자연수, 분수, 소수의 개념, 사칙계산	정수, 유리수, 실수의 개념, 사칙계산, 문자와 식의 계산, 일차방정식과 일차부등식, 연립일차방정식, 이차방정식, 일차함수, 이차함수
도형	평면도형, 입체도형의 개념과 구성 요소, 성질, 공간 감각	평면도형, 입체도형의 성질, 삼각형과 사각형의 성질, 도형의 닮음, 피타고라스 정리, 삼각비, 원의 성질
측정	시간, 길이, 들이, 무게, 각도, 넓이, 부피의 측정과 어림	평면도형과 입체도형의 계산
규칙성	규칙 찾기, 비, 비례식	일차함수와 그래프, 이차함수와 그래프, 정비례와 반비례
자료와 가능성	자료의 수집, 분류, 정리, 해석, 사건이 일어날 가능성	자료의 정리와 해석, 확률 개념, 대푯값과 산포도, 상관관계

는 일은 없을 것이다.

아무리 수학을 잘하는 아이도 부족한 영역이 있고, 수학을 어려워하는 아이도 잘하는 영역은 있기 마련이다. 수학의 5개 영역에서 우리 아이의 강점과 약점이 어느 부분인지 아는 것이 우선이다. 교과과정에 맞춰 공부하되, 부족한 단원에서는 기초 개념과 문제를 유형화하여 다양하게 풀이를 하다 보면 실력이 늘게 된다. 또한 잘 이해하는 영역에서는 심화 문제까지 다루어 깊이 있는 사고를 경험하면 자신감이 쌓인다. 그렇다면 전 학년별 교과 진도를 알아보자.

| 초등 수학 교과 진도표 |

학년 / 학기		1	2	3	4	5	6
1학년	1	9까지 수	여러 가지 모양	덧셈과 뺄셈	비교하기	50까지 수	
	2	100까지 수	덧셈과 뺄셈(1)	여러 가지 모양	덧셈과 뺄셈(2)	시계 보기와 규칙 찾기	덧셈과 뺄셈(3)
2학년	1	세 자릿수	여러 가지 도형	덧셈과 뺄셈	길이 재기	분류하기	곱셈
	2	네 자릿수	곱셈구구 (구구단)	길이 재기	시각과 시간	표와 그래프	규칙 찾기
3학년	1	덧셈과 뺄셈	평면도형	나눗셈	곱셈	길이와 시간	분수와 소수
	2	곱셈	나눗셈	원	분수	들이와 무게	자료의 정리
4학년	1	큰 수	각도	곱셈과 나눗셈	평면도형의 이동	막대그래프	규칙 찾기
	2	분수의 덧셈과 뺄셈	삼각형	소수의 덧셈과 뺄셈	사각형	꺾은선그래프	다각형
5학년	1	약수와 배수	직육면체	약분과 통분	분수의 덧셈과 뺄셈	다각형의 넓이	분수의 곱셈
	2	소수의 곱셈	합동과 대칭	분수의 나눗셈	소수의 나눗셈	여러 가지 단위	자료의 표현
6학년	1	각기둥과 각뿔	분수의 나눗셈	소수의 나눗셈	비와 비율	원의 넓이	직육면체의 겉넓이와 부피
	2	쌓기나무	비례식과 비례배분	원기둥, 원뿔, 구	비율, 그래프	정비례와 반비례	여러 가지 문제

'초등 수학 진도표'를 토대로 각 학년별, 단원별로 부족한 영역을 미

리 확인해두어야 한다. 예를 들어 4학년 2학기 과정에서 '3단원 소수의 덧셈과 뺄셈'을 많이 어려워한다면, 3학년 1학기 '6단원 분수와 소수'의 기초부터 차근차근 공부하여 소수의 개념을 익히고, 덧셈과 뺄셈 과정에서 정확도가 떨어지는 것은 아닌지, 4학년 2학기 '1단원 분수의 덧셈과 뺄셈'에서 연산 실수가 있는지 확인한다. 연산 실수가 아니라면 소수에 대한 이해가 부족한 것이므로 이 부분을 잘 채워주면 쉽게 넘어갈 수 있다. 현재 공부하는 단원이 어렵다면, 전 과정에서 기초가 되는 단원을 찾아 개념부터 채워준다.

예습이나 선행 없이 자기 학년의 공부를 하고 있는 아이라면(4학년인데 4학년 공부만 하는 아이) 현재 공부하는 단원이 어렵다고 해서 진도를 멈추지 않아야 한다. 어려운 단원은 기초부터 학교 진도에 맞춰 공부해야 한다. 4학년 2학기 '3단원 소수의 덧셈과 뺄셈' 다음은 '4단원 사각형', '5단원 꺾은선그래프'다. 수와 연산 영역에서 멈춰 있을 이유가 없다. 부족한 부분은 채워주며 다음 도형 영역의 진도를 공부해도 무리가 되지 않는다.

도형을 좋아하고 수와 연산을 어려워하는 아이라면 오히려 다음 단원을 공부하며 수학의 재미를 알아갈 수도 있다. 각 학년별 영역이 고르게 분포되어 있으므로 특정 단원을 어려워한다고 해서 그 단원에만 매달릴 필요 없다. 수학 공부는 넓고 깊게 가야 하는 여정이다. 당장 눈앞의 단원보다 학년 전체의 교과과정을 보고 좀 더 큰 로드맵을 가지고 교육하는 혜안이 필요하다.

| 초등 수학 교과 내용 체계 |

영역	핵심 개념	일반화된 지식	학년(군)별 내용 요소			기능
			1~2학년	3~4학년	5~6학년	
수와 연산	수의 체계	수는 사물의 개수와 양을 나타내기 위해 만들어진 것이며, 자연수, 분수, 소수가 사용된다.	• 네 자리 이하의 수	• 다섯 자리 이상의 수 • 분수 • 소수	• 약수와 배수 • 약분과 통분 • 분수와 소수의 관계	(수)세기 (수)읽기 (수)쓰기 이해하기 비교하기 계산하기 어림하기 설명하기 표현하기 추론하기 토론하기 문제 해결하기 문제 만들기
	수의 연산	자연수에 대한 사칙계산이 정의되고, 이는 분수와 소수의 사칙계산으로 확장된다.	• 두 자릿수 범위의 덧셈과 뺄셈 • 곱셈	• 세 자릿수의 덧셈과 뺄셈 • 자연수의 곱셈과 나눗셈 • 분모가 같은 분수의 덧셈과 뺄셈 • 소수의 덧셈과 뺄셈	• 자연수의 혼합 계산 • 분모가 다른 분수의 덧셈과 뺄셈 • 분수의 곱셈과 나눗셈 • 소수의 곱셈과 나눗셈	
도형	평면도형	주변의 모양은 여러 가지 평면도형으로 범주화되고, 각각의 평면도형은 고유한 성질을 갖는다.	• 평면도형의 모양 • 평면도형의 구성 요소	• 도형의 기초 • 원의 구성 요소 • 여러 가지 삼각형 • 여러 가지 사각형 • 다각형 • 평면도형의 이동	• 합동 • 대칭	만들기 꾸미기 그리기 구별하기 분류하기 활용하기 이름 짓기 이해하기 채우기 추론하기 설명하기 규칙 찾기 조작하기 표현하기 추측하기 확인하기 문제 해결하기
	입체도형	주변의 모양은 여러 가지 입체도형으로 범주화되고, 각각의 입체도형은 고유한 성질을 갖는다.	• 입체도형의 모양		• 직육면체, 정육면체 • 각기둥, 각뿔 • 원기둥, 원뿔, 구 • 입체도형의 공간 감각	

측정	양의 측정	생활 주변에는 시간, 길이, 들이, 무게, 각도, 넓이, 부피 등 다양한 속성이 존재하며, 측정은 속성에 따른 단위를 이용하여 양을 수치화하는 것이다.	• 양의 비교 • 시각과 시간 • 길이(cm, m)	• 시간, 길이 (mm, km), 들이, 무게, 각도	• 원주율 • 평면도형의 둘레, 넓이 • 입체도형의 겉넓이, 부피	비교하기 구별하기 (시각)읽기 표현하기 이해하기 계산하기 측정하기 어림하기 그리기 추론하기 설명하기 활용하기 문제 해결 하기
	어림하기	어림을 통해 양을 단순화하여 표현한다.			• 수의 범위 • 어림하기(올림, 버림, 반올림)	
규칙성	규칙성과 대응	규칙성은 생활 주변의 여러 현상을 탐구하는 데 중요하며 함수 개념의 기초가 된다.	• 규칙 찾기	• 규칙을 수나 식으로 나타내기	• 규칙과 대응 • 비와 비율 • 비례식과 비례배분	배열하기 표현하기 추측하기 규칙 찾기 규칙 정하기 설명하기 이해하기 확인하기 문제 해결 하기
자료와 가능성	자료 처리	자료의 수집, 분류, 정리, 해석은 통계의 주요 과정이다.	• 분류하기 • 표 • O, X, /를 이용한 그래프	• 간단한 그림그래프 • 막대그래프 • 꺾은선그래프	• 평균 • 그림그래프 • 띠그래프, 원그래프	분류하기 (개수)세기 표 만들기 그래프 그리기 표현하기 수집하기 정리하기 해석하기 설명하기 이해하기 활용하기 비교하기 문제 해결 하기
	가능성	가능성을 수치화하는 경험은 확률의 기초가 된다.			• 가능성	

로드맵으로 활용

초등 수학에서 연산이 중요하다고 하지만 연산이 전부는 아니다. 수학 교과의 내용 체계를 보면, '1~2학년, 3~4학년, 5~6학년'으로 나누어 각 영역별로 학습할 내용이 일목요연하게 제시되어 있다. 수학 개념이 어떻게 확장되는지 한눈에 볼 수 있으며, 현재 학년의 수학 문제를 해결하는 데 실마리가 될 수 있다. 특히 가정에서 수학을 공부하는 경우 수학 로드맵을 만들어 교과과정과 연계하여 계획하는 것이 필요하다.

연산을 좋아하고 잘하는 아이라고 가정했을 때 다음의 '수학 로드맵 예시' 표를 살펴보자. 연산 진도는 빠르지만 전체적으로는 현재 학년 진도에 맞춰 응용 교재를 배우며 방학마다 직전 학기 심화 복습을 기본으로 하는 과정이다. 이때 교과과정을 토대로 각 영역별로 부족한 점이 있는지 확인하며 개념을 학습하면 촘촘하게 공부할 수

| 수학 로드맵 예시 |

학기	1학년				2학년				3학년			
	1-1	여름방학	1-2	겨울방학	2-1	여름방학	2-2	겨울방학	3-1	여름방학	3-2	겨울방학
연산	1-1	1-2	2-1	2-2	3-1	3-2	4-1	4-2	5-1	5-2	6-1	6-2
기초 개념	1-1 1-2	1-2	2-1 2-2	2-2	3-1 3-2	3-2	4-1 4-2	4-2	5-1 5-2	5-2	6-1 6-2	6-2
응용	1-1		1-2		2-1		2-2		3-1		3-2	
심화		1-1		1-2		2-1		2-2		3-1		3-2

있다. 연산은 학년이 기준이 아니라 우리 아이의 현재 실력에 맞춰 공부하는 것이 중요하다. 단계별 연산 문제집이 기준이 될 수도 있지만, 교과과정에 맞춰 기초 개념을 공부한다면 연산도 수월하게 예습과 선행이 진행된다. 교과과정은 수학 공부의 든든한 길잡이가 될 수 있다.

자기주도 수학의
첫 번째 단추, 연산

　연산이란 수나 식을 일정한 규칙에 따라 계산하는 것으로 수학의 기본적인 학습 능력을 키우는 과정이다. 덧셈, 뺄셈, 곱셈, 나눗셈 기호에 따라 계산 순서나 방법에 일정한 규칙을 적용하는 것을 사칙연산 또는 사칙계산이라고 한다. 수학 공부를 한다고 하면 우선 1부터 100까지 수를 익힘과 동시에 덧셈과 뺄셈부터 배운다. 학교의 교과 과정도 마찬가지로 수와 연산 기초부터 배운다. 그러다 보니 수학 공부 하면 우선 연산부터 떠올린다.

연산은 공부하기 쉽다고 개념 설명 없이 문제집만 주고 풀어보라고 하거나 한 번 설명해서 알아듣길 바라는 부모가 많다. 원리를 배우고 문제 유형을 익히면 스스로 할 수 있는 공부 중 하나가 연산이다. 그래서 자기주도 학습을 체화하기 좋은 영역이다. 자기주도라고 해서 개념부터 아이 스스로 처음부터 끝까지 혼자 공부하라는 의미가 아니다.

아무리 쉬운 개념이라도 스스로 이해하거나 한 번 듣고 100% 소화하는 아이는 거의 없다. 우선 '이해와 연습' 과정을 거쳐야 한다. 하지만 이해하는 과정이 생략된 채 연습만 하는 경우가 많다. 예를 들어 가로셈과 세로셈의 원리를 설명하는 대신 계산하는 방법만 가르쳐주고 문제 풀이를 시킨다. 그러면 아이는 원리를 몰라도 문제 풀이 방법을 암기해서 정답을 맞힐 수는 있다. 기계적으로 문제를 풀면 시간이 지나서 다시 그 문제를 풀려고 했을 때 생각이 나지 않는다. 이런 사례는 주변에서 쉽게 볼 수 있다.

> 초등 1학년 예인이는 6세 때부터 아빠와 함께 꾸준히 수학 공부를 했다. 어느 날 15+8=□□와 같은 연산 문제를 잘 풀었던 아이가
> $$\begin{array}{r} 1\ 5 \\ +\ 8 \\ \hline \square\square \end{array}$$
> 문제는 어떻게 해결할지 모르겠다고 한다. 가로셈에서 세로셈으로 바뀌었을 뿐인데 왜 모른다고 하는지 아빠도 당황하는 기색이다. 그동안 문제를 어떻게 풀었는지 살펴보니, '5+6=11'이라는 것은 많은 연습을 통해 자연스럽게 암기되었고, 15+6은 5와 6을 더한 11이라는 결과에서 왼쪽 자리에 있는 1을 15

에 있는 숫자 1 자리에 올림을 해서 더한 값이라고 이 또한 암기했다. 그리고 나머지 문제들도 같은 유형인 것 같아서 10의 자리는 뭔지 모르지만 왼쪽에는 모두 2를 먼저 쭉 적어두고 나머지 1의 자리를 더한 값의 오른쪽 자리의 값을 이어서 적었다.

15+6 = 21
15+7 = 2☐
15+8 = 2☐
15+9 = 2☐

결과가 모두 정답이었기 때문에 아빠는 예인이가 다 이해했다고 생각했다.

연산은 연관성 있는 개념을 덩어리로 한 번에 설명하여 충분히 '이해'하는 과정이 필수이다. 연산을 자기주도 학습의 첫 번째 단추로 만들기 위해 반드시 필요한 전제조건이다. 장기적으로 보면 아이 스스로 공부할 수 있는 토대를 만드는 것이므로 시간이 걸리더라도 꼭 설명해줘야 한다.

기본적으로 같은 개념에 대한 문제를 다양한 유형으로 3~4번 반복하면 아이가 이 문제를 이해했는지 알 수 있다. 한 번에 한 가지 개념을 익혀 응용 확장하는 방식으로 '연습'할 필요가 있다. 그래야 빠르고 정확하게 답을 구할 수 있다. 이는 마치 축구에서 골 결정력을 좌우하는 것과 같다. 개념 이해를 넘어 실제 풀이 연습을 많이 해보고 익숙해져야 한다. 이 연습 과정은 곧 자기주도 학습으로 연결된다.

진인사대천명(盡人事待天命)이란 자신이 해야 할 일을 다 하고 나서 하늘의 명을 기다린다는 뜻이다. 자기주도 학습에서 '성실함'은 성공적인 결과로 이끄는 강력한 무기다. 공부 습관이 전혀 잡혀 있지 않은 아이도 매일 연산 한두 장을 공부하는 것만으로 전체적인 학습 로드맵에서 마중물 역할을 할 수 있다. 그렇다면 자기주도 학습의 첫 단추인 연산을 시작하려면 어떻게 하는 것이 효과적일까?

성실함이 중요하다고 해서 '하루 한 장, 연산 문제집 풀기'와 같이 무작정 계획을 세울 것이 아니라, 교과서나 교과 문제집을 살펴보며 각 개념 간의 연계성을 고려해봐야 한다. 교과 문제집은 '이해와 연습' 과정에서 '이해', 즉 개념 설명에 이용한다. 그리고 '연습'은 연산 특화 교재를 공부한다. 문제 수가 많고 유형화되어 있기 때문에 다양한 문제를 풀어볼 수 있어서 개념 이해가 잘되었는지 확인할 수 있으므로 효과적이다.

단, 교과 진도와 연산 진도의 커리큘럼 차이가 있으므로 교과 진도 확인 후 관련된 문제 유형을 연산 문제집에서 찾아 풀어야 하는 수고로움이 있다. 하지만 교과 진도가 중심이기 때문에 자연스럽게 예습이 가능하고, 교과 내용에 나오는 연산 문제는 빠짐없이 공부할 수 있다.

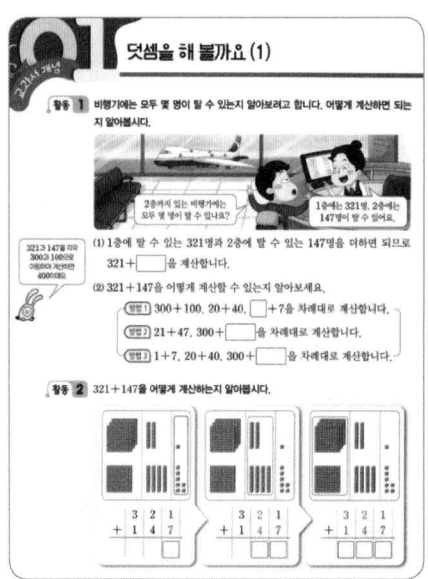

이해 : 교과 문제집
(출처 : 《교과서 개념잡기 3-1》)

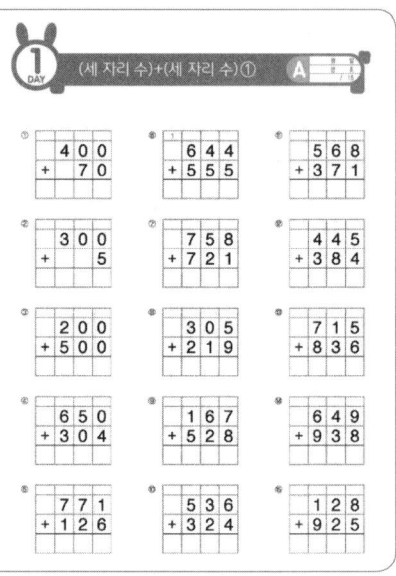

연습 : 연산 문제집
(출처 : 《기적의 계산법 4권》)

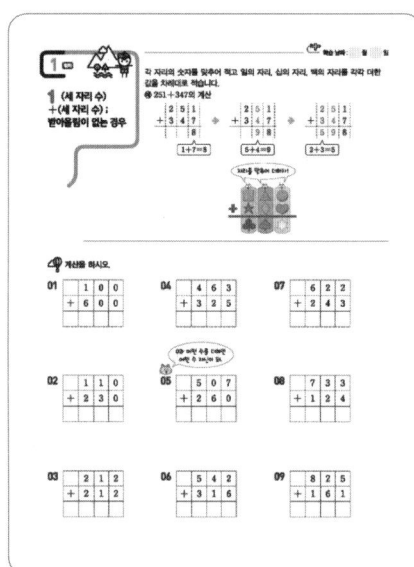

출처 : 《쎈 연산 5권, 3-1》

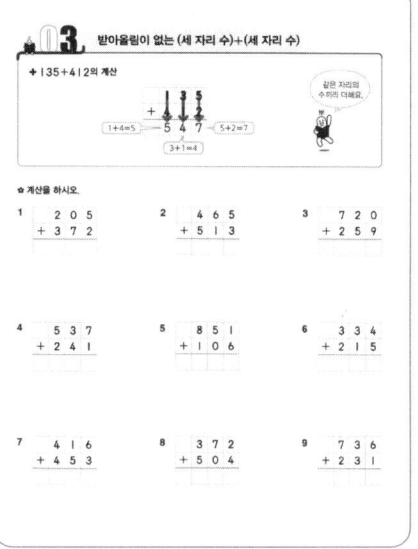

출처 : 《빅터연산 3A》

문제집 두 권을 연결 지어 공부하기 힘들다면 《쎈 연산》이나 《빅터연산》같은 교과 중심의 연산 교재를 활용하는 것도 방법이다. 교과서나 교과 문제집보다 원리 설명이 간단해, 아이가 이해하기 힘들다면 교과서를 활용한다. 중요한 것은 원리 설명을 충분히 한 다음 문제 풀이를 해야 한다는 점이다.

<mark>자기주도 학습을 하는 이유는 공부의 주도권을 아이에게 주기 위해서다.</mark> 어떤 교재로 공부할지 스스로 선택하는 것 또한 그 일부다. 연산 문제집을 부모가 결정하기보다 아이 수준에 적당한 교재를 두 권 정도 선정해서 아이가 고르게 한다. 꼭 부모가 선택한 문제집을 풀게 하고 싶다면 조금 더 높은 난이도의 문제집을 포함해서 둘 중 한 권을 고르라고 하면 보통의 아이들은 더 쉬운 문제집을 선택한다.

저학년은 서점에서 방대한 책들 중에 아이 스스로 문제집을 고르게 하지는 말자. 아직 아이들은 공부를 제대로 해본 경험이 없기 때문에 어느 수준의 문제집을 골라야 할지도 정확히 모른다. 익숙한 캐릭터가 있거나 풀기 쉬워 보이는 문제집을 선택할 가능성이 크다. 초등 연산은 하루 10~15분 분량과 난이도로 문제집을 선택해야 무리하지 않고 꾸준히 진행할 수 있다. 공부 습관이 전혀 잡혀 있지 않은 아이라면 매일 연산 공부를 하는 데 의의를 둔다.

문제집 선택이 끝났다면 어떻게 공부할지 아이와 함께 계획을 세운다. 1~2학년은 매일 연산을 공부하면 자연스럽게 수 감각을 기를 수 있다. 매일은 주말을 제외하고 주 5일을 의미한다. 이때는 아쉬움이 남을 정도의 학습량이 적당하다. 그래야 스스로 선택하여 공부하는 기분이 든다. 공부할 양이 많으면 금세 하기 싫어지고, 아이가 오늘 분량을 소화하지 못하면 부모는 간섭하기 시작한다. 이 간섭들은 자기주도 학습 태도를 기르는 데 방해가 된다. 연산 학습의 목표는 정확성에 두어야 한다.

초등 3~4학년은 매일 연산 공부를 해도 좋지만, 주 3회로 나눠도 좋다. 정확성과 문제 풀이 속도도 중요한 시기이므로 연산 공부 시간을 정해두고 만점을 받을 수 있도록 집중하는 습관을 길러야 한다. 새로운 개념을 배우기도 하지만 익히고 응용하는 과정에서 갑자기 수가 커지고 계산 단계가 복잡해 실수가 늘어나는 시기다. 이때 문제를 많이 푼다고 해서 쉽게 해결되지는 않는다. 적은 양을 풀더라도 옆에서 아이가 풀이하는 과정을 관찰하고 틀릴 때마다 바로 교정해주는 것이 효과적이다. 개념 이해를 잘못해서 한 번 실수하면 그와 같은 유형도 모두 틀릴 수밖에 없다. 초등 3~4학년이라고 해서 연산 정도는 스스로 공부해야 한다고 생각해서는 안 된다. 부모나 전문가의 도움이 필요한 과목이 수학이다.

초등 5~6학년은 초등 연산을 잘한다고 해서 안주할 것이 아니라 중등 연산을 이어서 공부한다. 또한 수학 점수보다 매일 공부하는 태도 자체를 칭찬한다. 수학을 아무리 잘한다 해도 스스로 꾸준히 공부해야 능숙해지는 영역이 바로 연산이다. 실수와 오답을 줄여나가는 과정을 통해 수학뿐만 아니라 다른 과목을 공부하는 방법까지 습득할 수 있다. 5~6학년에서 연산은 자기주도 학습에서 핵심적인 시기라고 볼 수 있다.

<mark>오늘 하루 공부의 시작을 하루 10분 연산으로 시작해보자.</mark> 자기주도 학습의 원만한 출발점이 될 수 있을 것이다. 스스로 매일 공부하는 습관을 들이면 공부하고자 하는 의지가 생길 것이다.

아이와 함께하는
수학 문제집 선택과 활용

　수학 문제집을 공부하는 순서는 정해져 있지 않다. 유명 수학학원에서 사용하는 문제집을 따라 하기보다 아이 수준에 맞는 교재를 찾아주는 것이 더 중요하다. 그런데 초등 자녀를 키우는 부모는 대부분 눈높이나 기대치가 아이 수준에 비해 높은 편이다. 최대한 객관적인 시각으로 본다 하더라도 우리 아이는 잘할 것이라는 믿음과 기대감이 마음속에 자리 잡고 있다. 특히 초등 저학년 때는 지금은 잘하지 못하지만 열심히 하면 충분히 실력이 오를 것이라 생각한다. 그런데 수학은 생각보다 그리 쉽게 실력이 오르는 과목이 아니다. 차곡차곡 기본부터 튼튼하게 다져야 하는데 실제 교과를 제외하고 기본 과정부터 문제집을 선택하지 않는 경우가 흔하다.

문제집 선택의 기준

교과서 내용이 기본이니 수학 익힘책보다는 난이도가 높은 문제집을 선택해야 아이 공부에 도움이 될 것이라고 생각한다. 저학년 때는 누구나 수업만 열심히 들으면 따로 수학 공부를 하지 않아도 학교에서 보는 단원평가나 교사별 평가에서 큰 어려움 없이 문제를 풀어낸다. 하지만 고학년은 다르다. 학교에서 배운 내용을 가정에서 복습하지 않으면 교과서 문제도 어려워할뿐더러 수학 역량 평가에서도 실수를 많이 하거나 풀지 못하는 경우가 생긴다. ==수학 문제집을 아이와 함께 공부하기로 마음먹었다면 가장 먼저 해야 할 일은 바로 수학 교과서와 수학 익힘책부터 살펴보는 것이다.==

사교육을 받더라도 학교에서 배우는 교과서를 우선 펼쳐보자. 배우고 있는 영역의 개념을 아이가 설명하도록 하고, 수학 익힘책에서 관련 문제를 풀고 설명하게 하여 우리 아이가 어느 정도 자기 학년의 내용을 이해하고 있는지 꼭 확인한다. 교과서는 순서대로 공부하면 개념의 이해도를 높일 수 있도록 구성되어 있다.

단원 시작부터 마무리까지 한 단원을 아이가 제대로 설명하는지

| 수학 교과서 구성 대비 문제집 난이도 |

수학 교과서 구성	내용	비슷한 문제집 난이도
수학은 내 친구	수학과 친해지는 활동	기본/개념
얼마나 알고 있나요	단원에서 공부한 내용을 얼마나 잘 알고 있는지 알아보는 활동	기본/개념
탐구 수학	배운 내용을 여러 가지 방법으로 문제에 적용해보는 활동	발전/응용
생각 수학	배운 내용으로 생활에서 일어나는 흥미로운 문제를 해결해보는 활동	발전/응용
수학으로 세상 보기	생활 속에 숨어 있는 수학을 찾아보는 활동	발전/응용/사고력

살펴보자. 아이가 중간에 제대로 설명하지 못한다면 어느 부분에서 이해를 못 했는지 확인한다. 아이가 틀리는 문제가 수학 교과서에서 어느 구성에 해당되는지 살펴보면, 기본/개념 난이도의 문제집이 필요한지 발전/응용 문제집이 필요한지 알 수 있다.

수학 익힘책은 교과서로 배운 내용을 복습하고 응용하는 문제로 구성되어 있다. 각 단원의 도입부에 이전 내용의 기본 개념을 확인하는 문제가 있으며, '깜짝 문제'를 통해 개념 학습이 잘되어 있는지 복습하는 과정이 포함되어 있다. 주요 익힘 문제에서 전구 모양의 표시가 있는 문제는 수학적으로 생각하는 힘을 키우는 문제로 서술형으로 답안을 작성하는 경우가 많다. 발전/응용/사고력 난이도 문제집에서 단원평가 레벨과 비슷하다고 생각하면 된다. 따라서 현재 수학 공부 진도와 수학 교과서, 수학 익힘책을 충분히 이해했다면 심화 문제집을 공부할 준비가 된 것이다.

수학 문제집을 풀어보는 이유는 무엇일까? 현재 학년의 수학 교과를 완전히 학습하기 위한 것이다. 개념으로 인한 학습 결손이 없어야 하기 때문에 가장 공들여 공부해야 하는 것이 수학 교과서와 수학 익힘책이다.

교과 이해도에 따른 문제집 선택

교과서 내용을 충분히 소화했다면 문제집으로 부족한 영역은 채우고, 잘하는 영역은 깊이 있는 문제 풀이를 통해 사고하는 훈련을 해야 한다. 그런데 어느 수준까지 교과 공부를 해야 하는 것일까? 기본/개념 수준을 넘어 발전/응용의 단원평가 수준(예시 : 디딤돌《초등수학 응용》, 《쎈 수학》, 《개념+유형 파워》, 《큐브수학S 실력》 등)의 문제를 능숙하게 풀이할 수 있다면, 중고등 수학 과정의 밑바탕이 되는 초등 수학의 원석을 잘 닦아놓은 것이다.

간혹 수학을 잘하는 아이들은 이 과정을 뛰어넘고, 심화 수준으로 선행하는 경우(예시 : 디딤돌《최상위수학》, 천재교육《최고 수준》 등)도 있다. 교과서를 보조하는 기본/개념 과정이 생략된다면 반드시 문제가 생긴다. 아이가 현재 공부하는 수학 진도만 보고 이전 과정을 제대로 이해했다고 판단하는 것은 굉장히 위험하다. 몇 년을 앞선 진도로 공부하는 아이가 학교 평가에서 쉬운 문제를 틀리는 경우를 모두 실수라고 보기는 어렵다. 이런 경험들이 빈번하게 쌓인다면 기본/개념이 탄탄하지 않은 채로 수학 진도만 나간 것이다.

예를 들어 학원에서 중등 수학을 공부하는 5학년 아이가 '소수의 곱셈' 교과 단원평가에서 계산 문제를 틀렸는데 단순히 실수인 줄 알고 그냥 지나쳤다고 하자. 그런데 다음 교사별 평가에서 또 비슷한 문제를 틀렸다면 이것은 실수가 아니다. 소수의 연산에서 자릿수의 개념을 제대로 이해했는지 확인한다. ==진도가 빠르다고 해서 수학을 잘한다고 착각해서는 안 된다.== 현재 배우고 있는 교과서를 기준으로 숙달되어 있는지 확인해야 한다.

현재 수학 공부 진도와 교과 이해도에 따라 문제집을 선택한다면 적어도 학습 결손은 방지할 수 있다. 단, 문제집은 현재 학년 수준을 의미하며, 쉬운 단계와 어려운 단계는 한 문제집 안에서 난이도를 표시한다(예시 : 《쎈 수학》 문제집은 발전/응용 단계 문제집에 해당되며, A는 쉬운 단계, B는 중간 단계, C는 어려운 단계이다).

수학 문제집을 난이도별로 선택한다는 것은 사실 쉬운 일이 아니다. 시중에는 너무 많은 종류의 수학 문제집이 있다. 수학 문제집이 많은 이유는 각 출판사별로 교과 난이도에 따른 문제집과 영역에 따른 문제집이 나눠져 있기 때문이다. 아이에게 필요한 문제집을 제공하는 것은 중요하다. 모르는 길을 갈 때 내비게이션이나 이정표가 있으면 헤매지 않듯이 문제집 종류를 아는 것만으로 선택의 시행착오

| 교과 이해도에 따른 현재 학년 문제집 추천 난이도 |

현재 공부 진도	교과 이해도	학기 중 문제집 추천 난이도	방학 중 문제집 추천 난이도
현행	90% 이상	발전/응용 전체	전 학기 심화 다음 학기 기본/개념
현행	90% 미만	기본/개념 발전/응용 쉬운 단계	발전/응용 어려운 단계, 심화 쉬운 단계
선행	90% 이상	발전/응용 어려운 단계 심화 쉬운 단계	심화 어려운 단계
선행	90% 미만	발전/응용 전체	전 학기 심화 (선행 여부 재고)

를 줄이고 계획을 세우는 데도 도움이 된다.

    초등 교과 응용 수준만 풀면 중등 수학에서 어려운 문제를 풀어내기 힘들다. 아이 실력에 따라 적절히 교재를 선택해서 공부해야 한다. 사교육을 대신하여 부모가 해줄 수 있는 수학 공부의 시작은 문제집 선택에서 출발한다. 어떤 교재로 시작하느냐가 공부 효율과 질을 좌우한다.

    사교육을 이용하는 경우에도 문제집을 제대로 알고 있으면 학원의 수학 로드맵을 보면서 우리 아이가 어느 정도 수준을 얼마나 공부하는지 쉽게 알 수 있다. 특히 어려워하는 문제는 비슷한 유형을 다루고 있는 보조 교재를 사용하면 부족한 부분을 보충할 수 있다. 과외를 하는 경우도 마찬가지다. 아이 수학 공부에 필요한 부분을 적절한 시기에 맞춰 교재를 제공해야 한다.

요즘은 워낙 선행을 많이 하다 보니, 초등 과정도 중고등 수학 교과과정과 비슷하게 맞춰간다. 중등 수학은 1학기는 대수, 2학기는 기하, 확률과 통계로 구분되므로 초등 수학도 교과 진도에 맞춰 통합적으로 공부하는지, 수/연산, 도형과 같이 영역을 나눠 계통으로 공부하는지에 따라 문제집도 목적별로 분류한다. 교과서가 필수라면 문제집은 선택이다. 때문에 반드시 해야 하는 필수 문제집이란 없다. 그렇다고 교과서만 공부하라고 하기에는 능숙하게 풀 수 있을 때까지 연습할 문제 수가 턱없이 부족해 문제집 풀이를 하는 것이다.

난이도에 따른 문제집 선택

'초등 수학 문제집'은 연산, 도형, 교과, 경시, 사고력으로 나눠 각 출판사별로 분류했다(118~119쪽 참고). 수많은 문제집 중에 우리 아이에게 맞는 것을 찾기란 쉽지 않다. 가장 보편적으로 공부하는 문제집은 교과의 발전/응용 문제집이다. 이 문제집을 기준으로 정답률이 90% 이상이면 심화서로 진행하고, 80%에 미치지 못하면 기본/개념 과정부터 공부하고, 80% 이상이면 적절한 교재라고 판단하면 아이 수준에 맞춰 수월하게 진행할 수 있다.

여기에서 제시한 것을 정답이라고 생각하지 말자. 정답률이 낮다고 해서 심화서로 넘어가지 말라는 법은 없다. 필요에 따라 발전/응용 문제집의 정답률이 80% 정도만 되어도 심화서를 진행할 수 있다.

아이마다 잘하는 영역과 부족한 영역이 있기 마련이라 한 문제집에서 각 단원별로 점수 편차가 생기기도 하다.

문제집을 선택할 때는 각 출판사별로 정해놓은 난이도의 차이가 있으니 직접 비교해보는 것이 정확하다. 예를 들어 《점프왕 수학》의 최고난도 문제는 《큐브수학S 심화》 문제보다 더 어려울 수 있다. 또한 교과 문제집을 발전-응용-심화 순서로 공부할 때, 같은 출판사라면 유사한 문제가 꽤 많다. 오답이 많은 아이는 유사 문제 경험을 늘려야 하므로 같은 출판사 문제집으로 진도를 나가고, 오답이 적다면 다양한 문제 유형을 경험하기 위해 다른 출판사 문제집으로 바꿔가며 단계를 올려도 좋다.

	교과 문제집 선택법
오답이 많은 경우	디딤돌 기본 - 디딤돌 응용 - 디딤돌 최상위
오답이 적은 경우	EBS 만점왕 - 신사고 쎈 수학 - 천재교육 최고수준

오답이 많지 않아도 편의상 한 출판사에서 기본, 응용, 심화를 공부했을 때 장점도 있다. 반복되는 유사 문제는 아이도 중요하다는 것을 쉽게 알 수 있으며, 자주 틀리는 유형이 보통 반복되므로 아이도 모르게 어느새 단계를 올라간다. 하지만 부족한 단원은 같은 교재 복습도 중요하지만 타 출판사 교재를 추가로 공부하면 학습 결손을 채우는 데 도움이 된다. 출판사는 다르지만 비슷한 문제 유형이 나오면 그만큼 중요한 문제라는 의미다.

결국은 같은 개념을 이용하지만 다른 문제 유형을 풀어보면서 응용력도 기를 수 있다. 그렇다고 문제집을 종류별로 다 풀어볼 수는 없다. 한 학기 과정을 충분히 소화하기 위해서는 적어도 문제집을 두세 권은 풀어봐야 한다. 두 권만 풀 경우 현재 공부하고 있는 수준에 알맞은 교재 한 권과 현재 수준보다 조금 더 어려운 교재를 선택하는 것이 최선이다. 그러나 수학을 공부하다 보면 부족한 영역은 있기 마련이다. 같은 난이도의 문제집을 추가로 한 권 구매해 어려운 단원만 복습하거나 더 쉬운 난이도의 교재를 선택해서 기본/개념부터 쌓아가는 방법도 있다.

요즘은 영역별 문제집도 따로 나오기 때문에 부족한 부분을 채우기 위한 문제집 선택이 수월하다. 아이가 연산이 부족하면 연산 교재를 꾸준히 풀고, 도형이 부족하면 도형 문제집을 푼다. 중등 문제집도 연산이나 도형 교재가 따로 나오는 이유는 초등 과정에서 부족했던 부분이 중등 수학에 나타나기 때문이다. 다시 초등 과정으로 돌아가서 복습하기보다 중등 과정의 기초로 연산과 도형을 접한다. 이런 영역별 교재는 학습 결손을 채워주는 역할과 선행할 때 보조적인 수단으로 활용할 수 있다.

특히 중학 연산은 선행 진도보다 앞서서 공부한다면 적어도 연산 유형의 연습 시간을 줄여서 다른 부분을 공부할 시간을 더 확보할 수 있다. 중등 수학도 연산 영역이 상당수 차지한다. 기본적인 계산 능력과 더불어 응용문제 수준까지 풀었을 때 연산이 탄탄하면 최소한 절반 이상은 쉽게 해결할 수 있다. 도형은 초등 1~2학년 때는 교구를 중심으로 활동하다가 3학년부터는 눈에 보이지 않는 추상적 사고를 필요로 하는 문제들이 나온다. 교과에서 도형을 어려워할 때 도형 문제집을 풀어보면 된다. 미리 앞서 문제를 풀어볼 필요는 없다. 초등 도형은 기본 개념을 잘 숙지한 다음, 공식이 나온 원리를 이해하고 암기하면 중등 수학에서 학습 결손은 없을 것이다.

사고력과 경시 또한 선택이다. 가장 중요한 것은 교과 문제집이다. 다른 문제집이 주가 되면 교과를 복습할 시간이 줄어든다. 초등 2학년까지는 연산 문제집만 풀고 교과 문제집을 풀지 않아도 수업 시간에 이해하지 못할 내용은 없다. 그러나 3학년부터는 교과 문제집을 복습하지 않으면 교과 내용을 완벽하게 소화하기 어렵다. 최소한 3학년 과정부터는 교과 문제집을 공부하는 것이 유리하다. 상대적으로 여유 있는 1, 2학년 때는 연산과 사고력을 미리 공부해두면 학년이 올라가면서 수학에 대한 자신감이 붙을 가능성이 커진다. 연산은 수학 과정의 기초가 되기 때문에 초등 저학년 때 탄탄하게 키워두면 3학년 이후에 적어도 연산만큼은 실수를 줄일 수 있다. 또한 사고력 문제집은 어려운 문제를 충분한 시간을 두고 생각에 생각을 거듭하며 푸는 문제들이 많아 교과 심화 문제를 풀 때도 응용할 수 있다. 그동안 공부했던 과정이 습관화되면서 어려운 문제에 대한 두려움이 줄어든다.

단, ==주의해야 할 점은 부모의 기대치와 욕심이다.== 초등 수학은 다양한 문제를 경험해보는 것이 중요하지만, 많이 풀어본다고 해서 수학을 잘하는 것은 아니다. 수학 문제집은 난이도가 다양해 초등 교과에서 요구하는 수준보다 고난도를 다루는 문제집도 있다. 다른 친구들이 수학 심화서나 경시를 공부한다고 해서, 우리 아이도 꼭 풀어야 할 이유는 없다. 오히려 시간 낭비가 될 수도 있다.

발전/응용 수준의 문제집 정답률이 단원 평균 70%에 못 미치는 아이는 현재 공부하고 있는 교재를 완벽하게 소화할 때 실력이 향상된다. 심화서를 한들 오히려 시간만 낭비하는 격이다. 물에 뜨지도 못하는 사람에게 수영으로 강을 건너라고 하는 것과 다를 것이 없다. 수학을 잘하는 아이들이 모두 경시를 하는 것도 아닌데, 마치 우리 아이가 경시 문제집을 공부하면 수학을 잘하는 거라고 착각하는 부모도 있다. 아이가 현재 공부하는 문제집으로 아이의 수학 실력을 판가름해서는 안 된다. 특히 초등 수학에서는《최상위수학》문제집, 중등 수학에서는《블랙라벨》,《에이급》과 같은 심화, 경시 문제집이 수학을 잘하는 절대적 기준이 돼서는 안 된다. 그 문제집을 얼마나 이해하고 있는지가 더 중요하다.

교과 응용 수준의 문제집을 80%도 소화하지 못하는데 심화나 경시 문제집을 풀라고 하면 아이는 얼마나 괴로울까? 한 문제를 오랜 시간 끙끙대며 풀어야 사고력이 생기는 것은 아니다. 때로는 이런 과정도 필요하지만 매일 이렇게 풀 수는 없는 노릇이다. 응용 수준의 문제를 푸는 데 3분 정도 걸린다면 아이도 수학 공부가 해볼 만하다고 생각할 것이다. 그러나 한 문제를 푸는 데 너무 오래 걸리면 부모도 아이도 지친다.

아이가 수학을 공부하는 최종 목표는 '대학 입시를 잘 보기 위해서'이다. 내신이나 수능은 수학 경시처럼 고난도의 문제가 출제되는 것이 아니다. 아이의 진로가 수학의 깊이를 요구하는 분야가 아니라면 교과과정의 목표에 다다르는 것만으로도 의미가 있다. 아이의 실력에 따라 현행을 하거나 선행을 하기도 하므로 문제집의 종류를 초등과 중등을 구분하여 제시했다. 아는 만큼 최선의 선택을 할 수 있기 때문에 아이와 함께 문제집을 살펴보는 과정은 반드시 필요하다.

부모와 아이의 문제집 체감 난이도가 다를 수 있다. 제시된 문제집 목록에 아이가 생각하는 난이도를 별도로 표시해두면 진도를 나가면서 문제집을 선택하기 쉽다. 아이의 수학 공부를 계획할 때 문제집의 난이도별 선택은 중요하므로, 시간 있을 때 미리 문제집을 살펴보자. 인터넷 서점에서 미리보기가 가능하지만 보통 한 단원만 나오는 경우가 많으니 서점에 가서 직접 살펴보는 것을 추천한다.

| 초등 수학 문제집 |

출판사	연산	도형	교과 기본/개념	교과 발전/응용	교과 심화	경시	사고력
디딤돌	최상위 연산		원리, 기본	응용, 문제 유형	최상위S 최상위	3% 올림 피아드	최상위 사고력
신사고	쎈연산		개념쎈 우공비 라이트쎈	쎈	최상위쎈		
비상	개념+ 연산		교과서 개념잡기, 유형잡기	완자 개념+유형 파워	최상위탑		
동아 출판	초능력 수학 연산		큐브수학S 개념	큐브수학S 실력 동아 백점 초등 수학	큐브수학S 심화		
천재 교육	빅터 연산		개념, 기본 수학리더/ 개념클릭/ 개념 해결의법칙/ 수학의힘 알파/ 교과서 다품	우등생 해법/ 셀파수학/ 응용,심화 수학리더/ 수학의 힘 베타	최고수준/ 일등수학/ 수학의 힘 감마		Go!매쓰 노크 최강TOT
에듀왕		꼭 알아야 할 도형	원리/ 포인트 왕수학	실력 왕수학/ 꼭 알아야 할 수학 문장제	점프 왕수학	올림피아드 왕수학	
시매쓰	빨강 연산/ 상위권 연산	빨강 도형/ 상위권 도형	개념이 쉬워지는 생각수학	유형이 편해지는 생각수학	생각수학 최상급		영재 사고력 1031
EBS	만점왕 연산		만점왕/ 만점왕 수학 플러스	수학의 자신감			창의 사고력 수학UP

미래엔	하루 한장 쏙셈		수학중심	유형맞짱 문해길 원리	문해길 심화		
길벗 스쿨	기적의 계산법		기적의 초등수학	기적의 수학 문장제			
능률	사고셈		월등한 개념 수학		수학의 고수		
지학사	초등 풍산자 개념 연산		초등 풍산자 개념 × 유형	초등 풍산자 개념 × 서술형			
씨투 엠에듀		플라토					
기탄	기탄 수학						기탄 사고력
매스 티안	팩토 연산						팩토 원리 탐구
와이 즈만	계산력 마스터						즐깨감
소마 사고력	소마셈						
천종현 수학 연구소	원리셈						TOP 사고력
키 출판사	초등 분수 개념이 먼저다						
이지스 퍼블리싱	바빠 연산법						
메가 북스	메가 계산력						

2장 자기주도 학습을 위한 수학 공부법

에이급					초등 에이급 수학	
중국 사천대학					영재 수학의 지름길	
매쓰 러닝					필즈 수학	

| 중학교 수학 문제집 |

출판사	연산/도형	기본 개념	응용 유형	심화	경시
디딤돌	디딤돌 중학연산	투탑수학	최상위수학 라이트	최상위수학	
신사고	쎈연산	베이직 쎈 개념 쎈 우공비	우공비Q 라이트 쎈 쎈	일품	
비상		교과서 개념잡기/ 내공의 힘/ 개념+유형 라이트/ 만렙AM	개념+유형 파워/ 만렙PM	개념+유형 최고수준탑/ 최고득점	
동아 출판	연산으로 강해지는 수학	빨리 이해하는 수학	빨리 강해지는 수학	절대등급	
천재 교육	더블클릭/ 빅터연산	체크체크/ 짤강/ 개념 해결의 법칙/ 다품 중학수학	셀파/ 수학의 힘 알파/ 유형체크N제/ 유형 해결의 법칙	수학의 힘 감마/ 최고수준	최강 TOT
수경	수력충전	심플 자이스토리	자이스토리	일등급수학	
미래엔		올리드/ 수학중심	유형중심		

출판사					
에이급		수학의단비	에이급 유형 콕	에이급 원리해설	에이급
지학사	풍산자 반복수학	풍산자 개념완성	풍산자 필수유형		
이룸 이앤비	숨마쿰라우데 스타트업	숨마쿰라우데 개념기본서	숨마쿰라우데 실전문제집		
EBS		한 장 수학/ 중학 뉴런			
개념원리		개념원리	개념원리 RPM		
YBM 솔루션	개념SOS	이유 있는 수학			
능률		월등학 개념수학		수학의 고수	
메가북스			민정범의 유형학습		
마더텅		뜀틀 개념편	뜀틀 유형편		
이투스 교육		수학의 바이블 개념	수학의 바이블 유형		
수학은 국력			문제은행 3000제 꿀꺽수학		
메가스터디	수력 ON				
백발백중	계산력완성 특쫑				
길벗스쿨	기적의 중학연산/ 기적의 중학도형				
이지스 에듀	바빠 중학연산				
하이레벨				하이레벨 중학수학	
진학사				블랙라벨	

2장 자기주도 학습을 위한 수학 공부법

효율적인 문제집 활용법

문제집을 효율적으로 활용하려면 어떻게 해야 할까? 부모가 아무리 바빠도 초등 고학년 기간에 단 한 번이라도 다음 표와 같은 방법으로 문제집을 풀어본다면, 아이가 공부하는 방법을 스스로 터득할 수 있다. 저학년 때는 문제집 관리도 스스로 하기 어렵고, 공부하는 방법도 습관으로 자리 잡기까지 상당한 시간이 걸리기 때문에 부모가 어느 정도는 이끌어주어야 한다. 하지만 4학년 이상만 되어도 부모가 공부하는 방법을 한 번만 알려줘도 스스로 적용하기가 수월하다.

단계		활용법1
Step1		현행이든 선행이든 관계없이 아이가 현재 공부하는 진도의 교과서 또는 기본 문제집의 개념 설명 파트를 통해 최근 3개월 동안 공부하고 있는 내용의 개념을 이해하는지 확인한다. 예시 : 교과서가 없다면 비상교육의 '교과서 개념잡기' 문제집의 개념 설명 부분을 이용하여 개념 설명을 잘하고 있는지 확인할 수 있다.
Step2		발전/응용 교재를 선택하여 최근 3개월 동안 공부한 내용을 단계별로 풀어보고, 단원평가를 채점하여 3개월간 평균 정답률을 계산한다. 예시 : 쎈 수학에서 A, B, C 단계와 단원평가 문제도 모두 풀어보고 3개월간 정답률을 계산한다.
Step3	Case 1 평균 단원평가 정답률 70% 미만	발전/응용 단계의 교재보다는 기본/개념 교재로 변경하여 공부한다. 기본/개념 교재를 풀었을 때 정답률이 90% 이상이면 다시 발전/응용 단계의 교재도 함께 공부하는데, 기본 과정은 생략해도 좋다. 이 단계는 발전/응용 문제집에서 어려운 응용문제들이 심화 과정이 되므로 따로 심화서를 구입하는 것보다는 기본/개념 문제집 한 권, 발전/응용 문제집 한 권을 함께 공부한다. 예시 : 쎈 수학 단원평가 문제의 정답률이 70% 미만이라면, 디딤돌 기본 교재로 변경하여 공부한다. 디딤돌 기본 교재의 정답률이 90% 이상이면, 쎈 수학에서 A단계를 제외하고, B단계는 철저하게 공부하는 것이 목표이다. B단계에서 세 번째 틀리는 문제는 오답 노트를 만든다. C단계는 평소에 풀기보다 방학 때 도전해보는 것도 좋다.

	Case 2 평균 단원평가 정답률 70% 이상 90% 미만	단원평가에서 틀린 문제를 다시 풀어보고 쉬운 개념 문제였다면 교과서를 확인하고, 기본/개념 문제집에서 유사 문제를 찾아서 풀어본다. 응용 수준의 문제였다면 타 출판사의 발전/응용 교재에서 유사 문제를 찾아 풀어본다. 유사 문제를 쉽게 풀지 못했을 경우 최초에 풀었던 문제집의 문제로 오답 노트를 만든다. 발전/응용 교재에서 어려운 단계의 문제도 풀어보는데, 너무 어려운 문제는 표시해두었다가 방학에 공부한다. 예시 : 쎈 수학의 단원평가 문제에서 쉬운 문제를 틀렸을 경우, 교과서에서 개념을 보고, 디딤돌 기본 문제집에서 유사 문제를 풀어본다. 응용 수준의 문제를 틀렸다면 디딤돌 응용문제집에서 유사 문제를 풀어본다. 디딤돌 응용문제집을 풀어봐도 잘 이해가 안 되면, 쎈 수학에서 틀린 문제로 오답 노트를 만든다. 그다음 과정으로 쎈 수학 C단계의 문제를 풀어보고 해결하기 어려운 문제는 체크해둔다.
	Case3 평균 단원평가 정답률 90% 이상	단원평가에서 틀린 문제는 Case 2와 같이 진행한다. 발전/응용 수준의 문제집에서 응용 수준의 정답률이 80% 이상이면 심화 문제집도 풀어본다. 80% 미만이면 현재 풀고 있는 교재를 충실히 복습하고 세 번째 풀어도 틀리는 문제는 오답 노트를 만든다. 시간 여유가 되면 심화서에서 초고난도 문제를 제외하고 풀어보거나 조금 더 쉬운 심화서를 선택해서 풀어본다. 예시 : 쎈 수학에서 C단계 정답률이 80% 이상이면 디딤돌 최상위 문제집도 풀어본다. 80% 미만이면 쎈 수학 C단계에서 틀린 문제를 풀어보고 세 번째도 틀리면 오답 노트를 만든다. 시간 여유가 된다면 디딤돌 최상위 문제집에서 상위 수준을 제외하고 문제를 풀거나 큐브수학S 심화 문제집을 선택하여 전 과정을 풀어본다.
Step4	Case 1 Case 2 평균 단원평가 정답률 90% 미만	문제집 한 권이 마무리되면 정답률 90% 이상 나온 단원의 발전/응용 문제집에서 기초 단계를 제외한 문제를 풀어보고 심화 문제집에서도 같은 단원을 도전해본다. 예시 : 6-2 디딤돌 기본 문제집에서 다른 단원은 정답률 70%도 있고 80%도 있지만, 1단원 분수의 나눗셈 정답률이 90% 넘는다면 쎈 수학에서 1단원 B단계를 풀어보고 정답률 80% 이상이면 디딤돌 최상위 문제집에서 1단원을 풀어보고, 80% 미만이면 큐브수학S 심화 문제집의 1단원을 풀어보고 오답을 정리한다.

Case 3 단원평가 정답률 90% 이상	정답률 90% 이하의 단원이 있다면 부족한 단원은 기본/개념 문제집의 가장 기본부터 차례대로 문제를 풀어나간다. 이전에 풀어보지 않았던 발전/응용 교재의 기초 단계를 제외한 나머지 단계를 모두 풀이한 뒤 오답을 정리하고, 심화 문제집을 통해 다시 한 번 점검한다. 예시 : 6-2 개념+유형 파워 문제집에서 5단원 원의 넓이와 6단원 원기둥, 원뿔, 구 단원의 정답률이 90% 미만이 나왔다면 디딤돌 기본 문제집에서 해당 단원 전체를 풀어보며 부족했던 부분을 재확인한다. 그래도 부족하다면 교과서 유형잡기 문제집에서 해당 단원을 보완한 뒤 쎈 수학의 B단계를 풀고, C단계에서 정답률 80% 이상이 나오면 천재교육 최고수준에서 해당 단원을 풀어보고, C단계 80% 미만이면 큐브수학S 심화 문제집을 풀어본다.

학기 중에는 '활용법1'과 같이 공부하고, 방학 중에는 학기 중에 어려웠던 부분을 복습하고, 다음 진도를 예습하는 과정을 반복하다 보면 한 학기에 문제집을 적어도 두세 권 풀 수 있다. 선행을 하는 아이도 부족한 단원을 채워가며 공부할 수 있기 때문에 실력이 향상될 수밖에 없다. '활용법1'이 어렵거나 부모가 챙겨야 할 시간이 부족하다면 '활용법2'를 통해 아이와 함께 수학 공부를 해보자.

교과서를 바탕으로 아이에게 맞는 문제집을 고르는 것만으로 수학 공부의 절반은 한 셈이다. 수학은 마라톤과 같다. 평소 꾸준히 연습하면서 기초체력을 잘 쌓아야 한다. 때로는 자기 능력을 최대치로 끌어올려 운동하고 부상을 당했을 때는 회복에 힘써야 한다. 가야 할 길을 알고, 적절한 때에 부족한 수분을 충전하고, 페이스 조절에 실패하지 않으면 자신의 기량을 최대한 발휘하여 목적지에 다다를 수

단계	활용법2
현행 진도	발전/응용 단계의 문제집을 한 권 준비하고 학교에서 공부하는 진도에 맞춰 예습과 복습한다. 단원평가 정답률이 90% 이상이며 발전/응용 문제집에서 응용 수준 문제의 정답률이 80% 이상이면 심화 문제집도 함께 도전해본다. 시간 여유가 있다면 학기 중에 공부하고, 여유가 없다면 방학에 풀어본다. 예시 : 1) 다음 주 학교 수업 진도가 6-2 2단원 소수의 나눗셈이라면 학교에서 배우기 전에 개념+유형 파워 교재에서 진도 책 2단원을 공부하고 기본 문제를 풀어보며 예습한다. 이전 방학 때 미리 예습했다면 이 과정은 생략해도 좋다. 2) 학교 진도에 맞춰 개념+유형 파워 교재 복습 책을 통해 배운 과정을 확인한다. 단원평가 정답률이 90% 이상이고 응용 수준의 정답률이 80% 이상이면 최고 수준 심화 문제집도 함께 진도에 맞춰 풀어보는데, 여유가 없다면 방학 때 풀어본다 3) 방학 때는 학기 중에 풀지 못했던 심화 문제집을 풀어보고 오답을 정리하며, 심화에서 특히 어려워했던 단원은 다른 심화 문제집을 하나 더 구입해서 유사 문제를 풀이한다. 또한 여유가 되면 다음 학기 교과서를 읽어보고 기본/개념 문제집을 구입해서 예습한다.
선행 진도	현재 공부하고 있는 선행 교재를 가지고 공부하는데 정답률이 80% 미만인 단원이 나오면 기본/개념 문제집에서 해당 단원을 철저하게 공부한다. 심화서의 정답률이 70%가 되지 않으면 아이가 선행 진도를 버거워하지 않는지 확인해봐야 한다. 발전/응용 문제집에서 응용 수준의 문제를 충분히 소화할 수 있도록 해당 단원의 기본부터 복습해야 한다. 현재 공부하는 교재의 정답률이 80% 이상이면 오답 노트를 통해 정리하며 공부한다. 단, 학교 진도에 맞춰 단원이 마무리되는 주에는 반드시 단원평가 문제를 통해 복습해서 학교 진도의 수학 공부에도 충실해야 한다. 예시 : 학교 진도는 6-2이고 중학교 2-2 과정을 선행하는 경우 평소 쎈 수학 2-2로 공부하는데, B단계 정답률이 80% 미만이라면 2-2 B단계가 모두 마무리된 후 다시 1단원 C단계부터 풀어도 좋으니, 우선 B단계를 철저히 공부하는 것이 중요하다. 이때 A단계 복습만으로 문제 유형의 경험이 부족하므로, 기본/개념 문제집인 올리드 교재에서 해당 단원의 전체를 다시 풀어본다. 올리드 교재도 어렵다면 현재 공부하고 있는 쎈 수학 2-2보다 올리드 교재의 진도를 나가고, 그다음에 쎈 수학을 이어서 한다. 쎈 수학 C단원의 정답률이 70% 이상이면 최고 수준이나 에이급과 같은 심화서로 공부하고 오답을 정리한다. 또한 주 1회는 학교에서 배우는 6-2 해당 단원을 문제 풀이를 통해 복습한다.

있다. 아이들에게 수학은 끝없이 공부해야 하는 과목으로 느껴져 지칠 수도 있다. 그럴 때마다 아이와 함께 문제집을 찾아보자. 자신의 실력에 맞는 문제집은 약국 처방전 같은 역할을 톡톡히 해낼 것이다.

최고의 자기주도 학습 밑거름 수학 풀이 노트

수학은 자기주도 학습이 이루어지지 않으면 잘하기 어려운 과목이다. 반대로 수학을 잘하는 아이들은 자기주도 학습이 잘된다는 뜻이다. 초등학생 때 처음부터 자기주도로 공부하는 아이는 없다. 수학 한 과목을 공부하는 데도 여러 가지 선택지가 있기 때문에 아이들은 학교에서 배우는 내용 이외에는 뭘 해야 할지 모른다. "A수학학원 다닐래? B수학학원 다닐래? 아니면 집에서 공부할래?"와 같은 질문은 아이들을 더욱 혼란스럽게 만들 뿐이다.

문제집도 마찬가지다. 자기 수준이 어느 정도인지도 모르기 때문에 표지가 재미있거나 글이 적은 문제집을 고르게 마련이다. 요즘 부모들은 수학을 잘하는 오랜 비책은 '아이 스스로 풀어야 한다'는 것을 누누이 들어왔다. 그러나 아무것도 모르는 아이에게 처음부터 끝까지 알아서 해결하라는 것은 자기주도 학습을 잘못 이해한 것이다. 자기주도 학습은 자신의 실력을 파악하고 자신에게 맞는 학습법으로 스스로 생각하며 공부하는 것이다. 학원을 다니거나 문제집을 부모가 골라주는 것이 자기주도 학습을 방해하는 것은 아니다. 누구의 도움 없이 스스로 공부하는 것만이 자기주도 학습의 전부가 아니라는 것을 명심해야 한다.

수학에서 자기주도 학습이
잘 이루어지려면

아이들에게는 수학 공부하는 방법을 가르쳐줘야 한다. 보통은 모르는 문제도 스스로 풀어보고, 그래도 해결이 안 되면 부모가 알려준다. 하지만 이것은 수학 문제 풀이 방법을 알려주는 것이지 공부하는 방법을 알려주는 것이 아니다. 자기주도 학습을 위해서는 수학 공부하는 방법을 알려주어 아이 스스로 활용할 수 있어야 한다.

초등 1~2학년 수학 문제는 수와 연산 영역이 대부분이다. 아무리 어려운 심화 문제도 3학년 이상 수학 문제들에 비해 풀이 과정이 짧은 편이다. 같은 연산이라도 1~2학년은 사칙연산의 기본 개념을 확인하는 문제가 대부분이다. 초등 3학년 이후부터는 분수와 소수가 등장하고, 사칙연산의 혼합 계산식을 풀어야 하므로 그만큼 풀이 단계가 길어진다. 그래서 수학 공부 방법을 알려줄 때 필요한 것이 수학 풀이 노트다.

대다수 아이들은 수학 문제 푸는 것을 수학 공부라고 생각한다. 하지만 수학 문제 풀이는 이미 배운 내용을 확인하는 과정이므로 엄밀히 말하면 '평가'이다. 채점을 통해 틀린 문제를 다시 풀어보며 자신이 몰랐던 부분을 알아가는 과정이 진정한 공부다. 틀린 문제의 풀이 과정을 답지에서 보고 '아! 이렇게 하는 거구나!'라고 이해하고 끝낸다면 다시 틀릴 확률이 훨씬 높다. 그렇다고 오답 노트를 바로 만들라는 것은 아니다. 오답 노트도 잘 활용해야 의미가 있다. 무작정 틀린 문제를 노트에 적는다면 자칫 시간 낭비가 될 수도 있다.

수학에서 개념 노트나 오답 노트를 만들기 전에 가장 먼저 해야 할 것은 노트에 수학 풀이를 해보는 것이다. 풀이 과정을 차근차근 적어보면 개념을 충분히 이해했는지 스스로 파악하고 자기가 모르는 부분이 무엇인지도 쉽게 찾을 수 있다.

처음에는 머릿속으로 계산하던 것을 노트에 정리하기가 어려울 수 있다. 어떻게 써야 할지 모르겠다고 하는 아이들도 있다. 부모는 모범 예시로 한두 문제를 선택해 풀이를 적어보면서 어떻게 써야 하는지 차근차근 알려줘야 한다. 말을 잘한다고 해서 글을 잘 쓰란 법이 없고 오히려 글로 표현하기가 더욱 어렵다. 풀이 과정을 글로 쓰려면 논리적 사고가 필요하다.

그렇다고 일부러 문장제 문제가 많은 문제집을 선택할 필요는 없다. 아이가 평소에 공부하고 있는 교재를 노트에 풀면 된다. 이때 아이의 눈높이에 맞춰 설명과 풀이를 해야 하므로 부모가 미리 답지를 확인하고 설명한다. 답지는 채점할 때뿐만 아니라 풀이 과정에도 활용할 필요가 있다. 아이가 풀이 과정을 잘 써서 정답을 맞혔는데 답지에 나온 풀이와 다를 수도 있다. 그럴 때는 아이를 칭찬하고 다른 풀이 과정으로도 풀어볼 수 있는지 제안해본다. 생각이 안 난다고 하면 답지의 풀이 과정을 함께 살펴보는 것도 도움이 된다.

풀이 노트에 '다른 풀이법'을 적어두는 것도 좋은 공부 방법이다. 수학 문제는 최대한 간단하게 풀어야 시험에 유리하다. 조금만 생각하면 시간 대비 단순 계산 과정을 줄일 수 있기 때문에 답지를 적절히 활용해서 가장 적합한 방법을 찾는 것이 좋다.

수학 풀이 노트 공부법

수학 풀이 노트를 쓰는 것은 실수가 많은 아이들에게 더욱 효과적이다. 문제집에 여기저기 끼적이다 해답을 구하고도 정작 엉뚱한 답을 적어 틀리는 아이들이 있다. 수학 노트를 쓰면 이런 실수를 줄일 수 있다. 개념 설명이 필요하거나 공식을 이용해야 하는 문제는 개념과 공식도 함께 적어가며 풀이를 하면 개념이 부족하거나 공식을 착각해서 틀리는 실수는 하지 않는다.

수학 풀이 노트를 적는 방법이 정해져 있는 것은 아니다. 하지만 다음 예시와 같이 풀어보면 아이 스스로 수학 문제 풀이가 아닌 공부를 한다는 생각을 가질 수 있다. 지난 풀이 과정에 대한 간섭 없이 여러 번 반복해서 틀린 문제를 풀어볼 수 있다는 것도 큰 장점이다.

1) 수학 풀이 노트에 여러 권의 문제집을 풀지 않는다. 풀이 노트 표지에 문제집 이름과 문제집을 시작한 날짜를 적어둔다.
2) 풀이 노트 첫 페이지에 '나의 각오'를 적어두면 작은 동기부여가 될 수 있다.
   예시 : '모르는 문제도 풀이 과정을 남기자', '하루 5문제는 꼭 풀자', '나는 수학 박사다' 등.
3) 노트가 2분할이 되어 있지 않다면 반을 접어서 왼쪽 상단부터 차례로 문제 풀이를 적는다.
4) 문제집 페이지 수와 문제집 번호를 적은 다음, 문제는 적지 않고 풀이 과정과 답만 적는다. 이때 문제집에 답을 적지 않는다.
5) 채점은 노트에 하고, 각자 표시 규칙을 만들어 틀린 문제만 문제집 번호에 표시한다.
   예시 : 틀린 문제를 다시 풀어서 정답이면 세모, 두 번 틀리면 별 표시를 한다.
6) 별 표시를 한 모르는 문제는 풀이 노트에 답만 적어둔다.
7) 부모는 우선 답안지를 확인하고 A4용지나 화이트보드에 아이가 풀 수 있도록 힌트를 준다. 힌트를 주어도 풀지 못하면 답지

의 모범 예시와 풀이 과정을 설명한다.
8) 나중에 오답 노트를 한 권 만들어 모르는 문제를 적고 아이 스스로 풀이하게 한다. 부모님이 설명해준 직후에 바로 만드는 오답 노트는 그저 기억에 의존하여 수학 문제를 푸는 것이다.

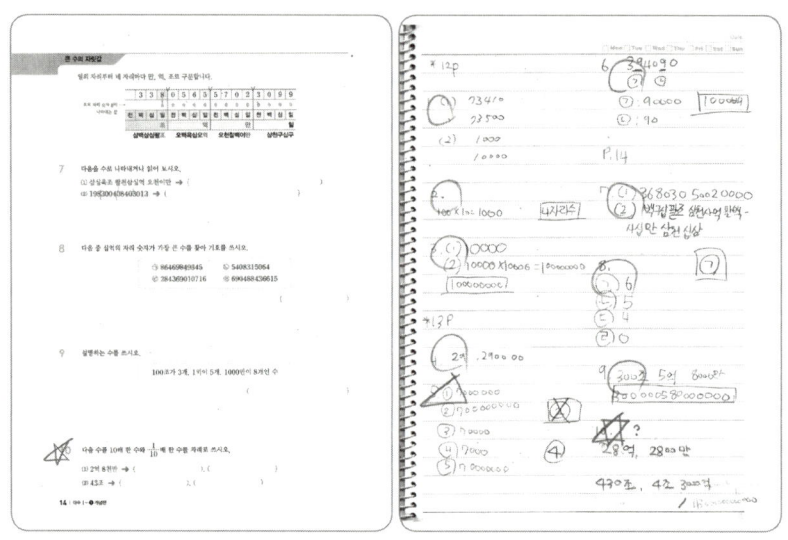

문제집 예시   풀이 노트 예시

수학 풀이 노트를 쓸 때 주의해야 할 점이 있다.

첫째, 수학 풀이 노트를 쓰는 목적을 절대 잊어서는 안 된다. 누군가에게 보여주려는 것이 아니라 자기주도 학습으로 연결하기 위한 목적이므로 예쁘게 쓸 필요 없다. 설령 문제집 한 페이지에 나오는 문제를 모두 틀린다 하더라도 채점은 정확하게 해야 한다. 틀린 문제를 표시해두어야 나중에 비슷한 유형을 봤을 때 이전에 틀렸던 문제라는 것을 알고 조금 더 주의를 기울인다.

둘째, 바르게 앉아 예쁘게 쓴다고 정답을 맞히는 것은 아니다. 처음에 문제를 노트에 풀다 보면 시간이 꽤 걸린다. 습관이 들지 않으면 서너 문제만 노트에 풀어도 손이 아프고 어깨도 불편하고 몸이 배배 꼬이며 자세가 삐딱해진다. 대부분의 부모는 공부하는 자세에 대해 잔소리할 것이다. 자세가 조금 삐딱하더라도 서너 문제를 풀었다면 '애썼구나'라고 칭찬해준다. 우선 아이가 앉아서 공부한 것은 잘했다고 인정해주어야 한다. 습관이 되기까지 힘든 것은 당연하므로 칭찬을 아끼지 않아야 한다.

또한 글씨를 예쁘게 또박또박 쓰지 않는다고 잔소리할 필요는 없다. 글씨는 개성이며, 상대방이 알아볼 정도만 되면 충분하다. 글씨는 예쁘고 깔끔한데 모두 오답이라면 아무 소용 없다. 자기주도 학습의 밑거름이 되는 습관을 들이는 것이 목표라는 것을 잊지 말자. 처음부터 완벽하게 해내기에는 너무 벅찬 수학 문제들이 많다.

이런 과정들을 거치다 보면 자연스럽게 수학 공부의 밑거름이 쌓인다. 수학 풀이 노트를 쓰기가 부담스러운 저학년은 간단한 문제들은 문제집에 직접 풀고, 긴 문제는 이면지나 A4용지, 연습장으로 풀고, 오답 노트만 정리하는 것도 방법이다. 이왕이면 시중에 판매하는 수학 노트를 사서 문제집 한 권당 한 권을 쓸 것을 권장한다. 습관이 되면 풀이 노트를 쓰는 공부법을 자연스럽게 익힐 수 있다.

시중에 판매하는 수학 노트는 아이가 사용하기 편한 것을 고르면 된다. 초등 아이들은 스프링이 달린 3~6학년용 무지 유선 노트가 좋다. 가장 구하기 쉽고 평소 학교에서 사용하는 노트라 익숙하다. 초등 때는 중등 때보다 쓰는 힘도 약하고, 노트에 적는 습관이 되어 있지 않아 줄이 없으면 삐딱하게 적기 쉽고 칸 간격이 너무 좁으면 글씨를 작게 적어야 하므로 초등학생용 노트가 쓰기 편리할 것이다.

보통 반으로 접어 왼쪽 상단부터 문제집 페이지와 번호를 적어서 푼다. 요즘은 2분할, 4분할, 6분할로도 나오니 아이가 원하는 노트 형식을 고른다. 도형 단원을 풀거나 풀이 과정에서 표나 그림을 그려야 할 때도 있다. 이때는 줄이 없는 것이 더 편할 수도 있으며 방안지나 그리드 형식의 노트도 좋다.

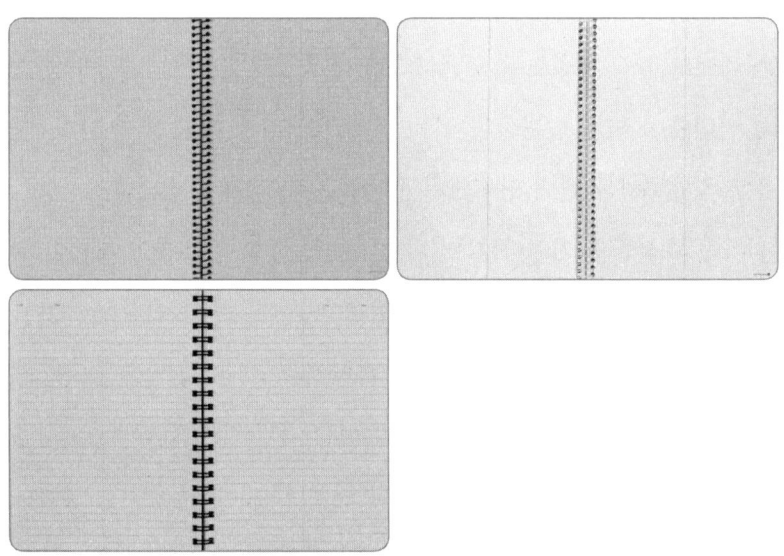

풀이 과정을 기록한다는 것은 생각하는 과정을 끌어내는 공부법이다. 자기주도 학습은 풀이 과정을 쓰는 것에서 출발한다. 이것이 습관이 되었을 때 비로소 아이의 실력으로 이어진다. 수학 공부가 하기 싫고 어렵게 느껴진다면 일단 노트를 펴고 써보자. 쓰면 반드시 달라진다.

스스로 생각하는 힘을
길러주는 수학 동화

아이가 초등학교 입학하기 전에 전 과목을 미리 경험하게 하려는 부모들이 많다. 그래서 다양한 분야의 책을 많이 읽히는데, 그중에 수학 동화는 6~7세부터 접하는 아이들이 많다. 한글을 어느 정도 읽을 수 있고 수와 양에 대한 감이 생기기 시작하면서 연산 학습을 시작할 수 있기 때문이다. 부모들은 누구나 우리 아이가 수학을 잘하길 바란다. 수학을 잘하면 논리적으로 사고할 수 있는 힘이 있는 것이니 다른 과목도 잘할 수 있다고 생각하는 것이다.

저학년은 학습의 범위가 넓지 않아 공부해야 하는 양도 많지 않고 깊이도 한계가 있다. 대부분 수와 연산에 집중되어 문제집만 풀다 보면 수학에 흥미를 갖기 어렵다. 수학은 스스로 생각하고 문제 해결 과정을 거쳐야 하기 때문에 자기주도 학습으로 이끌 수 있는 최적의 과목이다.

꿈과 목표가 있는 초등 고학년이라 해도 공부의 필요성을 깨닫고 스스로 공부하는 아이는 많지 않다. 스스로 공부하는 자기주도 학습에 필요한 것은 학습 동기다. 부모들은 공부를 하고 싶은 마음이 생기도록 도움을 주어야 한다. 매일 집에서 게임만 하다 어느 날 갑자기 공부하겠다고 하는 아이는 거의 없다.

어떻게 하면 스스로 수학을 공부하는 아이로 키울 수 있을까?

저학년까지는 책상에 앉아 오랜 시간 수학 공부를 하기가 생각보다 어렵다. 매일 30분씩 수학 공부를 하겠다고 결심하고 처음 며칠 동안은 의지로 부모님과 함께 문제집을 펼쳐서 공부할 수 있다. 하지만 문제가 어렵거나 실수하고 잔소리를 들으면 수학 공부가 점점 싫어진다. 그러다 보면 오늘 하루 공부를 쉬고 싶고, 내일이 되면 공부할 양이 밀려서 더욱 하기 싫어진다. 이런 상황이 반복되면 수학은 어렵고 힘든 공부라는 생각이 자리 잡게 된다.

재미있는 수학 동화를 부모가 읽어주면 아이의 반응은 어떨까? 재미없어 보여도 듣기는 할 것이다. 듣다 보면 재미있어서 직접 읽으려고 하는 경우도 있다. 아이가 스스로 수학 공부를 하려면 재미있고 다양한 간접경험이 쌓여야 한다. 교구나 보드게임이 도움이 될 수 있지만 스스로 생각하는 과정에 도달하는 방법은 수학 동화를 읽는 것만큼 좋은 것이 없다. 수학을 잘하는데도 유난히 반복 문제를 싫어하는 아이들이 있다. 아는 문제를 반복해서 풀려고 하니 시간이 아깝고, 간단한 문제는 사고하지 않아도 직관적으로 바로 풀리기 때문에 귀찮을 수밖에 없다.

문제 풀기는 싫어해도 생각하는 힘을 길러주는 수학 동화는 좋아하는 아이들이 많다. 수학 동화는 현재 수학 실력보다 어렵거나 더 깊이 있는 내용이라도 그림과 글을 통해 새로운 정보와 수학적 지식을 제공하기 때문에 아이들이 흥미를 가진다. 도형이나 퍼즐을 직접 조작하고 구체화하는 과정은 수학 문제를 풀이하는 것보다 조금 더 집중할 수 있다. 이야기 흐름에 따라 수학 동화를 읽다 보면, 개념 정리를 자연스럽게 할 수 있고 이해하기 어려운 개념도 그림과 이야기로 기억하기 쉽다.

하지만 수학 동화를 많이 봤다고 해서 모두 다 수학을 잘하는 것은 아니다. 평소에 어려운 수학 동화를 즐겨 읽는다고 해도 경시대회 수상까지 이어지기는 어렵다. ==수학을 좋아하고 잘하는 아이들은 수학 동화를 어릴 때부터 즐겨 봤고 초등 고학년이 되어서도 수학 교양==

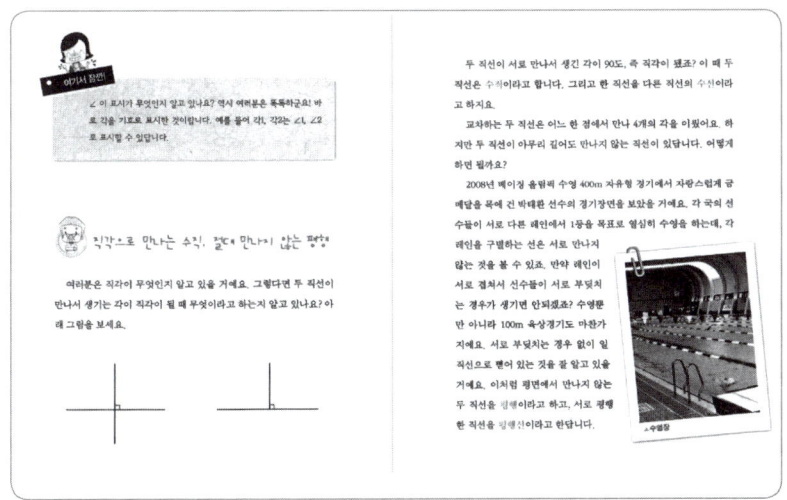

출처 : '영재들의 1등급 수학교실' 시리즈(물음표) 4권 《신기한 도형의 세계》중 일부

서를 읽는 경우가 많다. 역사를 아는 사람이 역사 만화도 재밌게 보듯이 수학도 마찬가지다.

수학 동화에 아는 내용이 나오면 조금 더 집중하게 된다. 또한 어려운 내용이 나와도 생각에 생각을 거듭하다 보면 어느새 이치를 깨닫는 경험을 자연스럽게 하게 된다. 이 아이들은 평소 수학 동화를 수학 공부에 도움이 되는 보조 교재로 사용하기보다 책을 통해 생각하는 힘을 길러주는 도구로 활용한다.

수학 동화 활용법

첫째, 아이가 편안하고 즐겁게 봐야 책에 접근하기 쉽다. 아이들이 수학 문제 풀기를 싫어하는 가장 큰 이유는 어려운 문제에 대해 생각하기가 힘들기 때문이다. 적어도 수학 동화만큼은 힘들다는 느낌이 없어야 한다.

둘째, 수학 동화를 선택하는 기준은 연령이 아니라 아이의 수학적 경험이다. 학년별로 전집과 단행본을 추천했으나(141쪽 참고), 현재 아이의 진도보다 앞서서 책을 읽어두면 다음 진도를 공부할 때 조금 더 이해하기 쉽다. 반대로 아이는 3학년인데 '100층짜리 집' 시리즈와 같은 동화책을 읽으면 책의 중심 개념을 이미 알고 있어 더 재미있게 볼 수 있다. 연령에 관계없이 관심 있는 주제에 맞춰 아이 스스로 선택해서 읽어도 좋다. 성인도 동화책을 읽고 감동받듯이, 수학적 경험이 풍부한 아이들은 저자의 생각이 아닌 자신의 생각을 기준으로 수학 동화를 보기 때문에 생각의 깊이가 저절로 커질 수밖에 없다. 어떤 책이라도 좋으니 수학 동화를 읽는 환경을 만들어주는 것이 중요하다.

셋째, 연령에 맞는 수학 전집 한 질은 상비약과 같다. 아이와 수학 공부를 하다 보면 모르는 문제를 아이의 눈높이에 맞춰 설명해주기 어려울 때가 있다. 보통 수학 전집은 교과과정에 맞춰 각 영역별로 이야기가 구성되어 있다. 아이가 그래프를 어려워하면 관련 책을 찾아서 읽고 활용하면 된다. 때로는 문제를 풀고 채점하고 풀이 과정을 설명하기보다 수학 동화에서 설명하는 개념을 이용하면 그와 유사한 문제가 나왔을 때 기억하기도 쉽다.

학년	전집	단행본
1~2학년	느낌표 수학동화(을파소) 개념씨 수학나무(그레이트북스) 선생님도 놀란 초등수학 뒤집기 기본편 (성우출판사) 원리가 보이는 수학(웅진) 솔루토이 수학(교원)	100층짜리 집 시리즈(북뱅크) 신통방통 수학 시리즈(좋은책 어린이) 초등 1,2학년 수학동화 시리즈 (동아 사이언스) 병아리도서관 수학시험 100점 비법 시리즈(파란정원) 수학 교과서가 쉬워지는 시리즈 (아이세움) 돼지학교 수학 시리즈(내 인생의 책) 로렌의 지식그림책 시리즈(미래아이)
3~4학년	수학으로 통하는 과학(자음과 모음) 뭉치 수학왕(뭉치) 교과서 으뜸 개념 수학 탐구 (한국톨스토이) 선생님도 놀란 초등수학 뒤집기 심화편 (성우출판사)	만만한 수학 시리즈(만만한 책방) 수학 유령의 미스터리 수학 시리즈 (글송이) 수학 식당 시리즈(명왕성은 자유다) 몬스터 마법수학 시리즈(경향에듀) 그래서 이런 수학이 생겼대요 (길벗스쿨) 생활 속 수학 공부(현북스) 영재들의 1등급 수학 교실 시리즈 (물음표) 수학 추리 동화 시리즈 (주니어김영사)
5~6학년	과학공화국 수학법정(자음과 모음) 수학자가 들려주는 수학 이야기 (자음과 모음) 천재들이 만든 수학 퍼즐(자음과 모음) 앗 시리즈 수학이 수군수군 (주니어김영사)	고학년을 위한 수학동화 시리즈 (주니어김영사) 써프라이즈 오딧셈의 수학 대모험 시리즈(스콜라) 수학 천재의 비법노트 시리즈 (브레인퀘스트) 지금 하자! 개념 수학 시리즈 (휴먼어린이) 수학과 친해지는 책 시리즈(창비) 주제학습 초등수학 시리즈(북멘토)

넷째, 고학년이 보는 전집은 영재성 문제를 접했을 때 원리를 찾아가는 지름길 역할을 한다. 진로와 연결되는 주제들도 많아서 수학자들이 증명하고자 했던 공식들이 어떻게 나오는지 생각하는 시간을 가질 수 있다. 중학생이 되면 시간적 여유가 없어서 수학 동화를 접하기 힘들어진다. 초등학생 때 중등 개념까지 설명된 수학책을 미리 읽어두면 도움되는 부분이 많을 것이다.

보약이 되는
수학 학습지 활용

 학습지 대표 과목 수학은 잘 활용하면 보약이 되고, 잘못 활용하면 독약이 된다. 매일 정해진 시간에 꾸준히 학습지를 하거나 학교 쉬는 시간에 짬짬이 문제를 푸는 아이들이 있다. 반면 아파트 놀이터 벤치에 앉아 밀린 학습지를 몰아서 하고 하필 학습지 선생님 오시는 날 교재를 학교에 두고 왔다거나 잃어버렸다고 하는 아이들도 있다.
 학습지는 잘만 활용하면 자기주도 학습으로 이끄는 강력한 도구가 되지만, 제대로 활용하지 못하면 돈만 들고 수학에 대해 부정적인 인식만 쌓인다. 요즘 초등 수학은 사고력이 필요하고 서술형으로 풀이 과정을 써야 하기 때문에 반복 계산을 주로 하는 학습지는 불필요하다고 생각하는 부모들도 많다. 물론 틀린 말은 아니지만 '수/연산'이라는 기초가 탄탄하다는 전제가 있어야 한다.

또한 기계적으로 반복하는 연산으로 수학에 질려버리지 않을까 걱정한다. '밀리라고 하는 것이 학습지다'라는 말이 있을 정도로 학습지는 매일 공부해야 할 양이 정해져 있다. 주말을 제외하고 매일 하지 않으면 밀리는 것은 시간문제다. 그러나 상황에 따라 적절하게 선택하고 제대로 활용한다면 학습지는 수학의 주춧돌 역할을 할 수 있다.

학습지는 꼭 해야 할까?

초등학교 입학 전에 연산 공부도 미리 해보고 책상에 앉아 공부하는 습관을 들이기 위해 엄마 아빠와 함께 수학 공부를 시작했다고 하자. 맞벌이라 바빠서 꾸준히 아이 공부를 봐주기 어렵다면 어떻게 해야 할까? 학원이나 과외도 있지만 학습지를 매일 짧은 시간이라도 꾸준히 공부하는 것이 좋다.

학습지가 밀릴 것 같아서 아예 시작하기를 부담스러워하는 부모들도 많다. 또한 학습지를 할 것인지 말 것인지 아이에게 물어보는 부모들도 있다. 초등 고학년은 아이의 의견을 존중해야 하지만, 저학년은 학습지가 뭔지조차 모를 수 있고 친구들이 지겨운 숙제라고 하는 이야기를 듣고 편견을 가지기도 한다. 아이에게 선택권을 주기보다는 학습지가 어떤 것인지 설명해줘야 한다.

학습지는 부모의 선택이지 아이의 선택이 아니다. 물론 공부는 아이가 하는 것이지만, 저학년은 부모의 의지에 따라 지속적으로 공부할 수 있는지가 결정된다. 학습지가 필수는 아니지만 바쁜 부모들에게는 최소한 교과과정에서 다루는 연산의 기초를 다지는 도구가 될 수 있다.

학습지의 가장 큰 특징은 무엇일까? 학년에 관계없이 자신의 실력에 맞춰 개별 학습이 가능하다는 점이다. 6세에 연산을 시작한 아이는 보통 1학년 때 2~3학년 연산을 해낼 수 있다. 아이의 실력이 학교에서 배우는 수준보다 높기 때문에 학습적인 자극을 적절히 해주면 공부에 대한 성취감과 즐거움을 느낀다. 개인별 능력별 교재를 선택해 부모가 가르쳐도 좋고, 직접 가르치기 어렵다면 학습지를 선택해도 된다. 대부분의 아이들은 기본적인 연산 원리를 설명해주고 문제풀이를 반복하면 실력이 향상된다.

특히 저학년은 스스로 공부할 준비가 되어 있지 않은 경우가 많으므로 매일 꾸준히 공부할 수 있는 장치를 마련하는 것이 좋다. 매일 공부하기 위해서는 부모의 의지도 중요하다. 아이의 공부 진도를 매일 점검해주기 어렵다면 시스템에 맡기는 것이 오히려 도움이 된다. 학습지를 하더라도 부모의 관리가 필요하지만 적어도 기본적인 로드맵은 따로 만들지 않아도 되니 공부 계획을 세우는 수고를 덜 수 있다.

학습 부진일 경우에도 학습지의 도움을 받을 수 있다. 3학년 아이가 2학년 때 배우는 곱셈에 능숙하지 않다면 앞으로 배워야 할 나눗셈, 분수, 소수도 어려워할 것이다. 수학은 각 영역이 유기적으로 연결되어 있다. 특히 수/연산은 직전 학기 수업 내용을 제대로 소화하지 못하면 현재 학기의 내용을 이해하기 어렵다. 부족한 부분은 따로 연산 교재를 풀어도 좋다. 그 과정이 능숙해지면 다음 단계로 넘어가도 되는데, 시중 교재를 매번 찾기 번거롭고 어렵다면 그때 학습지를 하면 된다.

어느 순간부터는 부모의 도움이 일일이 필요하지 않을 때가 온다. 보통 초등 5학년 정도 되면 스스로 필요를 느끼고 공부하는 아이들이 있다. 중등 선행을 하거나, 현행으로 심화 문제를 잘 풀어내는 아이라 하더라도 중등 연산 문제집을 공부할 때는 개념 설명이 필요하다. 부모가 도움을 주지 못하는 상황에서 학원을 다니지 않거나, 학원을 다녀도 기본 연산이 필요하다면 학습지를 이용해도 좋다.

중등 연산은 기호화된 수학이 아직 익숙하지 않아 충분히 연습하지 않으면 실수가 잦다. 실수하는 패턴이 습관이 되면 쉽게 고칠 수 없으니 기초를 잘 다져야 한다. 수학학원을 보내더라도 기초적인 문제 풀이가 부족해 계산 결과가 틀리면 항상 아쉬움이 남을 수밖에 없다. 학습지를 이용해 기본적인 연산 과정을 훈련하면 풀이 속도가 빨라져 시험 시간에도 검토할 여유가 생긴다. 중등 수학에서도 $0.8-x > 0.2(x+10)$와 같은 기초 문제는 개념 확인을 하는 차원에서 계속 등장한다.

초등 수학 학습지의 특징을 살펴보고 아이에게 적합한 것을 2~3가지 정해 체험 학습이나 상담을 받아본 후에 결정한다. 학습지는 한번 시작하면 계속해야 하니 신중하게 결정해야 한다. 영업을 많이 하는 선생님이나 지국은 피해야 스트레스를 받지 않고 한 과목이라도

| 대표적 초등 수학 학습지 |

대표 학습지	수업 횟수	대상	특징
구몬	주 1회	유아~고등	기초부터 고등수학 대수의 응용까지 탄탄한 커리큘럼을 가지고 있으며 수준별 학습이 가능하다. 스마트 학습을 하면 매일 오답을 체크하고, AI로 현재 공부 진행 상황을 분석할 수 있다. 타 학습지에 비해 학습량이 많은 편이며, 반복이 잦으면 하기 싫어하는 아이들도 상당수 있다. 아이 실력에 맞는 교재로 공부하고 있는지 부모의 관심이 필요하다.
눈높이	주 1회	유아~고등	계통수학으로 학습이 이루어지며 교과와의 연계성으로 기초 수학을 잘 다질 수 있다. 유아부터 초등 아이들이 재미있게 지속적으로 풀기 좋은 구성이다. 다만 중고등 수학은 촘촘하게 나누어져 있지 않아 조금 부족하다고 여겨질 수 있다.
재능교육	주 1회	유아~중등	학습 진단이 정확하다고 생각하는 학부모가 많은 편이며, 재능 피자는 시중 사고력 학원에서 사용하는 교재에 견줄 만큼 생각해야 하는 난이도의 문제들이 수록되어 있다. 연산은 개념 원리 설명이 타 학습지에 비해 충실한 편이다. 고등과정의 연계성이 없다.
웅진	주 1회	유아~초등	연산에 국한된 것이 아니라 교과과정에 맞춰 응용 심화, 서술형 문제도 다루어볼 수 있다. 북패드를 활용하여 개별 맞춤 문제를 제공하고 어려운 문제도 다시 볼 수 있다. 수학도 영역별로 선택의 폭이 타 학습지에 비해 넓다. 선행을 위한 수준별 학습을 원하는 경우 적합하지 않을 수 있다. 교과과정이 필요한 아이에게 더욱 적합하다.

꾸준히 관리할 수 있다. 요즘은 AI를 이용하여 아이의 실력을 점검하고, 오답을 반복적으로 공부하게 하는 시스템도 있다.

무조건 종이 학습지만이 능사는 아니다. 스마트 기기도 어떻게 활용하느냐에 따라 아이 학습에 더 도움이 될 수 있다. 일주일에 한 번 선생님이 채점을 해주는 대신 매일 채점되는 스마트 기기를 이용하면 일주일을 기다리지 않아도 바로 오답을 확인할 수 있다. 또한 방문이 아닌 센터 학습을 이용할 수 있는 학습지들도 있으니 상황에 따라 선택하면 된다.

효과적인 학습지 활용법

첫째, 어떤 학습지로 공부하느냐보다 교사가 더 중요하다. 초등학생에게 선생님은 워너비 같은 존재다. 아이들은 부모님보다 선생님의 말을 더 잘 따른다. 학습지 선생님들은 교재 내용을 잘 설명할 뿐 아니라 아이들의 능력에 따라 적절한 교재를 제공하는 학습 관리 능력도 갖추어야 한다.

선생님은 아이가 숙제를 다 하지 못했더라도 노력한 흔적이 있다면 그것을 존중해주어야 한다. 인품이 좋은 선생님은 어떤 교재로 수업해도 효과를 볼 수 있다. 일주일에 한 번이지만 지속적으로 만나기 때문에 매주 칭찬해주면 학습지가 하기 싫은 숙제가 아니라 재미있는 공부로 여겨질 것이다.

학습지를 처음 시작한다면 이웃 선생님의 평도 살펴본다. 학습지 자체에 비해 자기 지역을 담당하는 선생님이 마음에 들지 않을 수도 있다. 또한 한 달 동안 2가지 학습지를 해보고 비교하는 것도 좋다.

교재 커리큘럼은 어떤 브랜드가 좋다고 콕 집어 말하기 어렵다. 초중고 수학의 전체적인 커리큘럼에는 큰 차이가 없으므로 선생님이 더 좋은 쪽을 선택하면 적어도 아이와 성향이 맞지 않아 그만두는 일은 없을 것이다.

둘째, 학습지 진도는 현재 아이의 수학 실력에 맞추거나 약간 앞서야 한다. 간혹 무조건 쉬운 단계부터 시작하자고 권유하는 선생님도 있다. 하지만 학습지를 하는 이유는 기본적으로 아이의 실력에 맞는 교재로 공부하기 위해서이다. 테스트 결과에 따른 진도부터 공부해야 한다. 결과보다 쉬운 단계부터 시작하면 학습지 진도가 평소 공부보다 느려서 수학의 기초를 쌓는 데 도움이 되지 못한다.

예를 들어 평소에 4학년 수학을 공부하는 3학년이라면 학습지 진도는 4학년 현재 진도보다 조금이라도 앞서야 한다. 학습지를 하는 이유는 수학 공부에서 디딤돌 역할을 하기 위해서이다. 학습 진도는 항상 점검하고 커리큘럼은 반드시 알고 있어야 한다. 교과과정과 차이가 있을 수 있으니 항상 현재 공부하는 수학 진도보다 약간 앞서는지 살펴야 한다.

셋째, 학습지로 공부 루틴을 만들자. 학습지는 루틴을 만들어 정해진 시간에 정해진 장소에서 공부해야 한다. 매일 하기 어렵다면 주

3~4회로 나눠도 좋다. 선생님과 미리 상의해서 밀리지 않도록 학습 계획을 세운다. 학습지가 공부 루틴을 만들기 좋은 이유는 스스로 학습이 가능하기 때문이다. 또한 하루 10~20분 정도 꾸준히 공부하면 자연스럽게 학습 습관이 자리 잡는다. 학습지는 공부하기 위한 워밍업이라 생각하고, 본격적으로 공부하기 전에 학습지를 먼저 해보면 짧은 시간 내에 성취감을 느낄 수 있다. 이때 학습지는 공부가 시작되었음을 알리는 역할을 한다.

넷째, 학습지가 밀렸다면 잠시 중단했다가 다시 시작한다. 자존심이 강한 부모는 아이가 제대로 하지 않아 선생님에게 아쉬운 소리를 하는 것을 부담스러워한다. 그래서 선생님한테 사정을 이야기하고 다음에 잘하겠다고 말하기보다는 밀린 분량을 하루에 다 풀게 한다. 아이와 부모 모두 힘들고 스트레스를 받지만 관리를 제대로 하지 않은 부모로 보여지기는 싫은 것이다. 자녀 교육에서는 타인의 시선에 담대해질 필요가 있다. 상황에 따라 아이가 아프거나 해야 할 일이 많아서 학습지를 밀릴 수도 있다. 그럴 때는 미리 선생님에게 이야기한다. 아이가 귀찮아해서 학습지가 밀렸다면 잠시 중단했다가 다시 시작해도 된다. 중단하고 싶지는 않다면 하루 3~4장 하던 분량을 1~2장으로 줄이는 것이 더 효율적일 수 있다.

다섯째, 일주일간 오답을 주 1회 확인해서 선생님에게 알린다. 학습지를 매일 점검하면 좋겠지만, 바쁘면 주 1회라도 점검해본다. 글씨체만 봐도 공부하기 싫은지, 시간이 없어서 대충 풀었는지 알 수 있다. 어려워하는 문제는 표시해두었다가 선생님에게 꼭 알린다. 수업을 시작하기 전에 지난주 풀었던 문제들을 살펴보고 오답까지 확인하면 그 부분은 반복해서 학습할 수 있다. 학습지의 장점은 아이가 어려워하는 문제 유형을 충분히 반복할 수 있다는 것이다.

수학 자신감 만들기

누구나 잘할 수 있는 분야에는 자신감이 있다. 자신감이란 무엇일까? 어떤 일을 해낼 수 있다거나 어떤 일이 꼭 그렇게 되리라는 것을 스스로 굳게 믿는 것이다. 초등 저학년 때는 선생님이 수학 문제 풀어볼 사람 손 들라고 하면 많은 아이들이 손을 번쩍번쩍 든다. 하지만 고학년이 될수록 수학 시간만 되면 저절로 고개가 숙여진다. 심지어 수업 시간에 엎드려 자는 아이도 있다.

우리 아이들은 어쩌다 수학에 대한 자신감을 잃게 되었을까? 반대로 수학 공부에 자신감이 생기려면 어떻게 해야 할까? 어릴 때부터 비난보다 칭찬을 들으며 자란 아이들이 공부도 잘할 확률이 높다. 그러나 수학만큼은 잘한다고 칭찬받기에는 너무도 객관적인 점수가 존재한다. 수학을 제외한 과목은 딱 떨어지는 답이 없는 것도 많지만 수학은 정답과 오답이 명확하다. 그렇다 보니 수학 문제를 많이 틀린 아이에게 "그래도 잘했어!"라는 말로 자신감을 심어주기는 어렵다.

아이들은 생각보다 스스로를 너무 잘 알고 있다. 그리고 부모님이 진심으로 칭찬할 때와 어쩔 수 없이 칭찬하는 것을 구분할 수 있다. 특히 수학 과목은 더 그러하다. 100점 받았을 때 기뻐하는 엄마 아빠의 표정과 96점 받았을 때 말로는 잘했다고 하지만 아쉬워하는 눈빛을 아이들은 기억한다. 그렇다고 해서 무조건적인 칭찬으로는 자신감을 키울 수 없다.

수학 자신감

그렇다면 수학에서 자신감은 어디서 나오는 것일까? 수학 공부에 대한 충분한 경험이 쌓여야 자신감도 생긴다. 부모님이나 선생님이 아무리 잘한다고 말한들 자신이 만족하지 못하면 공부를 못한다는 생각에서 벗어나기 힘들다. 특히 수학은 정답이 있기 때문에 제대로 이해하고 풀었는지는 자신이 잘 안다. 답은 맞혔지만 풀이 과정이 불만족스러울 때도 있고, 풀이 과정은 자신 있게 썼지만 답을 옮기는 과정에서 실수해 마음이 위축되기도 할 것이다.

물론 반드시 자신감이 있어야 공부를 잘하는 것은 아니다. 지나친 자신감은 자만이 되어 검토하는 과정을 건너뛸 때도 있다. 중요한 것은 스스로 용기를 불어넣고 칭찬하는 경험이 쌓여야 한다는 점이다. 정답을 떠나 스스로 공부한 과정과 결과에 만족을 느껴봐야 한다.

처음 레시피를 보면서 요리했을 때를 생각해보자. '오! 생각보다 괜찮은데? 생각보다 맛있는데? 생각보다 잘 만드는데?'라고 나도 모르게 혼잣말을 했을 것이다. 완성된 요리를 먹어보니 맛도 좋고 스스로도 뿌듯해 다음에는 더 잘할 수 있다는 자신감이 생긴다. 수학 공부도 마찬가지다. 새로운 도전을 해보고 스스로에게 할 수 있다고 용기를 불어넣어 줘야 한다.

처음부터 아이 스스로 하기는 어렵다. 부모가 먼저 아이에게 자신감을 불어넣어 줄 수 있는 짧은 쪽지를 포스트잇에 남겨도 좋다. "역시 우리 다영이, 수학 박사가 될 거야"라는 한마디면 충분하다. 실제로 내가 딸아이의 수학 문제집에 붙여놓은 쪽지다. 이때 초등 2학년이던 딸아이가 어려워하던 곱셈 심화 문제를 끝까지 해내고 오답까지 정리해서 자기 것으로 만들었다. 아이는 내가 적어놓은 응원의 한마디를 볼 때마다 힘이 난다고 했다.

연산이나 교과 단원평가 문제 풀이 등은 쳇바퀴 돌듯 공부하는 영역인데 기초 체력을 길러주는 것일 뿐 그것만으로는 수학을 잘할 수 없다. 때로는 쳇바퀴를 벗어나 달려봐야 한다. 그동안 쌓아온 기초 실력은 자신감을 쌓는 출발점이 된다. 기초 실력이 없으면 일단 시도조차 하지 않기 때문이다. 또한 공부를 하루에 몰아서 많이 하기보다 지속적으로 꾸준히 하면 자신감으로 이어질 수밖에 없다.

==공부에 집중하는 기분이 어떤 것인지 알고, 공부를 끝내고 자유롭게 여가 시간을 즐기는 경지에 다다르면 아이는 공부의 주도권이 자신에게 있다고 느낀다.== 공부 시간 대비 효율이 극대화되면 시간 여유도 생긴다. 오래 공부해도 성적이 안 나오는 것만큼 자신감이 떨어지는 일은 없기 때문에 자신감을 유지하는 데는 무엇보다 공부 효율이 중요하다.

자신감 있게 공부하는 방법

자신감 있게 공부하려면 어떻게 해야 할까? 우선 다른 사람의 눈치를 보면 안 된다. 자존심 강한 아이들은 자신이 모르는 것을 들키고 싶어 하지 않는 성향이 있다. 아는 것을 내세워 자신이 수학을 잘한다고 인정받고 싶어 한다. 그러나 인정받는다고 해서 자신감이 생기는 것은 아니다. 마지막 불 조절을 하지 못해 열심히 만든 요리를 태웠을 때 "조금 타긴 했지만 맛은 있네?"라고 한마디 건네면 얼마나 위안이 될지 생각해보자.

공부도 다르지 않다. 평소 아이가 모르는 문제를 물었을 때 부정적인 피드백을 많이 받았다면 선뜻 물어볼 용기가 나지 않는다. 쉬운 문제도 모를 수 있는데, '이런 문제도 모르니?' '이건 전에 배웠던 거 잖아!'라고 핀잔을 주어서는 안 된다. 모르는 것을 물어볼 때는 이미 자존심이 상해 있을지도 모르니 자신의 약점을 인정하고 묻는 모습을 칭찬해줘야 한다.

아이들은 꿈이 큰 만큼 거창한 계획을 세울 때가 많다. 작지만 실천할 수 있는 계획을 세우도록 조언하자. 지키지 못할 계획을 세우면 계속 실패하는 과정에서 자신감이 떨어진다. 의지나 결심이 필요하지 않을 정도의 작은 계획부터 시작하자. 실천 가능한 계획을 세우고 엄격하게 관리하다 보면 어느새 성공 경험이 쌓여 자신감이 생긴다.

책상 전면에 자신의 장점을 적어두면, 공부하기 싫어지거나 어려워서 포기하고 싶을 때마다 읽어보고 에너지가 충전되기도 한다. 또한 자신이 못하더라도 엄마 아빠가 자신을 사랑해주고 보듬어준다는 믿음을 가질 수 있다. 이렇게 쌓인 자신감은 자존감으로 이어져 공부하는 동안 쉽게 지치지 않는다.

자기주도 학습을 위한 집중력 기르기

 수학은 자기주도로 공부해야 잘할 수 있고, 또 자기주도로 공부하기에 가장 적합한 과목이다. 초등학생 때는 학원 주도 학습이나 엄마 주도 학습이 효과적이지만 중학생 이후부터 수학을 잘하는 아이들은 대부분 자기주도로 공부하는 경우가 많다. 그렇다고 해서 학원을 전혀 다니지 않는다거나 부모의 관여 없이 아이 혼자 공부하는 것이 아니다.
 여기에서 말하는 자기주도 학습은 자신의 수학 실력을 올리기 위해 스스로 공부하는 태도를 의미한다. 학원이나 부모님이 내준 숙제로 문제 풀이를 하는 것은 자기주도 학습이라기보다는 수학 공부의 일부이다. 숙제를 하더라도 문제를 풀고 채점한 뒤 오답 노트를 만든다거나 새로 배운 개념을 이해하기 위해 다른 책을 찾아보거나 배운 내용을 다시 복습하는 것이 자기주도 학습이다. 중요한 것은 공부에 대한 의지다. 새로 배운 내용을 익히고, 자신이 모르는 내용을 스스로 해결해나가는 과정이 자기주도의 핵심이다.

자기주도로 공부하는 데 우선적으로 필요한 것은 집중력이다. 집중력이 없으면 무엇부터 먼저 공부해야 할지 몰라 우왕좌왕하다 시간만 낭비한다. 이런 아이들은 산만해 보이기 마련이다. 책상 앞에 멍하니 앉아 있느라 실제로 공부한 시간은 절반도 되지 않는다. 이제 조금씩 집중이 되어 공부 좀 해볼까 하면 다음 일정이 기다리고 있다. 주어진 시간 안에 스스로 얼만큼 집중할 수 있는지에 따라 자기주도 학습의 질이 결정된다.

집중력, 어떻게 기를 수 있을까?

어떤 일을 시작하기까지 워밍업 시간이 필요하다. 직장인들은 출근하면 커피를 마시거나 메일을 확인하면서 본격적인 업무를 시작할 준비를 한다. 운동선수도 경기하기 전에 준비운동을 하고, 연주자들도 공연 전에 리허설을 한다. 이처럼 아이들도 공부하기 전에 워밍업이 필요하다. 특히 수학은 듣고 이해하는 수동적인 공부가 아니라 스스로 문제 풀이까지 해야 하는 능동적인 과목이다. 입력보다 출력이 더 중요한 과목은 집중하지 않으면 공부하기가 힘들다.

수학은 책상에 앉자마자 바로 공부를 시작하기 어려울 수 있다. 간단한 연산 문제는 짧은 시간 집중하면 금방 풀 수 있지만 심화 문제나 사고력 문제는 지문이 길고 난이도도 높아서 아이도 쉽게 시작하기 어렵다. 공부를 시작하기 전에 아이만의 워밍업을 할 수 있는 가벼운 활동을 해보자. 예를 들어 연필을 깎거나 필기도구를 정리하면서 오늘 공부할 내용을 상기한다. 음료를 한 모금 마시며 생각해보거나, 지난 수업에 공부했던 부분을 넘겨보며 기억을 더듬어보고, 오늘 공부할 범위를 살펴보며 어떻게 공부할지 계획을 세워보는 것이다.

워밍업 시간은 실제 공부 시간의 10% 이내로 최대한 빨리 집중할 수 있는 방법이 좋다. 아이 스스로 공부하는 습관이 잡히지 않았다면 부모가 곁에서 잠시 머물러주는 것도 도움이 된다. 아이와 오늘 공부할 부분을 확인하며 어떻게 공부할지, 오늘 공부도 힘내자는 격려 한마디가 긍정적인 워밍업 시간이 된다. 하루 1시간 수학을 공부한다고 하면 6분 정도의 워밍업 시간을 가지고 54분은 수학 공부에 집중한다면 공부 효율이 올라갈 것이다. 집중해서 공부한 경험이 쌓이면 워밍업 시간도 점차 줄어든다.

로드맵과 계획표 그리고 시간 관리

집중도를 올리고 워밍업 시간을 줄이는 데 가장 효과적인 것은 학습 로드맵과 계획표를 활용하는 것이다. 아이들은 스스로 공부하라고 하면 언제, 무엇을, 어떻게 해야 할지 모른다. 때로는 공부할 시간에 계획만 하다 시간을 허비하기도 한다. 전체적인 로드맵이 없으면 지금 하고 있는 공부가 어떤 의미가 있는지 모를 수 있다. 매일 수학 문제집을 2장씩 풀다 보면 언젠가 한 권을 끝내겠지 하는 것은 큰 착각이다.

문제집 한 권을 마무리하기가 쉽지 않다는 것을 부모들은 잘 알고 있다. 주어진 과제를 끝까지 해내는 경험이 차곡차곡 쌓여야 공부하는 재미도 생기고 집중도도 올라간다. 목표가 없으면 열심히 하려는 의지가 생기지 않는다. 오늘 하루 문제집 2장을 공부하는 것이 목표가 되어서는 안 된다. '6-1 수학 심화 2개월 완성'이라는 목표가 생기면 그에 맞춰 공부 계획을 세우고 집중해서 공부할 수 있다.

아이들이 수학을 힘들어하는 이유 중 하나는 끝이 없다고 생각하기 때문이다. 오늘 열심히 공부해도 내일 또 어려운 문제를 풀어야 하고, 그다음에 또 문제를 풀어야 하니 말이다. 학습 진도에 맞춰 목표를 정하고 계획을 세워야 한다. 지속적으로 포기하지 않고 실천할 수 있는 목표를 설정하고 하루하루 공부한 과정을 기록한다. 공부하지 못하는 날도 있을 테니 여유 있게 계획을 세우고 이를 가시화하면 자연스럽게 집중할 수 있다.

| 예시 | 6-1 수학 심화 2개월 완성 목표, 1개월 차 계획표(교재 선정 : 최고 수준)

8월	일	월	화	수	목	금	토
		1	2	3	4	5	6	7
목표		6-13p (1단원)	14-16p	17-19p	20-21p	22-23p	
실천		6-13p	14-16p	17-19p	20-21p	22-23p	
	8	9	10	11	12	13	14
목표		26-31p (2단원)	32-36p	37-41p	42-45p	46-47p	
실천		26-31p	32-36p	37-41p	X	42-45p	46-47p
	15	16	17	18	19	20	21
목표		50-55p (3단원)	56-60p	61-63p	64-66p	67-69p	
실천		50-55p	56-58p	58-61p	62-63p	64-65p	66-67p
	22	23	24	25	26	27	28
목표		70-71p	74-79p (4단원)	80-83p	84-87p	88-90p	
실천	68-69p	70-71p	74-79p	80-83p	84-87p	88-90p	
	29	30	31				
목표		91-93p	94-95p				
실천		91-95p	96-98p				

초등 고학년이 되면 시간의 중요성을 느끼기 시작하고, 시간 관리도 어느 정도 할 수 있다. 또한 스스로 관심 있는 분야를 주도적으로 공부하고 싶어 한다. 때때로 부모가 공부하라고 하는 것을 잔소리라고 생각할 수 있다. 아이 스스로 공부의 주도권을 가졌다는 기쁨을

알게 될 때 집중력이 저절로 생긴다. 이때 필요한 것이 바로 '공부 타이머'다. 학습 계획표를 만들 때는 시간과 공부 범위를 정해둔다. 하지만 아이들이 정해진 시간 동안 집중해서 공부하기는 쉽지 않다. 중간에 화장실에 가거나 물을 마시러 나가기도 한다.

공부 타이머를 이용해 스스로 공부에 집중하는 시간이 얼마나 되는지 점검해보자. 처음에는 생각보다 공부 시간이 적어 아이 스스로 깜짝 놀란다. 공부를 열심히 한다고 생각했는데, 막상 집중한 시간은 1시간도 채 되지 않는다. 수학은 매일 공부해야 한다는 인식이 필요하다. 고학년은 공부할 분량을 채우려면 얼마만큼의 시간이 필요한지 알아야 한다.

계획표를 세우더라도 어떤 날은 공부가 잘되고 시간 여유도 있다면 조금 더 진도를 나가도 좋다. 이럴 때는 하루 누적 공부 시간을 설정하고 그 시간만큼 공부하면 성취감을 느낄 수 있다. 저학년은 원하는 시간에 맞춰 알람이 울리는 '큐브 타이머'를 사용하여 짧은 시간 동안 집중해서 공부한다. 이런 작은 노력들이 쌓이다 보면 집중이 잘되는 나만의 방법을 찾을 수 있다.

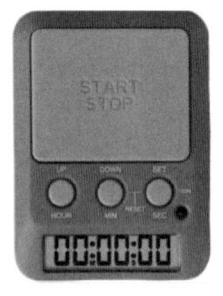 

3장

상위권으로 가는 수학 공부법

우리 아이 진짜 실력 파악하기

학교 단원평가는 현재 아이의 실력이 아니라 현재 학년의 평균 실력을 기준으로 평가한다. 수학을 잘하는 아이라면 실수를 제외하고 정답률이 높기 때문에 어느 영역이 부족한지 쉽게 판단하기 어려울 수 있다. 가정학습을 하는 경우 수학 익힘책에 제시된 것보다 심화된 문제를 풀어본다. 응용/발전 교재 수준의 문제집(예 : 《쎈 수학》,《개념+유형》, 디딤돌《초등수학 응용》 등)의 단원평가 문제 또는 성취도 평가 문제들을 풀어보면 각 학년별, 단원별로 부족한 부분이 없는지 확인할 수 있다.

학년을 앞서 수학 공부를 하다 보면 제 학년의 수학 내용에 소홀할 수 있다. 선행 진도가 수학 실력의 객관적인 지표가 될 수는 없다. 요즘은 초등학교에서 중간·기말고사를 통한 전체 학습에 대한 평가가 이루어지지 않는다. 따라서 기본, 응용, 심화의 난이도별로 문제를 풀어보고 아이의 실력을 점검해야 한다. 이러한 과정 없이 수학 진도만 나간다면, 어느 학년, 어느 영역에서 학습 결손이 있는지 찾기 어렵다. 매 단원마다 평가하는 것도 중요하지만, 한 학기 또는 한 학년의 진도를 평가해보자.

사교육 레벨 테스트만 하면 우리 아이가 수학을 못하는 것은 아닌지 불안감에 쉽게 휩싸인다. 유명 수학학원은 'ㅇㅇ고사'라고 할 정도로 들어가기조차 어려워 학원 레벨 테스트를 준비하는 작은 학원들이 있을 정도다. 경시처럼 높은 수준을 목표로 하니 심화 문제 풀이마저 어려워하는 아이들은 공부가 힘겨울 수밖에 없다. 특목고나 자사고를 목표로 하는 경우, 교과과정을 토대로 창의적인 문제 해결 능력을 기르는 공부가 더욱 도움이 된다.

입학 서류 제출 시 대회 수상 실적을 기재하지 못한다. 사교육을 조장할 수 있기 때문이라고 하지만 수상 실적이 창의적이고 융합적인 사고를 할 수 있는 인재를 선발하기 위한 절대적 기준이 될 수 없기 때문이다. 들어가기 어려운 학원을 다녀야 특목고나 자사고에 입학하는 것은 아니라는 점을 꼭 기억하길 바란다.

대형 학원의 레벨 테스트를 연 1회 정도 보면 수학 점수의 위치를 대략 판별할 수 있다. 학원 레벨 테스트의 장점은 어느 정도 학습의 긴장감을 유지할 수 있다는 점이다. 특히 가정학습을 하다 보면 학습 열의가 떨어지고 진도도 느슨해지기 쉽다. 이럴 때 시험을 보면 다른 아이들의 평균을 참고할 수 있고, 학습 긴장감이 생겨 의욕을 고취할 수 있다. 물론 실망스러운 결과가 나올 수도 있지만 기본적으로 레벨 테스트는 어렵게 나오니 현재 수준을 점검한다는 마음으로 해야 한다.

학원 레벨 테스트를 보고 나서 아이에게 화를 내거나 실망한 기색을 보인다면 아이는 테스트에 대한 두려움이 생기고 부정적인 인식이 강해지며 자존감이 떨어질 수 있다. 부모와 아이 모두 학원 레벨 테스트 결과에 연연할 필요 없다. 입시 서류에 어느 학원을 다녔다고 쓰는 것도 아니고, 그 학원을 다니는 아이들이 모두 수능 수학까지 잘 본다는 보장도 없다. 필요한 것은 우리 아이의 현재 실력 점검이라는 것을 잊지 말자. 부족한 영역을 파악해서 공부 계획에 참고하면 된다.

그렇다면 조금 더 객관적으로 아이의 실력을 들여다볼 수는 없을까? 보통 초등학교에서는 시험을 치르지 않아 아이의 수학 수준을 평가할 기회가 부족하다. 그러나 매년 학기 초에는 직전 학년의 수학 진단 평가를 실시한다. 학교 재량이라 학년별, 과목별 차이가 있고 기초학력의 부진 정도만 파악할 수 있다. 참가자가 많은 사설 학력평가를 통해 현재 아이의 실력을 구체적으로 파악해볼 필요가 있다.

추천 학력평가	사이트
HME 학력평가	https://hme.chunjae.co.kr/hme/main.asp
비상교육 수학학력평가	https://www.tesom.co.kr/
KMA 한국수학 학력평가	https://www.kma-e.com/

다음 사이트의 자료실에서 기출문제와 답안을 무료로 출력할 수 있으니 가정에서 시험 시간을 정해두고 문제 풀이를 해보는 것도 분석 결과는 없지만 좋은 대안이 된다. 어떤 문제들이 오답인지 확인해보면 아이가 어려워하는 영역과 난이도, 해당 학년의 심화 문제까지 풀어낼 수 있는지 알 수 있다. 선행을 하는 경우 해당 학년의 교과과정을 충분히 이해했는지 평가하지 않고 다음 진도로 넘어가기 쉽다. 각 학년의 진도를 넘어설 때마다 기출문제를 풀어보고 정답률이 90% 가까이 나온다면 다음 진도를 나가도 된다. 단, 오답이 나온 영역은 반드시 확인이 필요하다.

현행 심화를 잘하고 있다면 대부분의 학력평가에서 좋은 점수를 받을 수 있다. 그렇기 때문에 부족한 영역을 확인하는 차원에서 풀어봐도 좋다. 일정 점수를 넘으면 시상을 해서 아이들에게 자신감을 심어준다.

수학 학습 정보는 넘치는데 부모는 사교육이나 문제집에만 의존하는 경우가 상당히 많다. 가정학습을 할 때, 사교육을 하면서 보조 학습이 필요할 때, 교과과정의 예습과 복습이 필요할 때, 교육부나

비영리단체에서 만든 사이트도 적극 활용해보자. 양질의 콘텐츠가 많아 잘 이용하면 아이 학습에 도움이 된다. 특히 부모가 개념을 설명하기 어려울 때 이용해도 좋지만, 아이가 얼마나 이해했는지 평가하는 데도 활용한다.

수학 학습 콘텐츠	특징	사이트
EBS 초등	AI 추천 학습 안에 있는 진단평가 후 오답을 분석할 수 있다.	https://primary.ebs.co.kr/main/primary
에듀넷 T 클리어	짜잔수학은 학년별 단원별 AI로 만드는 수학 평가 문항 서비스를 제공한다.	http://aig.edunet.net/
E-학습터	자율학습 안에 자율평가지를 보면, 학년과 단원에 따라 난이도와 문항 수를 설정하여 현재 공부하는 진도의 학습 평가가 가능하다.	https://cls12.edunet.net/cyber/ss/scaa/psca000a00.do
기초학력향상지원 사이트 꾸꾸	교과과정을 토대로 한 영역별 진단평가가 가능하며 기초 학습 콘텐츠가 탄탄하다.	http://www.basics.re.kr/main.do
칸 아카데미	비영리단체에서 운영하는 글로벌 온라인 무료 사이트. 양질의 기초 학습 동영상을 제공하고 교과 단원별 평가가 가능하다.	https://ko.khanacademy.org/

요즘은 대부분 온라인 학습이 난이도를 선택할 수 있는 진단평가를 기준으로 제공된다. 문제집이나 학습지 홈페이지에서 제공하는 수학 진단평가도 AI를 기반으로 각 학년별 수학 역량을 평가하는 문항으로 구성되어 있다. 앞으로 공부해야 할 교재를 선택하거나 온라

인 학습을 이용하고자 할 때 도움이 된다.

진단평가 가능한 대표적인 출판사 및 온라인 학습	사이트
디딤돌 교육 : 온라인 진단평가	https://www.didimdol.co.kr/
천재교육 - 단원 성취도, 온라인 성취도 평가	https://book.chunjae.co.kr/
수박씨닷컴	https://www.soobakc.com/index.asp
엠베스트	http://www.mbest.co.kr/
아이스크림 홈런	https://www.home-learn.co.k
엘리하이	http://junior.mbest.co.kr/
와이즈캠프	http://www.wisecamp.com/
밀크티	http://www.milkt.co.kr/
웅진 스마트올	https://smartall.wjthinkbig.com/

모든 평가를 할 필요는 없다. 그러나 적어도 한 학년의 교과과정이 마무리되는 시점과 한 학년 또는 한 학기의 선행이 심화까지 끝났을 때 학력평가 수준의 문제를 풀어서 부족한 영역을 보완하고 다음 진도를 공부하면 학습 결손을 줄일 수 있다.

꿈이 있는 아이
포기하지 않는 아이

아이들은 정작 수학 공부가 왜 필요한지 모른 채 수학 문제집을 풀고 있다. 공부를 잘해야 나중에 성인이 되어 원하는 일을 할 수 있다는 것쯤은 초등학생들도 알고 있다. 특히 부모님과 선생님은 수학을 잘하면 좋은 대학에 들어갈 수 있다고 이야기한다. 그러나 수학이 아이의 꿈을 이루는 데 구체적으로 어떤 도움을 주는지 말해주기는 쉽지 않다. 대학은 적성으로 가는 것이 아니라 성적으로 가는 것이니 일단 공부를 잘하는 것이 중요하다고 말한다. 공부를 잘하면 선택의 폭이 넓으니 이왕이면 여러 과목 중에 가장 어려운 수학을 잘하기를 바라는 것이다.

아이들에게 꿈이 뭐냐고 물어본 적이 있는가? "꿈이 없는데요" 또는 "꿈이 있지만 이루어지지 않을 것 같아서 말하지 않을래요"라고 말하는 아이도 있다. 보통 어른이 되어 하고 싶은 일을 꿈이라고 생각하는 경우가 많다. 아이는 자신의 역량을 훨씬 뛰어넘는 직업을 원할 경우에 선뜻 이야기하지 못한다. 부모 세대가 어릴 때는 꿈이 뭐냐고 물어보면 자신 있게 '대통령'이라고 말하는 아이들이 얼마나 많았던가. 요즘 아이들은 현실적이고 객관적인 경향이 강해서 꿈도 한계를 지어버린다. 그래도 꿈이 없거나 말은 안 하는 것보다 뭐라도 하나쯤 자신 있게 말하는 아이는 공부를 포기하지 않을 가능성이 크다. 그 꿈을 이루는 데 공부가 크게 도움이 되지 않는다고 하더라도 꿈이 있으면 동기부여가 되기 때문이다.

초등학생의 진로 중 급부상하고 있는 유튜버를 예로 들어보자. 먹방 유튜버가 되고 싶다고 하는 아이는 수학 공부가 어떤 도움이 될지 알 수 없다. 지금은 먹방 유튜버를 하고 싶지만 성장하면서 많은 지식과 경험이 쌓이다 보면 새로운 분야를 알게 되고 보는 시야도 넓어진다. 꿈은 수시로 바뀔 수 있다. 부모는 이따금 아이에게 꿈이 뭐냐고 묻는다. 그리고 먹방 유튜버를 꿈꾸는 아이의 생각이 바뀌어 공부로 귀결되길 바란다. 공부를 열심히, 그것도 수학을 잘해서 좋은 대학에 합격해 소위 전문직을 갖거나 적어도 취직이 잘되기를 바라는 것이다. 아이의 꿈이 공부와 관계없어 보여도 아이가 어떤 과목을 좋아하는지 물어보자. 꼭 수학이 아니더라도 좋아하는 과목에 호기심을 가지고 공부 경험을 쌓으면 다른 과목을 공부할 때도 비슷한 방법을 적용할 수 있다. 좋아하는 과목은 누가 시키지 않아도 스스로 열심히 하기 때문에 자기 효능감을 높이기 쉽다.

좋아하는 과목을 수학과 접목해보자. 먹방 유튜버가 꿈인 아이가 실과를 좋아한다고 하면 학교에서 배운 내용을 정리하고 수학 과목에 적용해보면 비슷한 점을 쉽게 찾을 수 있다. 용어와 표현하는 방법이 다를 뿐 실과 시간에 배우는 요리 과정과 수학 문제를 해결하는 과정은 공통점이 많다.

나의 꿈은 먹방 유튜버

실과	수학
☐ 음식 조리 과정의 개념과 이해	☐ 분수의 개념과 이해
☐ 조리 계획 세우고, 재료 준비	☐ 문제 해결을 위한 조건 찾아 식 세우기
☐ 순서에 따라 식품 조리하기	☐ 순서에 따라 문제 풀이
☐ 뒷정리하기	☐ 검산하기
☐ 맛과 조리 과정에 대한 평가	☐ 채점과 오답 확인

실과는 일상생활에 필요한 의식주와 직업에 대한 기초 지식과 기능을 가르치는 과목이다. 기능과 기술이 우리 생활에 미치는 영향을 파악하고, 우리 삶의 본질을 이해함으로써 미래의 생활에 도움이 되

는 것이 목적이다. 수학은 개념, 원리, 법칙을 토대로 논리적으로 사고하여 문제를 해결하는 능력을 기르는 과목이다.

==실과뿐만 아니라 어느 과목이든 수학의 지식과 기능을 활용하여 문제를 창의적으로 해결하고 합리적인 결과를 도출하는 데 도움이 된다.== 지식과 기능의 활용이 중요하다는 공통점은 아이에게 수학 공부의 필요성을 구체적으로 설명할 수 있는 근거가 된다. 부모는 이를 토대로 수학 공부가 아이 진로에 어떻게 도움이 되는지 아이와 이야기를 나누는 시간을 가져본다. 비록 아이가 꿈을 이루는 데 수학이 꼭 필요하지 않아도 수학 과목이 주는 이점, 자신이 좋아하는 과목을 공부하는 과정과 크게 다르지 않다는 점을 인지하면 수학도 한번 공부해볼까 하는 도전 의식이 생길 수 있다. 이것이 자신감으로 이어져 수학에 가까워지고 공부 경험이 쌓이면 절대 수학을 포기하지 않게 된다. 오히려 수학을 잘하면 자신의 꿈을 이루는 데 도움이 될 것이라는 기대심에 조금 더 열심히 노력한다.

수학은 꿈을 이루어주는 선순환 역할을 한다. 의사나 판사가 되려면 수학 공부를 열심히 해야 한다는 것을 아이 스스로 당연하게 받아들인다. 수학 학습을 통해 여러 문제 상황들의 본질을 해석하고, 논리적, 창의적으로 문제를 해결하는 능력을 기를 수 있다고 생각한다. 이는 자연과학과 의학뿐만 아니라 인문학 분야에도 적용되어 융합 인재로 성장하는 데 도움이 된다. 그렇기 때문에 꿈이 있는 아이는 수학을 포기하지 않는다.

연산이 무너지면
수학이 무너진다

초등 수학의 절반 이상을 차지하는 것이 수/연산 영역이다. 초등 수학 교과과정을 학년별로 살펴보면 연산 영역은 다음과 같이(175쪽 참고) 전체 단원에서 거의 절반을 차지한다. 다른 단원들도 연산을 해야 답을 구할 수 있기 때문에 초등 수학에서는 연산이 전부라고 할 정도로 중요한 영역이다.

| 초등 수학 교과과정 |

	1-1	1-2	2-1	2-2	3-1	3-2
1	9까지의 수	100까지의 수	네 자릿수	네 자릿수	덧셈과 뺄셈	곱셈
2	여러 가지 모양	여러 가지 모양	여러 가지 도형	곱셈구구 (구구단)	평면도형	나눗셈
3	덧셈과 뺄셈	덧셈과 뺄셈	덧셈과 뺄셈	길이 재기	나눗셈	원
4	비교하기	시계 보기	길이 재기	시각과 시간	곱셈	분수
5	50까지의 수	덧셈과 뺄셈2	분류하기	표와 그래프	길이와 시간	들이와 무게
6			곱셈	규칙 찾기	분수와 소수	자료의 정리

	4-1	4-2	5-1	5-2	6-1	6-2
1	큰 수	분수의 덧셈과 뺄셈	자연수의 혼합계산	수의 범위와 어림하기	분수의 나눗셈	분수의 나눗셈
2	각도	삼각형	약수와 배수	분수의 곱셈	각기둥과 각뿔	소수의 나눗셈
3	곱셈과 나눗셈	소수의 덧셈과 뺄셈	규칙과 대응	합동과 대칭	소수의 나눗셈	공간과 입체
4	평면도형의 이동	사각형	약분과 통분	소수의 곱셈	비와 비율	비례식과 비례배분
5	막대 그래프	꺾은선 그래프	분수의 덧셈과 뺄셈	직육면체	여러 가지 그래프	원의 넓이
6	규칙 찾기	다각형	다각형의 둘레와 넓이	평균과 가능성	직육면체의 부피와 겉넓이	원기둥, 원뿔, 구

 교과과정을 보면 '수/연산' 영역과 '도형/측정' 영역이 번갈아 구성되어 있다. 물론 연산 영역 이외의 단원에서도 계산 문제가 나오지만, 초등 저학년은 개념 중심 학습이라 도형을 공부할 때는 연산을 할 기회가 거의 없다. 3학년 1학기에 분수와 소수 개념이 등장하지

만, 3학년 2학기에는 분수만 나오고, 4학년 1학기에는 분수와 소수를 배우지 않고, 4학년 2학기가 되어서야 분수와 소수의 덧셈과 뺄셈이 나온다.

수학 포기자가 초등 3학년 분수에서 판가름 난다는 기사가 나올 정도로 분수와 소수를 어려워하는 아이들이 많다. 분명 3학년 2학기에 진분수, 가분수, 대분수를 배웠는데, 거의 1년 뒤인 4학년 2학기에 분수의 연산을 하려면 이전에 배웠던 내용이 생각나지 않아 개념부터 다시 공부해야 한다. 중학생이 되어도 초등에서 배운 연산이 능숙하지 못하면 아무리 공부해도 잦은 실수로 인해 수학에 부정적인 감정이 생길 수 있다.

==연산 공부를 효과적으로 하기 위해서는 각 단원을 연결해야 이전에 배웠던 개념을 기억하고 확장하기 수월하다.== 자기 학년의 교과과정 커리큘럼을 중심으로 무학년제로 공부해보면 연산 문제는 쉽게 해결된다. 학교 수업 시간에 나가는 진도와는 별개로 자기 실력에 맞게 연산을 공부하는 것이다.

교구 활동이나 수학 동화를 활용해도 좋지만 시간적으로 제약이 많고, 꾸준히 해야 하므로 연산 교재로 문제 풀이를 하면 된다. 지속적으로 하면 수학적 감각도 기를뿐더러 계산력이 좋아졌다는 것을 아이 스스로 느낄 수 있다. 이때 스몰스텝으로 구성된 교재를 선택해서 수준 맞춤형으로 과정별 학습을 한다. 단, 교과과정의 순서를 따르지 않고 자체 커리큘럼으로 만든 경우는 선택한 교재를 꾸준히 이어서 진행하면 된다.

또한 교과과정을 참고로 학교 진도보다 조금 앞서 공부하면 예습 효과도 얻을 수 있다. 연산은 현행을 하든 선행을 하든 자신의 진도보다 한 학기 정도 앞서서 공부하면 수학 공부가 수월해진다. 연산이 발목을 잡으면 아무리 수학적 문제 해결력이 뛰어나다고 해도 문제 풀이에 시간이 많이 걸리고 잦은 실수로 오답을 내는 경우가 많다.

《소마셈》,《원리셈》,《기탄수학》,《빨강연산》이 원리와 과정 중심으로 구성되어 있어 첫 교재로 활용하기 좋다. 실수가 잦아 연습이 필요한 경우에는《기적의 계산법》,《메가 계산력》등의 문제집으로 다양한 유형을 많이 풀어본다. 사고력을 요하는 문제도 함께 풀어보고 싶다면《상위권 연산 960》,《사고셈》등이 도움이 된다. 하지만 교과과정과는 차이가 있어 중심 교재보다는 보조 교재로 활용하는 것이 좋다. 또한 아이의 연산 공부 관리가 어려운 부모는 구몬, 눈높이, 재능교육, 웅진 등의 학습지를 이용해도 좋다. 단, 학습지가 밀리거나 채점 관리가 잘 이루어지지 않으면 효과를 보기 어렵다.

중학 수학은 초등 수학의 연장선상으로 각 학년 1학기 때 배우는 대수 영역은 초등 연산이 토대가 된다. 초등 연산이 탄탄하면 어려운 중학 수학의 빈틈도 쉽게 메울 수 있다.

3학년 2학기 1단원에 나오는 (몇)×(몇십몇)을 구하는 문제를 예로 들어보자.

이를 닦을 때 물을 잠그면 한 사람이 물 9컵을 아낄 수 있습니다. 도영이네 반 학생들이 모두 물을 잠그고 이를 닦으면 물을 얼마나 아낄 수 있는지 알아봅시다. 도영이네 반은 23명입니다.

교과서에는 모눈종이를 이용하여 모눈의 수로 곱하고 더하는 방법으로 곱셈의 원리를 가르친다. 20명이 아낄 수 있는 물은 9×20=180컵, 3명이 아낄 수 있는 물은 9×3=27컵, 23명이 아낄 수 있는 물은 9×23=207컵이다.

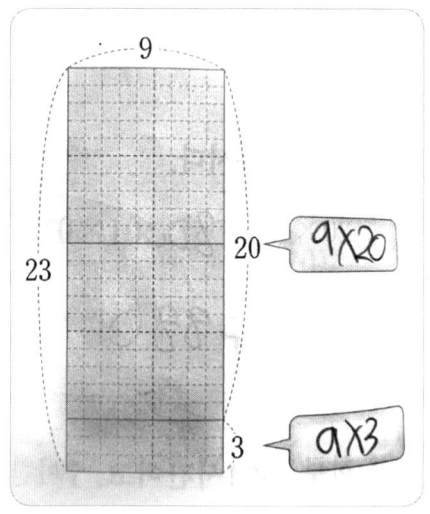

이는 중등 수학에서 배우는 곱셈의 분배 법칙 a×(b+c)=a×b+a×c 을 통해 9×(20+3)= 9×20+9×3으로 연결된다. 초등 과정부터 교과 중심의 개념 학습을 철저히 공부하는 습관은 자연스럽게 중등 수학으

로 이어진다. 모눈종이로 곱셈식을 만들어보는 경험을 하지 못했다면, 분배 법칙의 원리를 이해하지 못하고 그저 공식만 외워서 식에 대입하는 정도에 그칠 수 있다. 굳이 복잡하게 원리로 풀지 않아도 문제가 쉽게 풀리기 때문에 생각하려고 하지 않는다.

공식에 대입할 수 있는 문제는 기초 수준이기 때문에 심화 문제를 풀 때는 반드시 원리를 알아야 한다. 또한 원리를 알면 실수를 줄일 수 있다. 아무리 초등 연산이라도 교과서를 통해 기본 개념은 반드시 숙지하고 연산 교재를 활용해야 상위 개념을 공부할 때 도움이 된다.

교과서는 연산을 해결하는 한 가지 방법을 알려주는 것이 아니라 다각도로 생각할 수 있는 원리를 중심으로 설명되어 있다. 그저 기계적인 계산만 하는 공부는 의미 없다. 교과 내용을 바탕으로 구분된 교재는 대표적으로 《수력충전》, 《쎈 연산》, 《연산의 발견》, 《하루 한 장 쏙셈》, 《초능력 수학 연산》, 《빅터연산》 등이 있다.

==아이의 실력과 각 가정의 상황에 맞춰 하루 5~15분 정도 꾸준히 연산 공부를 해보자.== 얼마나 문제를 많이 풀었는지보다 얼마나 지속적으로 공부했는지가 더 중요한 것이 연산이다. 수학적 감각을 기르기 좋은 방법이고, 짧은 시간이지만 집중해서 공부하는 연습도 된다. 공든 탑도 무너진다고 하지만 연산 능력이 탄탄하면 적어도 수학을 포기하는 일은 없을 것이다.

개념 잡는
수학 공부법

 아이들도 국어, 영어, 사회, 과학 등을 공부할 때 개념이 중요하다는 것쯤은 알고 있다. 그래서 교과서 주요 내용에 밑줄을 긋고 보충 설명을 필기하거나 노트에 요점 정리를 한다. 하지만 수학은 개념을 따로 정리하는 아이들이 많지 않다. 교과서나 문제집의 개념을 눈으로 쓱 훑어보고는 바로 예제를 풀어보고 정답이면 다음 내용으로 넘어간다. 이렇게 공부하다 보면 개념을 다 아는 것 같은 착각이 든다.

 눈으로 하는 공부와 손으로 하는 공부는 차이가 크다. 눈으로 하는 공부는 입력 과정이라고 할 수 있다. 입력된 내용을 이해했는지 확인하려면 인출을 해봐야 한다. 물론 개념을 활용해서 예제를 푸는 것이므로 정답을 맞히면 개념을 아는 것이라고 할 수 있다. 하지만 방금 본 개념을 바로 적용하기는 쉬워도 시간이 지나서 다시 그 예제를 풀어보라고 하면 잘 풀지 못하는 경우도 많다. 배웠는데 잊어버렸다고 하면 그나마 다행이다. 생전 처음 보는 문제인 듯 쳐다보는 아이도 있다.

개념을 확실히 아는지 모르는지 확인하는 데는 '백지 테스트'만큼 좋은 것이 없다고 말하는 전문가들이 많다. '백지 테스트'는 빈 A4용지나 노트에 개념을 적어보는 것이다. 보통 중고등학생들이 내신을 준비할 때, 시험 범위에 속하는 단원의 핵심 내용을 공부하고 정리할 때 주로 사용한다. 이를 수학에도 적용할 필요가 있다고 하는데, 초등 수학에서는 '백지 테스트'를 적용할 수 있는 영역이 한정적이다.

사회나 과학은 초등 과정도 정리해야 할 내용이 많아 '백지 테스트'가 도움이 된다. 하지만 초등 수학에서는 기껏해야 개념의 정의나 공식을 써보는 것밖에 없다. 중등 수학부터는 도형이나 공식, 증명을 잘 이해했는지 확인하는 방법으로 '백지 테스트'가 도움이 된다. 그렇다면 초등 수학에서 개념 공부는 어떻게 해야 하며, 개념을 잘 이해했는지 어떻게 확인할 수 있을까?

수학일기 활용

수학일기를 쓰거나 3학년 이상부터 개념 노트를 활용한다. 수학일기는 배운 개념을 확인하는 것이고, 개념 노트는 처음 개념 학습을 할 때부터 오답 정리를 할 때까지 필요하다. 수학일기는 초등 전 학년이 이용해도 좋다. 자신이 공부한 내용을 적어보거나 관련된 수학적 활동과 책을 읽고 개념을 정리해도 좋다.

보통 초등 저학년은 배운 개념을 활용하여 문제를 직접 만들고 해결하는 과정을 서술하기도 한다. 수학일기를 쓰면 개념 원리뿐 아니라 수학 지식에 대한 이해력이 높아지고, 스스로 문제를 해결하고 정리하는 과정에서 수학에 대한 긍정적인 마음이 생긴다. 수업에 대한 집중도가 높아지는 것은 덤이다. 《선생님이 알려주는 신개념 창의 사고력 스타트 수학일기》(김남준, 국민출판사)에는 다양한 수학일기의 예시가 있다.

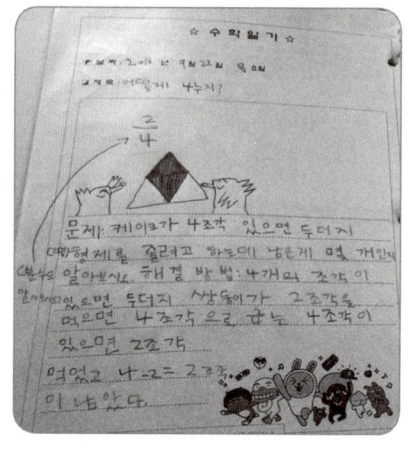

초등 수학에서 배우는 개념은 초등 과정에서만 자세히 설명되어 있기 때문에 제대로 하지 않으면 중등 수학에서 개념의 오류로 인한 실수를 할 수밖에 없다. 초등 수학의 개념 노트를 단권화(한 학기 또는 한 학년을 노트 한 권에 정리하는 방법)하면 중등 수학에서 필요한 기초 개념을 초등 수학 노트

에서 쉽게 찾을 수 있다.

개념 학습은 교과서 중심으로 해야 한다. 스스로 학습하기에는 부연 설명이 부족하다는 이유로 문제집 중심으로 공부하면 교과서에서 알려주는 개념을 활용하는 과정이 생략될 수 있다. ==교과서는 가장 먼저 공부해야 할 교재다.== 선행을 하는 경우에는 기본/개념 문제집에 앞서 교과서부터 전체적으로 한 번 훑어보고 시작하자. 기본 과정만 넘어서면 응용 과정부터는 공부에 가속도가 붙는다. 시간이 걸리더라도 처음 배우는 단원에 다음의 방법을 도입하면 개념을 확실하게 자기 것으로 만들 수 있다.

개념 노트 활용

교과서는 개념 활용에 대한 설명이 자세히 나와 있고, 기본/개념 난이도의 문제집은 이것을 한눈에 정리해준다. 심화 문제집은 상위 수준으로 연계되는 개념의 확장이 간결하게 요약되어 있다. 그만큼 개념은 수학에서 기초공사에 해당하므로 어떤 난이도의 문제집이든 개념 설명과 예제가 포함되어 있다.

현행 진도로 공부하더라도 기본/개념 문제집 한 권 정도는 앞서 공부하는 경우가 많다. 개념 노트는 이 과정부터 작성하는 것이 효과적이다. 방학에 다음 학기 내용을 예습할 때 활용하면 시간적인 여유가 있어서 조금 더 꼼꼼하게 볼 수 있다. 또한 공부한 내용을 이어서

| 현행 진도로 공부하는 아이의 개념 노트 활용 시기 |

	겨울방학	4-1	여름방학	4-2
현행 진도	4-1 기본/개념	4-1 응용	4-1 심화 4-2 기본/개념	4-2 응용
개념 노트	4-1 개념 노트 작성	4-1 추가 개념 정리 및 활용	4-1 개념 활용 오답 정리 4-2 개념 노트 작성	4-2 추가 개념 정리 및 활용

공부하기 때문에 수학에 대한 자신감이 붙는다.

선행을 하는 아이는 학습 진도에 따라 새로운 학기에 들어가기 전에 기본/개념 문제집과 함께 개념 노트를 작성한다. 추후 현행 진도를 공부할 때도 이 노트를 기반으로 하면 자기 학년에서 개념 부족으로 실수하지 않을 것이다. 개념을 확인하는 문제에서 오답 유형도 함께 정리한다.

개념 노트를 정리하고 활용하는 방법에 대해 알아보자. 보편적으로 코넬식 노트 필기법을 많이 쓰지만 반드시 사용해야 하는 것은 아니다. 줄이 있는 노트를 목적에 따라 구역별로 나눠서 보기 편하고

| 선행 진도로 공부하는 아이의 개념 노트 활용 시기 |

	겨울방학	4-1	여름방학	4-2
선행 진도	6-1 기본/개념	6-1 응용, 심화	6-2 기본/개념	6-2 응용, 심화
개념 노트	6-1 개념 노트 작성	4-1 개념 활용 오답 정리 6-1 추가 개념 정리 및 활용	6-2 개념 노트 작성	4-2 개념 활용 오답 정리 6-2 추가 개념 정리 및 활용

기억하기 쉽게 쓰면 된다. 기본적으로 개념 노트는 한 면에만 쓰고, 다른 한 면(뒷면)은 추가할 내용이나 중요한 오답을 정리한다.

개념 잡는 수학 공부를 위한 노트 작성 방법에 정답은 없다. 하지만 다음과 같은 방법으로 쓰다 보면 개념 정리가 잘되고, 중요한 키워드 중심으로 복습할 수 있어서 효율적이다. 첫째, 단원명과 주제에 따른 키워드를 순차적으로 정리한다. 둘째, 교과서에 나오는 정의를 쓰고 어떻게 활용하는지 예시를 제시한다. 셋째, 추가로 필요한 개념이 있다면 수학 동화나 수학 사전을 찾아서 정리한다. 넷째, 자신이 이해한 내용을 바탕으로 키워드나 기호로 정리한다. 다섯째, 개념을 활용한 문제를 풀어본다. 틀린 문제 유형이 반복되거나 중요한 문제라고 판단되는 것은 뒷면에 적어둔다.

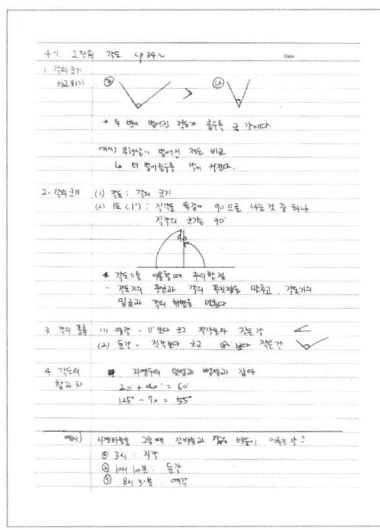
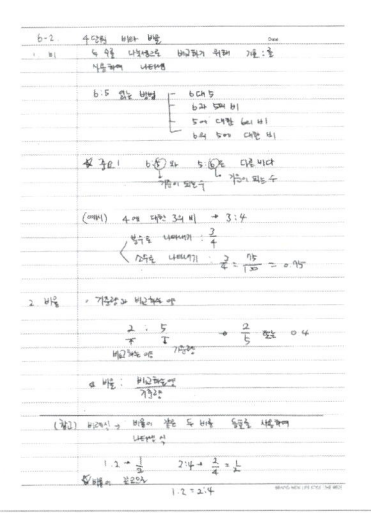

개념 노트를 정리해두었다고 해서 개념 학습이 철저하다고 볼 수는 없다. 기본/개념 문제집의 기초 문제들을 풀어서 개념을 잘 이해했는지 확인하는 과정이 반드시 필요하다.

수학 점수를 좌우하는
문제 해결 방법 알아보기

    수학 점수가 상위권인지 아닌지 초등학생 때는 정확하게 가늠하기 어렵다. 하지만 아이 스스로 수학을 잘한다고 생각하면 상위권일 확률이 높다. 어떤 아이들은 경시대회에서 수상할 정도의 실력인데도 수학을 잘하냐고 물어보면 잘 못한다고 대답한다. 그중에는 다양한 문제 유형을 풀이 방법까지 외울 정도로 공부한 경우도 꽤 많다. 하지만 새로운 유형의 문제를 보면 자신감이 떨어져서 충분히 풀 수 있는데도 잘하지 못한다고 생각하는 것이다.

주어진 과제를 성실하게 해내는 아이들이 내신 성적은 좋지만 수능이나 기타 수학 시험에서 자신의 실력에 비해 점수가 잘 안 나오면 안타까울 수밖에 없다. 수학도 암기가 필요한 과목이지만 그 많은 문제 유형을 아이가 모두 외울 수 있을까? 아주 뛰어난 아이들을 제외하고 대부분의 아이들에게 필요한 것은 바로 문제 해결 능력이다.

초등 아이들이 가장 어려워하는 수학 문제는 사고력이 필요한 긴 문장제 문제이다. 이런 문제는 이해하지 못해서 틀리는 것이지 계산 실수로 틀리는 경우는 거의 없다. 곱하기를 더하기로 계산할 때도 있지만 고난이도 문제들은 아이들도 공들여 풀이를 하기 때문에 해답을 찾았다면 마지막 계산까지 집중한다. 수학 점수가 잘 나오려면 쉬운 문제에서 실수가 없어야겠지만, 궁극적으로 어려운 문제도 잘 해결할 수 있어야 한다.

우리 아이는 열심히 공부하는데 시험을 보면 성적이 잘 안 나온다고 걱정하는 부모도 많다. 무작정 문제만 많이 풀어본다고 해서 수학을 잘하는 것은 아니다. 이런 경우 2가지를 점검해봐야 한다.

==첫째, 현재 공부하고 있는 문제집의 문장이 아이가 평소에 읽고 있는 책보다 어려운지 확인한다.== 문제가 어떤 의미인지 파악하기 어렵다면 문장을 충분히 이해하지 못한 것일 확률이 높다.

==둘째, 문제 풀이에 필요한 수학 개념을 적절하게 사용하고 있는지 확인한다.== 문제에서 요구하는 것을 파악하더라도 개념이 부족하면 풀이의 가장 기초 단계부터 엉뚱한 방향으로 전개될 수 있다.

수학 교육에 한 획을 그은 수학자 폴리아(Polya, 1962)의 문제 해결 이론을 통해 수학 문제에 접근한다면 아이도 모르게 논리적 사고력이 길러지고 수학 공부에 대한 태도가 변화할 것이다. 수학 점수가 오르는 것은 시간문제다. 위의 2가지 사항에 문제없다면 수학 공부, 즉 문제 해결을 위한 효과적인 학습 과정을 아이에게 알려준다. 부모는 적절한 발문을 통해 아이가 스스로 생각할 때까지 기다려주자. 처음에는 부모의 도움이 필요하지만 경험이 쌓이면 스스로 문제를 해결할 힘이 생긴다. 폴리아는 4단계로 문제 해결 이론을 제시했다.

초등 고학년은 폴리아라는 수학자에 대한 수학 동화를 함께 본다면 문제 해결 이론에 대해 큰 어려움 없이 이해하고 적용하기 쉬울 것이다. 《폴리아가 들려주는 문제 해결 전략 이야기》(신준식, 자음과모음)를 참고하자. 난이도가 있어 초등 저학년에게는 이해하기 어려울 수 있고 고학년이라 하더라도 수학 공부를 많이 해보지 않았다면 부모가 아이와 함께 폴리아의 4단계를 이용해 문제를 풀어보자. 실제로 수학 공부를 할 때 문제 해결 방법을 적용할 수 있다.

단계	내용	효과적인 발문
1. 문제 이해	문제를 이해하고, 분석하는 단계	미지인 것은 무엇인가? 주어진 것은 무엇인가? 조건은 무엇인가? 조건은 만족될 수 있는가? 조건은 미지의 것을 결정하기에 충분한가, 불충분한가, 과다한가? 그림을 그려본다. 적절한 기호를 붙여본다. 조건을 여러 부분으로 분해해본다.
2. 해결 계획	문제 해결의 전략을 찾는 풀이 계획 단계	이와 유사한 문제를 본 적이 있는가? 관련된 문제를 알고 있는가? 도움이 될 만한 사실이나 정리를 알고 있는가? 미지인 것을 잘 살펴본다. 친숙한 문제 중에 미지인 것이 같거나 유사한 문제를 생각해본다. 문제를 달리 진술할 수 있을까? 좀 더 다르게 진술할 수 있을까? 정의로 되돌아가 보자. 이 용어의 정의가 무엇인가? 보다 쉬운 관련된 문제를 생각해낼 수 있는가? 문제를 보다 일반적인 형태로 변형할 수 있는가? 문제를 보다 특수한 문제로 변형할 수 있는가? 문제를 부분적으로 풀 수 있는가?
3. 계획 실행	문제 풀이, 계산하는 과정	풀이의 각 단계를 조심스럽게 실행한다. 각 단계가 올바른지 명확히 알 수 있는가? 그것이 옳다는 것을 설명할 수 있는가?
4. 반성	스스로 점검하는 단계	결과를 점검할 수 있는가? 풀이 과정을 점검할 수 있는가? 결과를 다른 방법으로 이끌어낼 수 있는가? 결과나 방법을 어떤 다른 문제에 활용할 수 있는가?

폴리아의 4단계
참고 : 《수학교육신론 1, 2》(황혜정 외, 문음사)

| 예시 |

서우와 친구들은 가로와 세로가 각각 자연수이고, 넓이가 36㎠인 직사각형을 그리려고 합니다. 그릴 수 있는 직사각형 중 둘레가 가장 길 때의 둘레는 몇 ㎝입니까?

| 풀이 |

1) 문제 이해

- 주어진 것 : 직사각형의 가로와 세로는 각각 자연수다.

  직사각형의 넓이는 36㎠

- 미지의 것 및 구하려는 것 : 그릴 수 있는 직사각형 중 둘레가 가장 길 때의 둘레

2) 해결 계획

- 필요한 개념 : 직사각형의 둘레 = {(가로)+(세로)}×2
- 구하려고 하는 것에 대한 분석 : 가로와 세로가 될 수 있는 길이는 36의 약수다.
- 풀이 계획 : 표를 만들어 둘레가 가장 긴 직사각형 둘레를 구한다.

3) 계획 실행

- 36의 약수 : 1, 2, 3, 4, 6, 9, 12, 18, 36

• 표를 그려 해결하기

가로(cm)	1	2	3	4	6
세로(cm)	36	18	12	9	6
둘레(cm)	74	40	30	26	24

• 표에서 가장 길 때의 둘레 : 74㎝

4) 반성

• 문제 풀이가 바르게 되었는지 점검한다.

이와 같은 과정을 통해 문제 해결을 위한 수학 공부를 한다면 응용문제도 충분히 풀 수 있다. 이렇게 풀이하면 개념 정리와 함께 각 개념들을 논리적으로 연결하는 힘이 길러진다.

무리한 수학 선행이 아닌 유리한 수학 선행을 하자

　수학을 공부할 때 학교 진도보다 한 학기의 개념을 미리 공부하는 것을 예습이라 하고, 한 학기의 심화 수준 이상을 앞서 공부하는 것을 선행이라고 한다. 1년 선행부터 5년 선행까지 다년간 상담을 통해 다양한 아이들을 경험해본 결과 1~2학년 때 3년 이상 선행을 해도 어려움이 없는 아이들은 대부분 영재 범위에 속하기 때문에 이미 고등 교과 심화 과정을 마스터하기도 한다. 물론 이 아이들이 영재고나 과학고에 진학하더라도 대입에서는 어떤 결과를 보여줄지는 미지수다.

수학에 뛰어난 아이들을 제외하고 대다수 아이들을 기준으로 선행에 대해 이야기하고자 한다. 공부 잘하는 아이들의 부모들은 자녀가 수학 영재이면 좋겠다고 이야기한다. 나 역시 딸 넷 중 한 명이라도 수학을 뛰어나게 잘했으면 하는 소망이 있었다. 하지만 겉으로 드러내지 않고 마음속으로 간직할 뿐이다. 그만큼 욕심을 버려야 한다는 것이다.

수학 선행에 앞서 기억해야 할 것

다음 2가지만 기억하면 최소 무리한 선행은 하지 않을 수 있다.

첫째, 우리 아이는 영재가 아니라고 생각한다. 부모는 우리 아이가 영재라고 믿으면 아이의 모든 행동에서 영재성을 관찰할 수 있다. 물론 아이는 충분한 잠재력이 있고 믿는 만큼 자란다고 하지만 양육 방식을 학습 방식에 적용하면 감정이 실려서 이성적 사고를 하기 어렵다. 특히 공부하는 아이를 바라보는 부모의 시선은 절대 객관적일 수 없다. 항상 잘할 것이라는 기대감이 있기 때문이다.

하지만 수학만큼은 조금 떨어져서 우리 아이를 이웃집 아이처럼 생각해야 한다. 우리 아이가 영재라고 생각하면 수학에 뛰어난 아이들이 기준이 된다. 초등은 《최상위수학》 문제집을 마스터해야 하고, 중등은 《블랙라벨》 정도는 술술 풀어야 한다. 이런 높은 기준을 가지고 선행을 시작하면 당연히 무리할 수밖에 없고 잘하는 아이들과 끝없이 비교한다.

둘째, 선행 때문에 운동과 끼니 그리고 잠을 포기하지 않는다. 초등 3학년이 되면 교과 공부도 해야 하고, 초등 5학년부터 중등 선행을 시작하는 아이들도 많다. 점점 수학에 할애하는 시간이 늘고, 숙제도 해야 하고, 부족한 부분도 보충하다 보면 다른 과목을 공부할 시간이 점점 줄어든다. 그러다 보니 부모와 아이가 가장 먼저 포기하는 것은 예체능 과목이다. 전공할 계획이 없다면 쉽게 그만둘 수 있기 때문이다. 그러나 운동은 절대 포기해서는 안 된다.

초등 아이들의 체력은 비슷하지만 중학생만 되어도 체력이 약한 아이들은 수업 시간에 쉽게 졸고 공부에 집중할 힘이 없다. 공부도 힘이 있어야 한다. 운동할 시간에 수학 몇 문제 더 푼다고 해서 뛰어나게 잘하는 것도 아니다. 매일 30분이라도 운동할 시간을 주어야 한다. 또한 끼니를 제대로 못 먹는 아이도 있다. 학원에서 장시간 있다 보면 편의점에서 대충 한 끼 때우거나 시간이 빠듯해서 이동하는 차 안에서 밥을 먹기도 한다.

차에서 밥을 먹을 정도로 스케줄을 정하지 말자. 끼니를 대충 때운다는 것은 아이 몸에 필요한 영양소를 대충 주는 것과 같다. 나 역시 시간이 부족해 이동하는 차에서 김밥이나 주먹밥으로 끼니를 때운 적도 많은데 가끔씩 찾아오는 위염을 치료하느라 오히려 시간을 더 많이 허비한다. 밥만큼은 마음 편하게 먹도록 하자.

아이의 능력에 비해 어려운 수학 문제를 푸는 데는 시간이 많이 걸린다. 특히 속진 학원을 다니는 경우 보통의 아이들은 숙제를 하기도 빠듯하다. 그래서 다른 과목의 학원을 그만두기도 하고 잠자는 시간을 줄인다. 잠을 못 잘 정도의 학습 분량을 초등학생이 감내할 이유는 없다.

초등, 중등 때 못 잔 잠을 고등 때 다 잔다는 말이 있듯이 아이들은 체력적으로 점점 힘들어할 수밖에 없다. 초등과 중등 시기에는 선행을 하더라도 잠은 충분히 재워야 한다. 오늘 해야 할 과제를 다 못 했다면 다음 날 하고, 매번 과제가 밀리면 아이 수준에서 어려운 것이니 선행 진도와 속도를 조절한다.

선행은 어떻게 시작해야 할까?

선행을 시작할 때 무조건 사교육 커리큘럼만 따라가면 언젠가 아이가 한계에 부딪혔을 때 어떻게 해야 할지 고민된다. 가장 빠른 선행은 돌아가지 않는 것이라고 한다. 그러나 중등 수학부터는 한 번에 완벽하게 이해하는 아이들이 별로 없다. 심지어 현행을 하는 아이들도 그렇다. 이론대로라면 현행을 하는 중학교 1학년은 한 학기 동안 수학의 심화 문제까지 충분히 풀어야 하는데 실상은 어떠한가? 이미 초등 때 중등 공부를 시작한 아이들이 상위권을 차지하고 있다.

현행 심화 학습이 중요하지만 그렇다고 선행이 필요 없다는 말은 아니다. 초등 6학년이 6학년 심화 문제를 잘 풀고, 중학교 1학년이 중등 1학년 심화 문제를 잘 풀면 된다. 이전에 선행을 했는지는 별개로 말이다. 초등 4학년 때 6학년 선행을 한 아이와 선행을 하지 않은 6학년 아이가 똑같이 6학년 심화 문제를 풀었을 때 둘 다 답을 맞혔더라도 풀이 방법과 속도에 차이가 있을 수 있다. 4학년 때 6학년 선행을 한 아이가 수학적 경험치가 많기 때문이다.

결과에 차이가 없으니 선행이 필요 없다고 생각해서는 안 된다. 선행 여부를 떠나 수학 공부를 해본 경험이 많은 아이들이 수학을 잘할 수밖에 없다. 상위권 아이들이 선행을 많이 했다는 것은 그만큼 수학을 많이 경험했다는 뜻이다.

초등학교를 졸업했을 때 6학년 응용 수준의 문제라도 제대로 푼다면 중학 수학을 시작할 때 전혀 걱정할 것이 없다. 대다수 아이들은 자신의 학년을 뛰어넘는 선행을 하느라 자기 학년의 응용, 심화 문제도 제때 충분히 경험하지 못한다. 6학년 수학 문제를 6학년과 3학년 아이가 풀이하는 모습을 보면 분명 차이가 있다. 6학년은 3학년보다 문제 해결력이 높기 때문에 빠른 시간에 쉽게 풀 수 있는 반면, 3학년은 영재를 제외하고 수학을 잘하는 아이도 보통의 6학년보다 풀이 과정도 길고 시간도 오래 걸린다.

무리한 선행은 아이가 쉽게 지치고, 제대로 이해하지 못한 채 진도만 나가는 경우가 많다. 나중에 다시 그 문제를 풀 때는 어떻게 풀었는지 잊어버리기 십상이다. 초등 4학년 때 중1-1을 공부했는데 여전히 6학년 때도 중1-1, 중학생이 되어서는 현행 심화도 풀어야 하니 또 중1-1을 공부한다. 이래서 중등 수학부터 세 번은 돌려야 제대로 안다는 말이 나오는 것이다.

의무교육 기간 동안 우리는 모두 똑같은 교과 진도를 똑같은 기간에 공부한다. 그런데 그 기준은 평균에 맞춰 있어 또래보다 우수한 아이들은 교과 공부가 조금 쉬울 수 있다. 또한 영재고나 과학고에 진학하려는 아이들은 교과 진도 외에 사교육 여부를 떠나 가정에서 개별 학습을 하는 경우가 많다. 고등 입시를 목표로 하면서부터 수학 선행이 시작되며, 의대에 진학하려면 수학은 최상위 등급을 받기 위해 선행을 한다.

영재고나 과학고 입시에 선행의 정도가 반영되지만 수학적 경험치가 많을수록 시험에 유리하다. 수학에서 말하는 경험치란 무엇일까? 수학적 사고를 이용한 연구라고 볼 수 있다. 수학을 많이 접해봐야 궁금한 것도 생기고 스스로 알아보기도 하는데, 이것이 일련의 연구 과정과 비슷하다. 초등학생이 중등 수학이나 고등 수학을 공부해보면 수학을 경험할 수 있는 스펙트럼이 넓어져서 사고의 범위도 자연스럽게 커진다. 그러나 많은 양의 문제를 반복해서 풀이하고, 공식을 외우고, 문제 유형을 외우며 진도를 나가는 아이들은 과제를 하기에도 시간이 모자라서 한계에 부딪힐 수밖에 없다. 그래서 선행을 중도에 쉬기도 하고, 다시 돌아가서 공부하기도 한다.

선행을 하는 이유는 단순히 학교 시험을 잘 보기 위해서가 아니다. 그 이면을 들여다보면 진로와 연관이 있다. 무조건 선행이 나쁘다고 생각하는 것 또한 편견이다. 진로와 아이 실력에 따라 선행이 필요한 경우가 있기 마련이다. 초등 수학 실력이 고등 수학 실력으로 이어진다는 보장은 없지만 적어도 현재 실력을 기준으로 아이 진로에 맞춰 수학 공부에 대한 큰 그림은 그려야 한다. 속진이 필요한지, 꼼꼼한 선행이 필요한지, 수학 경시나 창의 수학을 해야 하는지도 계획을 세울 수 있다.

수학 선행의 방법

아직 그 어떤 계획도 없다면 막연히 옆집 아이나 학원 커리큘럼을 따라 할 것이 아니라 연산을 꾸준히 공부하면서 교과 진도에 맞춰나간다. 응용과 심화 문제까지 하고 있으면 나중에 선행을 해도 기초가 충분하니 언제든 속도를 낼 수 있다. 사고력 수학을 공부해본 적이 없다면 사고력 문제와 심화 문제를 함께 풀어보고, 여유가 되지 않는다면 심화 문제만 풀어도 된다. 심화 문제 중에도 사고력을 요하는 문제들이 많다. 어려운 문제 풀이를 통해 그동안 해왔던 공부에 대한 자신감이 쌓이고 선행을 할 때도 큰 힘이 된다.

이과 계열로 구체적인 진로가 정해졌다면 각 영역별 수능 수학 문제를 확인해보자. 미적분, 기하, 확률과 통계로 나눠 선택하는데, 우리 아이에게 가장 맞는 영역은 무엇인지 알아보자. 물론 수능 시험지로 현재 우리 아이가 뭘 잘할지 판단하기는 어려울 것이다. 그러나 초등 고학년이고 중등 선행 이상 진도가 나갔다면 잘하는 영역과 어려운 영역을 어느 정도 파악하고 있을 것이다. 최종적인 수학 시험에서는 오답을 줄이는 것이 가장 중요하므로 자신의 약점을 파악하고, 보완하는 공부가 필요하다. 현재 초등 과정을 공부하고 있다면 다음 중등 수학 과정과 평소 아이가 잘하는 수학 단원을 비교해본다.

중등 과정을 보면 1학기는 대수, 2학기는 기하, 확률과 통계로 나뉜다. 초등 아이가 중등 과정의 선행을 하고 수/연산에 뛰어나다면 중학교 전 학년의 1학기 과정은 수월하게 나갈 수 있다. 도형이나 그래프를 좋아하는 아이들은 2학기 과정을 공부하는 데 크게 어려움이 없을 것이다. 아이마다 강한 영역이 다르기 때문에 중등 수학부터는 선행을 할 때, 진도를 계통으로 나갈지, 교과과정을 따라 나갈지 결정하면 된다.

보통 대수와 기하의 편차가 심한 경우 계통 선행을 한다. 계통 선행은 1-1, 2-1, 3-1 순서로 공부한다. 계통은 일단 중등 1학기와 2학기 과정을 마치면 통합으로 중등 교과과정 순서대로 마무리하기도 한다. 하지만 1-1, 1-2, 2-1의 교과과정 순서로 공부하는 것이 보편적이다. 수학은 대수나 기하도 유기적으로 연결되어 있기 때문에 초등 과정에서도 수/연산과 도형, 측정 등의 영역이 단원별로 골고루 배치되어 있다.

물론 연산이 아직 완성되지 않은 상태에서는 이전에 배웠던 연산 방법을 잊어버려서 다시 해야 하는 경우가 있다. 하지만 연산이 완성

| 중등 수학 과정 |

	1학기	2학기
1학년	소인수분해	기본도형
	정수와 유리수	작도와 합동
	문자의 사용과 식의 계산	다각형
	일차방정식	원과 부채꼴
	좌표와 그래프	다면체와 회전체
	정비례와 반비례	입체도형의 겉넓이와 부피
		자료의 정리와 해석
2학년	유리수와 순환소수	삼각형의 성질
	식의 계산	사각형의 성질
	일차부등식	도형의 닮음
	연립방정식	평행선 사이의 선분의 길이와 비
	일차함수와 그 그래프	경우의 수
	일차함수와 일차방정식	확률
3학년	제곱근과 실수	삼각비
	근호를 포함한 식의 계산	삼각비의 활용
	다항식의 곱셈	원과 직선
	인수분해	원주각
	이차방정식	대푯값과 산포도
	이차함수와 그 그래프	상관관계

되고 나면 그다음부터는 대수나 기하를 함께 공부하는 것이 두뇌를 다각도로 사용하기 때문에 창의적, 논리적 사고에 더 유리하다. 초등에서는 자연수, 중등에서는 유리수와 무리수 영역까지 배우므로 초등에서 연산, 즉 계산의 정확성이 더욱 중요하다.

선행을 하기 위해서는 2가지 전제 조건이 있다.

첫째, 연산은 탄탄해야 한다. 수학 진도와 별개로 교과과정에 맞춰 연산을 미리 공부하자. 세 자릿수 곱셈 나눗셈까지는 빠르고 정확하게, 분수와 소수 혼합계산은 실수가 없어야 한다. 연산은 하루 15분이면 충분하다. 일주일에 두 번 1시간씩 공부하는 것보다 주 5일 15분씩 하는 것이 수학의 감을 유지하는 데 시간도 적게 들고 효과적이다. 또한 선행을 하기 위해서는 교과 기초 개념을 정확하게 알아야 한다.

둘째, 기본 개념 학습이 우선이다. 수학 교과서나 개념 문제집을 미리 구해서 풀이하는 과정을 반드시 거쳐야 한다. 응용문제로만 선행을 하면 대부분 기본 문제에서 실수가 나오는 경우가 많다. 개념은 너무 천천히 꼼꼼하게 해도 진도가 나가지 않으니, 가벼운 책을 선정하여 한 달 동안 집중해서 보는 것이 좋다.

속진은 2~3개월에 한 학기 진도를 목표로 공부한다. 하지만 어려운 단원은 1주에 한 단원을 이해하는 것도 힘들 수 있으니 속도를 조절하는 것이 중요하다. 대형 학원을 다니는 경우 정해진 커리큘럼을 따라갈 수밖에 없다. 따라가지 못해 주말에 따로 시간을 내야 하는 상황이 반복된다면 아이 수준에 어려운 학원을 다니고 있는지 점검한다.

이런 경우 레벨을 조정하거나 아이 맞춤 학습형 학원으로 옮겨도 좋다. 단, 학원을 다닌 지 3개월이 채 되지 않았다면 적응할 때까지는 부족한 단원을 챙겨가며 아이를 살펴보자. 가정학습을 하는 경우 언제든지 아이 실력에 맞게 난이도 조절이 가능하므로 맞춤 학습이 잘된다는 것이 장점이다. 그러나 가정에서 선행을 할 때는 자칫 늘어져 계획했던 것보다 진도가 부진하거나 학습량이 적을 수 있다. 주 단위로 목표 학습량에 도달할 수 있도록 매일 공부 시간을 규칙적으로 정해놓는 것이 중요하다.

유리한 선행이란 무엇인가?

아이 진도에 맞춰 수학 공부 계획을 세워야 한다. 학교 생활의 변화도 계획표에 반영하고 아이의 상황에 맞춰 선행 계획을 세우면 수학 실력 향상에 도움이 된다.

유리한 선행의 예시를 살펴보자. P군은 초등 4학년 1학기까지 수학적 감각이 뛰어난데도 학교 진도에 맞춰 공부했다. 심화 수준의 문제도 자기 학년을 기준으로 공부했기 때문에 수학에 대한 흥미를 유지하며 정답률 90%의 완성도를 보였다. 속진을 하는 또래보다는 상대적으로 시간적 여유가 있었기에 악기 연주, 과학실험, 코딩, 인라인 등과 같은 다른 활동도 할 수 있었다. 4학년 때는 교육청 영재원에 합격하여 창의 수학·과학도 경험하고 있다. 수학적 호기심이 왕성하고 현재 진도에서 심화 문제를 푸는 시간이 짧고, 정답률이 높아서 선행을 결심했다. 4학년 1학기 여름방학부터 연산과 개념을 교과 진도보다 앞서 공부하며 심화까지 충실히 하기로 계획을 세웠다.

4학년 2학기 학습 교재

1) 연산 훈련 : 《초능력 수학 연산》

2) 개념서 : 《교과서 개념 잡기》

3) 응용서 : 《쎈 수학》

4) 심화서 : 《최상위수학》

5) 사고력/문장제 : 《문제 해결의 길잡이》

5학년 수학 진도부터는 자연수, 분수, 소수의 혼합계산까지 정확히 답을 구해야 하므로 연산은 탄탄히 준비하기로 했다. 4학년 11월까지는 5학년 연산을 마무리하고, 12월부터는 교과 선행 진도와 관계없이 매일 1~2장씩 연산 문제를 풀기로 했다. '교과서 개념 잡기'는 한 달 동안 한 권 풀기에 충분한 시간이라 직전 학기 최상위 문제집과 병행하도록 계획을 세웠다.

새 학기가 시작되는 9월은 아이의 컨디션을 고려하여 《4-1 최상위수학》이 끝난 이후 바로 이어서 하지 않고, 10월부터 《4-2 최상위수

| 4-2 수학 학습 로드맵 |

		7월	8월	9월	10월	11월	12월
4학년	연산	4-2 초능력 수학 연산	5-1 초능력 수학 연산		5-2 초능력 수학 연산		6-1 초능력 수학 연산
	개념	4-2 교과서 개념잡기			5-1 교과서 개념잡기		5-2 교과서 개념잡기
	응용		4-2 쎈 수학			5-1 쎈 수학	
	심화	4-1 최상위수학			4-2 최상위수학		5-1 최상위수학
	사고력/ 문장제	주 1회 : 문제 해결의 길잡이 4학년 과정					

학》을 진행했다. 주 1회는《문제 해결의 길잡이》4학년 원리부터 심화까지 문제를 접하도록 계획했다. 이와 같은 계획으로 공부하면 아무리 늦어도 5학년 2학기 겨울방학부터 중등 수학 선행이 가능할 것이다. 아이가 수/연산 영역에 강한 편이라 중학교 입학 전에 대수 영역을 우선하여 1-1, 2-1, 3-1 순서로 학습하기로 큰 틀을 정했다.

　수학은 진도보다 아이의 실력과 수준이 중요한 과목이기 때문에 아이의 학년이나 학원 레벨에 초연해야 한다. 답이 정해진 과목은 유독 다른 아이들과 비교하기 십상이다. 수학에서 학년은 잊어라.

경시대회의 의미

초등 저학년 때는 고학년에 비해 공부 범위가 넓지 않기 때문에 어느 과목이든 공부를 열심히 하면 좋은 성적을 거둘 수 있다. 수학을 좀 하는 아이라면 수학에 대한 자신감을 키워주기 위해 초등 저학년 때 경시대회 하나 정도는 나가보는 것도 좋다. 또는 우리 아이가 또래에 비해 어느 정도 실력을 갖고 있는지 알아보기 위해 대회에 참가하기도 한다. 초등학교는 중고등학교와 달리 중간고사나 기말고사, 모의고사도 없다. 학교에서 보는 단원평가로는 우리 아이가 수학적 재능이 있는지 판단하기 어렵다. 학교 단원평가는 배운 범위를 제대로 이해하고 공부했다면 90점 이상은 쉽게 받을 수 있다.

경시대회 필요할까?

학교 시험을 잘 본다고 해서 수학을 잘한다고 단정 짓기 어려운 것은 학교 교과서와 익힘책의 난이도 때문이다. 학교의 난이도는 시중 수학 문제집의 기본서를 크게 벗어나지 않는다. 수학 익힘책에 응용문제나 창의성을 요구하는 문제가 등장하지만, 응용문제집에 비하면 문제 수도 적고 기본 개념을 잘 이해하면 풀 수 있는 문제들이다.

우리 아이가 수학에 재능이나 흥미가 있어 난이도 있는 문제를 풀기를 원한다면 학교 시험만으로는 깊이 있는 수학적 사고를 경험하기에 부족할 수밖에 없다. 심화 문제집을 통해 고난도의 문제를 접하는 것도 좋은 방법이다. 아이가 심화 문제를 곧잘 풀어서 정답률이 80% 이상 나온다면 경시대회에 참여해볼 수도 있다.

경시대회에 나가려면 특별히 준비해야 한다고 생각하는 부모들이 많다. 특히 수상을 목표로 학원 특강을 듣거나 과외를 하기도 한다. 경시대회에서 수상하면 부모는 공부시킨 것에 대한 보상을 받는 기분이고 아이도 수학에 대한 자신감이 생길 것이다. 하지만 경시대회를 위해 많은 비용을 들이지 않는 것이 좋다. 수상을 목표로 기출문제를 유형별로 문제 풀이 과정을 반복해서 외우는 경우도 많다. 이런 경우 조금만 유형이 바뀌어도 처음 보는 문제처럼 느껴져 많은 시간을 투자해도 결과가 좋지 않을 수 있다.

초등학생 때 경시대회에서 수상했다고 대입까지 귀결되지는 않는다. 내신과 수능 등급을 중요하게 여긴다면 경시대회에 아예 참가하지 않는 경우도 많다. 하지만 전국체전에만 참여한 선수와 올림픽에 참여한 국가대표 선수의 경험치가 다르듯이 아이가 자신의 역량을 발휘할 기회는 주어야 한다. 수상 여부와 관계없이 심화 문제를 목표로 공부하는 경험을 쌓는 것도 좋다.

시험을 처음 보면 시간 관리 요령도 없고 긴장을 어떻게 해소해야 하는지도 잘 모른다. 멘탈 관리도 시험 과정에 포함된다. 앞으로 작은 시험부터 큰 시험까지 겪게 될 아이들이라 초등학생 때, 전국 단위의 시험을 경험하면 나중에는 비슷한 규모의 시험을 치를 때 실수를 줄일 수 있다. 대회도 경험이다.

아이에게 경시대회는 지금까지 공부한 내용을 확인하는 과정이라고 알려준다. 무조건 수상을 목표로 하면 필요 이상으로 긴장하게 된다. 수상하면 큰 보상을 주겠다며 아이가 원하지도 않는 경시대회에 참여하는 것은 바람직하지 않다. 아이에게 경시대회가 주는 장점에 대해 차분히 설명해주어야 한다.

수학 공부를 하다 보면 자연스럽게 기본 개념을 거쳐 응용문제를 풀고 심화 문제를 접하게 된다. 그런데 문제집 한 권 끝내기가 아니라 경시대회 참가를 목표로 한다면 시험 날짜까지 평소보다 집중해서 심화 문제들을 풀어보게 된다. 짧은 기간 동안 다양한 유형의 문제를 접하면서 아이도 모르는 사이에 수학 실력이 좋아지고 있다는 것을 체감할 수 있다. 경시 문제를 공부한다는 것은 고난도 심화 문제를 공부하는 것과 마찬가지다. 다양한 문제를 경험하다 보면 수학적 사고뿐만 아니라 근성 또한 길러져 문제를 끝까지 풀어낼 힘이 생긴다.

다음은 초등학생이 많이 참가하는 대표적인 경시대회다.

대회명	대상	시험 시간 문항 수	주최 기관
전국 영어 수학 학력 경시대회	초1~고2 (해당 학년만 응시)	90분 30문항	글로벌영재학회 성균관대, 동아일보 후원 http://test.edusky.co.kr/
해법수학 학력평가 (HME)	초1~중3 (상급 학년 응시 가능)	60분 (초1 40분) 25문항	천재교육 https://hme.chunjae.co.kr/
해법수학 경시대회 (HMC)	초3~중3 (상급 학년 응시 가능)	60분 초등 12문항 중등 8문항	천재교육 https://hme.chunjae.co.kr/
MBC 영어 수학 학력평가	초1~중3 (해당 학년만 응시)	70분 초등 25문항 중등 30문항	MBC아카데미 https:// hakpyung.edusky.co.kr/
한국 수학인증시험 (KMC-예선)	초3~고3 (해당 학년만 응시) 초1, 2는 초3 응시 가능	120분 30문항	한국수학교육학회 한국수학교육평가원 주관 동아일보 후원
한국 수학경시대회 (KMC-본선)	초3~고3 (예선 성적 상위 15% 이내)	120분 6문항	한국수학교육학회 한국수학교육평가원 주관 동아일보 후원

학력평가는 자기 학년 공부가 심화까지 잘되고 있는지 확인할 수 있다. 시험의 난이도도 기본, 응용, 심화로 골고루 출제된다. 현재 학년의 공부를 충실히 했다면 어렵지 않게 수상할 수 있기 때문에 수학에 대한 자신감을 심어줄 수 있다. 평소 선행을 하는 경우 자기 학년의 공부가 제대로 되고 있는지 확인할 필요가 있을 때, 또는 엄마표 수학을 하고 있는 경우 아이의 실력을 객관적으로 확인하고 싶을 때, 많은 아이들이 참가하는 HME나 MBC 수학학력평가 시험을 보면 도움이 된다. 고등학교 수학까지 어려운 문제를 잘 풀 수 있는지 가능성을 보고 싶다면 전국 수학학력 경시대회나 한국수학인증시험 등 난이도 있는 시험에 참가하면 된다.

경시대회 준비

경시대회는 평소의 실력을 확인하기 위한 목적이지만 시험이기 때문에 기본적인 준비가 필요하다. 문제 난이도와 관계없이 모든 시험은 준비를 해야 잘 볼 수 있다. 주어진 시간 안에 제시된 문제를 다 풀어야 한다. 그리고 검토 후 답안지에 정답을 표기하는 것도 연습이 필요하다. 특히 경시는 일반 심화 문제집보다는 난이도 있는 문제들이 꽤 있어서 어떤 유형의 문제가 나오는지 기출문제집을 반드시 풀어봐야 한다. 단, 과도한 경시용 문제 풀이 연습에 많은 시간을 매달리면 학년이 올라갈수록 아이가 지칠 수 있다. 특히 열심히 공들였는

데도 수상하지 못했을 때 부모가 서운해하면 아이는 자칫 수학과 멀어지기도 한다.

2개월 정도 준비 기간을 가지고 기출문제집을 일반 수학 문제집처럼 심화 공부하듯이 풀어나가는 것이 적당하다. 시험 3주 전부터는 여유가 있는 주말에 시험 시간 내에 문제를 마킹까지 해결할 수 있도록 모의 연습을 해보면 도움이 된다.

영재고나 과학고를 준비하더라도 경시대회 결과를 학생부에 기재할 수는 없지만, 깊이 있는 공부 경험을 쌓고 대회 참여를 통해 긴장감을 크게 줄일 수 있다. 큰 시험 경험이 있는 아이와 전혀 없는 아이는 영재성 검사나 면접에서 차이가 나타날 수 있다. 그래서 초등 고학년부터 한국수학올림피아드(KMO) 시험 과목을 미리 준비하는 아이들도 있다. 선행을 빨리 나갔다고 해도 자기 학년 심화 문제를 풀지 못할 수 있듯이 KMO를 공부한다고 해서 영재고나 과학고에 합격하는 것도 아니다. 중요한 것은 공부 과정이다. 자기 학년의 심화가 잘되어 경시대회도 참여해보고, 선행도 적절히 나가면서 선행 심화까지 무리 없이 이어진다면 KMO 공부가 아이의 수학 실력 향상에 도움이 될 것이다. 하지만 이런 아이들은 극히 일부에 불과하다.

수학을 좀 하는 아이들은 초등 저학년 때 창의 사고력 문제를 잘 해결하고 경시대회에서 수상하기도 한다. 좋은 성과를 거둘수록 아이와 부모 모두 욕심이 생겨서 수학 공부를 더 많이 한다. 하지만 이상하게도 학년이 올라갈수록 경시대회 결과도 좋지 않고, 고학년이 되어서는 자기 학년의 심화 문제조차 어려워하는 경우도 더러 있다. 이는 빠른 속도로 심화와 경시 공부를 하느라 기본 내용과 원리를 소홀히 했기 때문이다. 고학년 때 자기 실력을 제대로 발휘하지 못한다면 오히려 요령이 생겨 수학적 창의 사고력에 방해가 되지는 않은지 되돌아볼 필요가 있다.

오답 관리는 곧 실력이다

수학을 잘하는 아이는 특별한 공부 비법이 있을 것 같지만, 수학적 재능이 월등히 뛰어난 경우를 제외하고는 왕도가 없다. 성실하게 공부하는 아이가 수학을 잘하는 것은 당연하다. 수학은 초등부터 고등까지 교과과정의 범위가 정해져 있다. 초등과 중등 수학은 새로운 개념을 얼마나 이해하고 받아들이는지에 따라 상위권이 결정되지만 고등 과정까지 다 배우고 나면 오답을 점점 줄여나가는 연습이 필요하다. 수학을 잘하는 아이들 중에는 오답 노트를 쓰는 아이도 있고 쓰지 않은 아이도 있다. 공부를 잘한다고 해서 모두 다 오답 노트를 쓰는 것은 아니다.

고등 수학은 오답 노트를 만들어두면 시험 기간에는 오답 노트만 공부하면 된다. 그렇다고 초등학교 1학년부터 오답 노트를 만들 필요는 없다. 오답 노트가 맞는 아이가 있고, 똑같은 문제집을 여러 권 풀거나 수학 노트에 체크하면서 공부하는 아이들도 많다. 요즘은 태블릿 PC를 이용하여 오답을 캡처해서 '굿노트'와 같은 노트 앱으로 수학 문제를 풀고 저장하기도 한다.

언제부터 오답 노트를 활용하면 좋을까? 초등 1~2학년은 연산이 충분히 연습되지 않은 아이들도 많고, 초등 연산 과정을 다 배웠다 하더라도 연습 시간이 충분하지 않아 계산 실수도 많다. 또한 문장제 문제는 무엇을 구해야 하는지 독해가 되지 않아 틀리는 경우도 많다. 문제집을 풀었을 때 정답률이 70% 이상이지만 틀린 문제를 다시 풀었을 때 90%가 되지 않는다면 똑같은 문제집을 한 권 더 산다.

첫 번째 문제집에서 틀린 문제는 두 번째 문제집에 직접 풀기보다는 틀린 문제를 표시해두고 수학 노트에 풀이한다. ==같은 문제집에서 틀린 문제를 최소한 세 번 풀어본다.== 아이들은 틀리는 유형이 거의 정해져 있어 유형 공략이 중요하기 때문에 세 번 정도 보면 오답을 많이 줄일 수 있다. 1~2학년은 배우는 개념이 간단하지만 심화 문제는 유형이 익숙하지 않거나 이해 부족에 따른 오답이 많다. 오답 관리는 다음과 같은 과정으로 진행해보자.

| 오답 관리 방법 |

	단계	활용법
1	문제 풀이	아이 스스로 문제를 읽고 풀이한다. 문제집에 직접 해도 좋고, 수학 노트에 풀어도 좋다.
2	검토	문제를 풀고 아이가 한 번 더 훑어보는 습관을 가지게 한다.
3	채점	채점은 부모가 즉시 하고, 상황이 안 되더라도 하루를 넘기지 않는다. 부모도 채점하는 습관을 들여야 한다.
4	오답 확인	틀린 문제를 다시 풀어보는데, 가능하다면 틀린 풀이 과정을 지우지 않는다. 틀린 문제는 오답 노트를 사용하거나 추가로 구입한 문제집에 표시하고 수학 노트에 다시 풀어본다. 이때 오답은 정답을 베끼는 것이 아니다. 처음부터 다시 풀어야 한다.
5	오답 재확인	오답만 다시 채점한다.
6	부교재 활용	두 번째 풀어도 오답인 문제는 비슷한 수준의 유형 문제집을 구비하여 오답과 유사한 문제를 충분히 풀어본다. 그래도 해결이 안 되는 오답이 많다면, 현재 수준에서 어려운 문제집을 풀고 있는 것이니 잠시 중단하고 교재를 다시 선정한다.

하지만 3학년 이상부터는 오답 노트를 만드는 것이 좋다. 이때부터 분수와 도형을 배우는데, 1~2학년과 달리 개념 이해 부족으로 틀리는 문제들이 등장하기 시작한다. 특히 아이들이 새로 배우는 개념은 어떻게 응용하는지 모르는 경우가 많기 때문에 왜 틀렸는지 이유를 찾아봐야 한다. 1~2학년이라도 3학년 수학을 공부하고 있다면 오답 노트가 도움이 될 것이다. 보통 첫 번째 문제를 풀고 틀린 문제를 다시 풀어서 또 틀리면 오답 노트를 쓴다. 이처럼 초등은 문제 풀이 기회를 세 번 정도 주어도 좋다. 부호나 연산 실수 등이 빈번하기 때문이다. 세 번 풀어봤는데도 어려운 문제는 오답 노트에 기록하고,

| 오답 노트 예시 - 초등 수학 과정 |

교재명 (쪽수/번호)		단원명	
문제	틀린 문제를 적거나 복사해서 활용한다. 단, 문제 이해력 부족으로 오답이 나온 경우에는 아이가 문제를 직접 쓰게 한다.		
풀이	정답을 보고 풀이하기보다는 새로운 마음으로 풀어본다. 개념 이해 부족인 경우 필요한 개념도 함께 적는다.		

개념 이해가 부족해서 틀린 문제는 개념도 함께 적어둔다.

어떤 노트이든 상관없지만 교재명과 단원명, 쪽수와 번호를 꼭 적어두자. 답지를 확인할 때도 필요하고, 아이가 어려워한 학년과 단원을 알 수 있다. 틀린 문제는 기본적으로 복사하는 것이 편하지만, 오답 개수가 적거나 문제를 이해 못 해서 틀렸다면 직접 문제를 써본다. 디딤돌 출판사 문제집은 '디딤돌 교육' 사이트 T-Class에서 이미지 저장도 가능하다.

초등학생이지만 중등 수학을 공부하는 경우 다음과 같은 방법으로 오답 노트를 만들면 반복 학습에 효과적이다. 줄이 있는 스프링 노트를 준비해 왼쪽에는 문제를 적고, 오른쪽에는 풀이를 한다. 나중에 오답 풀이를 여러 번 반복해도 지난 풀이를 볼 수 없게 한다.

오답 노트가 필수는 아니지만 오답 관리는 꼭 해야 한다.

| 오답 노트 예시 - 중등 수학 과정 |

교재명		단원명		쪽수	
문제 번호 1번					
교재명		단원명		쪽수	
문제 번호 8번					

노트 왼쪽

틀린 이유		반복 횟수	회
풀이 과정 1번			

틀린 이유		반복 횟수	회
풀이 과정 8번			

노트 오른쪽

화 내지 않고
기다리는 부모 되기

 수학은 배우는 과정도 중요하지만 익히는 과정이 더 중요하므로 숙제가 있을 수밖에 없다. 그런데 아이가 숙제를 하다 보면 부모가 화를 내는 경우가 꽤 많다. 특히 초등 저학년 때 더하다. '수학' 숙제만 하면 이상하게 더 화가 난다는 학부모들이 많다. 왜 화가 나는지 이유를 알면 화를 줄이는 데 도움이 된다.

 도대체 왜 부모들은 수학 때문에 화를 내는 걸까? 수학 숙제는 아이가 해야 하는데 부모가 매번 채점하고 오답까지 설명하느라 힘들다. 학원에서 도대체 뭘 배우는지 개념도 제대로 모르는 것 같고 답답하기만 하다. 바쁜 하루를 보내고 부모도 충전 시간이 필요한데 아이 숙제를 봐주느라 취침 시간이 늦어지니 화가 날 수 있다. 특히 여러 번 알려줬는데도 계속 틀리면 불안한 마음에 짜증이 나기도 한다.

학교 다닐 때 수학을 잘했던 부모들은 수학을 어려워하는 아이를 이해하지 못한다. 아이가 선행을 하면 왜 수학을 어렵게 공부해야 하는지 사회와 교육제도에 불만이 쌓일 수 있다. 마음은 현행으로 학교 과정에 맞춰 공부하고 싶은데, 주변 아이들이 선행을 많이 하니 무리해서 사교육을 시키기도 한다. 그러다 어떤 아이는 학원을 다니지 않는데도 잘한다는 얘기가 들리면 또 마음이 흔들린다. 보통 부모의 시간과 경제적인 문제가 복잡하게 얽히면 화가 나는 경우가 많다. 투자한 만큼 결과가 나오지 않기 때문이다.

화를 조금이라도 줄이려면 어떻게 해야 할까? 우선 화가 나면 마음속으로 하나부터 다섯까지 천천히 센다. '우리 아이는 하나를 알려주면 열을 물어보는 아이다'라고 생각하면 기대치가 많이 줄어든다.

부모의 욕심은 내려놓되 믿음의 끈은 절대 놓지 않는다. 아이와 부모는 한 팀이다. 2인 3각 경기를 완주하는 것과 같다. 조금이라도 경험 많은 부모가 아이에게 맞춰야 한다. 처음 배운 내용은 금방 잊어버릴 수 있다. 개념을 익히는 시간이 부족하고 확실하게 이해하지 못했기 때문이다. 공부도 해봐야 경험치가 쌓여서 더 잘하게 된다. 아이가 잘 모른다면 100번이라도 다시 알려주자. 아이가 100번 물어보면 100번 대답할 준비가 되어 있어야 한다. 지금 모른다고 해서 앞으로도 계속 모르는 것은 아니다. 현재의 문제를 미래까지 끌고 갈 필요는 없다. 노자는 마음이 과거에 머물면 우울하고, 미래에 머물면 불안하다고 했다. 이런 마음으로 아이에게 수학을 가르치면 안 된다.

우리 아이가 왜 어려운 문제를 풀어야 하는지 답답하다면 학교에서 배우는 수학 교과서를 살펴보자. 유명한 문제집이 내 아이의 학습 수준과 맞지 않을 수 있다. 아이의 현재 실력을 제대로 파악하고 결과를 받아들여야 한다. 지나치게 높은 기준은 아이만 힘들 뿐이다.

엄마표 수학을 하다가 힘들면 학원을 보내야겠다고 생각하지만 막상 학원을 다니면 할 일이 더 많아진다. 특히 학습 진도가 빠른 경우 숙제를 따라가기도 버겁다. 학원을 다니고 있는데 아이도 힘들고 부모도 힘들다면 잠시 쉬는 것도 좋다. 유명 학원에 다니는 것보다 자기 학년의 심화를 잘 푸는 것이 더 중요하다.

==수학은 부모의 자존심으로 잘할 수 있는 과목이 아니다. 무엇보다 아이의 자신감이 필요하다.== 화내고 후회하는 것보다는 아이를 믿고 기다려주는 것이 현명한 부모다. 공부를 할수록 지쳐가는 것이 아니라 믿음이 쌓이면 부모도 성장할 수 있다. 아이마다 다름을 인정하고 과정을 격려해줄 필요가 있다.

놓치지 말아야 할
수학 공부법

1~2학년을 위한
수학 공부법

요즘은 명품 아니면 최저가 아동복이 잘 팔린다고 한다. 언제부턴가 수학도 최상위 수준을 공부하는 아이들과 전혀 하지 않는 아이들이 늘어나는 추세다. 매년 새로 태어나는 인구수가 줄어들고 있는 상황에서 수학학원도 자리가 많을 것 같은데 막상 경시 수준의 문제를 다루거나 유명 사고력 학원은 입학 테스트부터 대기가 많다.

초등학교는 중간·기말고사와 같은 시험이 없다 보니 어디까지 수학 공부를 해야 하는지, 경시 수준이라면 어느 정도인지 가늠이 잘

되지 않는다. 특히 수학을 잘할수록 고민이 많다. 1~2학년 때는 가장 중요한 과목이 수학이 아니라 국어다. 앞으로 수학을 잘하고 싶다면 국어에 조금 더 할애해야 한다. 특히 초등 수준의 고난이도 문제들은 제대로 이해하기만 해도 80% 이상 해결된다.

1학년부터 3학년 수학 이상 선행하는 경우도 있는데 이 아이들이 모두 지속적으로 선행을 하는 것은 아니다. 5학년 수학부터는 알아야 할 개념도 많아지고, 문제 해석도 복잡해지기 때문에 이때부터는 국어 실력에 따라 수학 능력도 좌우될 수밖에 없다. 1~2학년은 지나친 선행보다 보드게임이나 교구 학습을 통해 수학에 흥미를 느껴야 한다. 1학년은 아이의 실력에 맞는 연산 교재로 꾸준히 공부하는 것만으로도 충분하다. 수학 실력이 뛰어나다면 경시에 도전하는 것도 학습 의욕을 고취하는 데 도움이 된다. 1학년 수학이 절대적으로 중등·고등 성적으로 직결되는 것은 아니다. 지금은 수학 실력이 아주 뛰어나지 않더라도 연산으로 매일 조금씩 공부하는 습관과 독서를 놓치지 않는다면 학년이 올라가면서 사고가 확장되었을 때 수학에 매진해도 늦지 않다.

1~2학년은 각 수학의 영역에서 가장 기본이 되는 요소를 배운다. 수와 연산을 기초로 도형, 측정, 규칙성, 자료와 가능성까지 다양한 영역을 공부할 때 반구체물인 교구를 이용하면 지면 학습에서 이해하기 어려운 부분을 다양한 조작 활동을 통해 추상화할 수 있다.

1학년 1학기에 다루는 수와 연산 영역은 쉽다고 생각하지만 학기가

지날수록 개념 오류나 실수가 잦아 점점 어려워진다. 수와 연산 영역에서는 네 자리 이하의 수를 읽고 쓸 수 있어야 한다. 특히 두 자릿수를 10개씩 묶음과 낱개로 나타내 위치적 1, 10, 100, 1000의 자릿값과 위치적 기수법의 기초 개념을 이해해야 한다. 덧셈은 두 자릿수 범위에서 다루되 합이 세 자릿수인 경우도 포함된다.

1~2학년 아이들은 문장제 문제에서 일상적인 용어가 친숙하지 않으면 문장을 식으로 바꾸는 과정에서 혼돈이 올 수 있다. 예를 들어 '더한다', '합한다', '~보다 ~큰 수', '~보다 ~작은 수,' '뺀다', '덜어낸다', '합', '차' 등의 의미를 식으로 표현하기 어려운 것이다. 덧셈과 뺄셈의 다양한 표현을 익히는 것이 중요하다. 곱셈은 배의 개념과 동수누가로 다루고, 곱셈구구의 이해와 더불어 한 자릿수의 곱셈을 할 수 있어야 한다.

도형 영역은 주변 사물 관찰에서 출발해 직육면체, 원기둥, 구의 모양, 삼각형, 사각형, 원의 모양을 찾고 직관적인 도형 성질을 이해하고 모양을 만들거나 그려봐야 한다. 변 또는 꼭짓점 개수의 관계를 파악해 일반화하여 오각형과 육각형을 구별해야 한다. 교구를 활용하여 직접 활동을 해보면 성질을 이해하기가 더욱 쉽다. 또한 쌓기나무를 이용해 여러 입체 도형을 만들어보고, '~의 앞', '~의 오른쪽', '~의 위', '2층' 등의 표현으로 위치나 방향을 말할 수 있어야 한다.

측정 영역은 우리 생활과 밀접하게 관련되어 있어 수학적 흥미를 이끌 수 있다. 구체물의 길이, 들이, 무게, 넓이의 직관적인 비교 활동을 통해 '길다, 짧다,' '많다, 적다', '무겁다, 가볍다', '넓다, 좁다' 등을 구별하고, 길이는 1cm와 1m의 단위를 알고 적절히 측정할 수 있어야 한다. 여러 물건의 길이를 어림하여 길이에 대한 양감을 기르는 활동이 있으며, 자로 측정했을 때 눈금과 일치하지 않는 길이의 측정값을 '약'으로 표현할 수 있어야 한다. 또한 길이의 덧셈과 뺄셈도 해야 한다.

측정에서 아이들이 가장 어려워하는 부분은 시각과 시간이다. 1시간은 60분임을 알고, 1분, 1시간, 1일, 1주일, 1개월, 1년의 관계를 이해해야 한다. 모형시계를 조작하여 '몇 시', '몇 시 30분', '몇 시 몇 분', '몇 시 몇 분 전' 등의 시각을 읽는 것이 목표이다.

규칙성은 1~2학년 아이들이 체감적으로 어렵다고 생각하는 영역이다. 생활 주변의 다양한 현상을 탐구하는 과정으로 시중에 나와 있는 사고력 문제집에 등장하는 문제와 비슷한 유형이 교과서에 나온다. 물체나 무늬 배열에서는 크기, 색깔, 위치, 방향 등에 대한 규칙을 다루고, 말, 수, 그림, 기호, 구체물, 행동 등 다양한 방법으로 문제를 풀 수 있어야 한다. 직접 교구를 다뤄보거나 보드게임을 해본 경험이 없는 아이들은 눈에 보이는 규칙을 우선 찾고, 보이지 않는 규칙을 찾기 어려워한다. 이때 수 배열표, 덧셈표, 곱셈표를 활용하면 눈에 보이는 규칙을 우선적으로 찾을 수 있다. 문제 풀이를 할 때 수 배열표가 머릿속에 그려지도록 익히는 것도 필요하다.

| 1~2학년 수학 영역별 학습 요소와 활용 교구 |

영역	학습 요소	교구
수와 연산	덧셈, 뺄셈, 곱셈, 짝수, 홀수,	연결 큐브, 수막대, 바둑돌, 수 배열표, 은행놀이, 주사위
도형	삼각형, 사각형, 원, 꼭짓점, 변, 오각형, 육각형	칠교놀이, 모양조각, 쌓기나무
측정	시, 분, 약, cm, m	쌓기나무, 모형시계, 모눈종이, 자, 달력
규칙성		수 배열표, 바둑돌
자료와 가능성	표, 그래프	

 자료와 가능성의 영역은 생활 주변의 사물들을 정해진 기준 또는 자신이 정한 기준으로 분류해보는 것이 중요하다. 기준을 바탕으로 개수를 세고, 표와 그래프로 나타내 편리한 점을 말할 수 있어야 한다.

 앞서 설명한 수학의 영역별 주요 성취 기준을 알면 무엇을 가르쳐야 할지 수학 공부의 기준을 세우기 쉽다.

 1~2학년은 공부 습관을 기르는 시기라고 하는데 매일 수학 공부를 하는 아이들은 많지 않다. 공부한 만큼 결과가 나오는 과목은 수학이다. 성취도와 만족감을 경험할 수 있도록 학습 계획을 세워서 꾸준히 공부하자.

| 사교육을 하는 아이의 공부 계획 예시 |

	월	화	수	목	금	토	일
사교육		학원 (숙제)	학원 (숙제)	학원 (숙제)			
연산(필수)	매일 연산 공부 - 10~15분 이내 학습 분량					보충 및 오답	
교과(필수)					V		
사고력(선택)	V						
기타(선택)	V						

(V 표시: 스스로 학습)

사교육 여부에 관계없이 매일 15분 이내로 연산을 공부한다. 학원을 다니는 경우 공부한 날 바로 숙제를 한다. 방학은 충분한 시간이 있지만 학기 중에는 시간을 내기 어려우니 다음 날과 그다음 날까지 숙제를 마무리한다. 초등 수학에서 연산, 교과, 사고력을 나눠서 공부하는 이유는 대부분의 문제집이 세분화되어 있기 때문이다. 1~2학년 때는 2~3년 이상 선행을 하는 극상위 아이들을 제외하고 매주 1회 금요일 학교에서 배운 단원의 교과 문제집을 풀어보는 시간을 가져야 한다.

학원을 다니면 자칫 교과 학습을 소홀히 해서 학습 결손이 생길 수 있다. 학원을 다니면 사고력 학습이 충분하다고 생각할 수 있지만 유난히 어려워하는 부분은 주 1회 정도 사고력 교재를 활용해 보충하는 것도 좋다. 어려운 부분을 보강하는 학습을 한다면 수학 실력을 올릴 수 있다. 필수가 아니라 선택적인 부분이다.

기타 항목은 경시 수준의 문제를 풀 수 있는 아이들은 주 1회 심화 수준의 문제를 풀고, 특정 영역을 어려워하는 아이들은 하루 보충을 통해 수학 공부에 몰입할 수 있다. 수학 공부는 연산을 제외하고 1시간 이내의 분량이어야 지치지 않고 꾸준히 할 수 있다. 주말에는 추가적인 공부 계획을 세우는 것보다 공부를 하지 못했던 날이 있다면 보충하고 밀린 오답을 정리한다. 주 5일 계획한 공부를 열심히 했다면 주말은 신나게 노는 시간을 가진다.

집에서 공부하는 경우 아이에게 문제집만 주고 스스로 풀게 하는 것은 연산과 학교 진도에 맞춰 단원 마무리를 해보는 것으로 한정해야 한다. 모든 수학 문제집을 아이 혼자 풀게 두면 제대로 개념을 배우지 못한 채 스스로 이해한 범위 내에서 문제를 풀기 때문에 1~2학년은 설명이 필요하다. 엄마표나 아빠표 수학 공부는 가르치는 시간이 분명히 있어야 한다.

| 집에서 공부하는 아이의 공부 계획 예시 |

		월	화	수	목	금	토	일
엄마표 아빠표 (필수)	사고력	숙제	숙제				V	
	교과			숙제	숙제	학교 진도	아이 진도	
연산(필수)		매일 연산 공부 - 10~15분 이내 학습 분량					보충 및 오답	
기타(선택)						V		

주 1회 30~40분 정도 사고력 문제와 아이 실력에 맞는 교과 공부(예를 들어 《최상위수학》)를 봐준다. 문제집 풀이가 아닌 개념 설명과 예제 풀이 중심으로 해야 한다. 집에서 공부한다고 하더라도 하루 1시간 분량의 숙제를 내주고 스스로 공부하게 한다. 부족한 영역은 상대적으로 학습량이 적은 요일을 택해서 공부한다. 주말은 보충과 오답을 정리하는 날이며 주 5일 열심히 했다면 추가 계획은 세우지 않는 것이 좋다.

결코 만만하지 않은 1학년 수학

1학년 수학을 전혀 모르고 입학하는 아이는 거의 없다. 1학년 교과 문제집을 미리 풀어본다는 것이 아니다. 1부터 100까지 수를 읽는다거나, 기초적인 덧셈과 뺄셈을 할 수 있고 심지어 구구단을 외우는 아이까지 다양하게 수학을 접하고 입학한다. 유치원 또는 사교육을 통해 다양한 수학적 경험이 쌓인 아이도 있으며, 부모와 함께 연산 문제집을 풀어보거나 수학 게임과 같은 놀이 수학을 해보기도 한다. 수학 공부를 하지는 않더라도 생활 속에서 수 세기 정도는 누구나 해보고 입학한다.

그렇다면 최소한 어느 정도 공부해야 1학년 수학에서 중요한 부분을 놓치지 않을까? 1학년은 수에 대한 개념을 익히는 중요한 시기다. 그런데 1학년이지만 2학년의 연산 실력을 가지고 있는 아이들이 꽤 많다 보니 1학년 수학을 만만하게 보는 아이들이 많다. 공부하지 않아도 수업 시간에 배우는 내용은 다 아는 것 같고, 단원평가도 실수하지 않는 이상 100점 맞기 쉽다.

1학년은 1부터 100까지 수의 개념을 알고, 덧셈과 뺄셈의 기초 원리를 이해하는 것이 가장 중요하다. 1학년 교과과정에서 가장 큰 부분을 차지하는 것이 바로 '수와 연산' 영역이다. 1학년 1단원 '9까지의 수'에서는 1부터 9까지 수를 읽고 쓰기부터 시작하고, 1학년 2학기 1단원은 100까지의 수를 다루니 '1학년 수학은 다 안다'고 생각하는 아이들이 대부분이다. 하지만 실제로 교과서를 공부해보면 수를 제대로 읽거나 쓰지 못하는 경우도 허다하다. 1부터 100까지 읽고 쓸 수 있지만, '하나, 둘, 셋' 등으로 헤아릴 때는 여덟을 '여덜'이라고 쓰기도 한다. 또한 서수로 읽을 때 '첫 번째'를 '한 번째'라고 하는 아이들도 더러 있다.

1학년은 교과에 나오는 수학 용어에 익숙해야 한다. 예를 들어 낱개 10개를 한 묶음이라고 했을 때 '10'이라는 것은 알고 있지만, 막상 '32'를 낱개와 묶음으로 표현하라고 하면 어려워한다. 1학년 때는 연산에 많이 치중하지만 이전에 반드시 수의 개념을 그림으로 그리고 정확히 읽고 세어볼 수 있어야 한다. 이때 연결 큐브나 수막대 같은 교구를 활용하면 낱개와 묶음의 개념을 심어줄 수 있다.

1학년 때 가장 많이 해야 할 연산 훈련은 '가르기와 모으기'다. 이 과정을 충분히 거치고 덧셈, 뺄셈을 하면 원리를 자연스럽게 알 수 있다. 보통 원리 해설 중심의 연산 교재는 일련의 과정이 모두 포함되어 있다. 시간이 조금 걸릴 수는 있겠지만 《소마셈》, 《원리셈》, 《기적의 초등 수학》과 같이 기초 원리를 기반으로 공부하다가 《기적의 계산법》과 같은 반복 연산 훈련을 이용하는 것이 효과적이다. 원리 이해 없이 문제를 반복적으로 풀어서 유형을 외워버리면 어느 정도 시간이 지나서 잊어버리기 때문이다.

다음은 1학년 단원별 주요 수학 내용을 정리한 것이다. 학교 주간 학습 계획을 참고해서, 교과 진도에 맞춰 한 단원이 마무리되었을 때

| 1학년 단원별 주요 내용 |

1학년	단원	교과과정	주요 내용
1학기	1	9까지의 수	1부터 9까지의 수, 몇 번째인지 수의 순서, 1만큼 더 큰 수와 1만큼 더 적은 수, 수의 크기 비교
	2	여러 가지 모양	여러 가지 모양 찾기, 알아보기, 만들기
	3	덧셈과 뺄셈	모으기와 가르기, 덧셈과 뺄셈, 0 더하기와 빼기
	4	비교하기	길다 짧다, 무겁다 가볍다, 넓다 좁다, 많다 적다
	5	50까지의 수	9 다음 수인 10 몇을 알아보기, 10개씩 묶어 50까지 수 세기, 수의 순서, 수의 크기 비교
2학기	1	100까지의 수	몇십 알아보기, 99까지 수 알기 수의 순서, 수의 크기 비교, 짝수와 홀수
	2	덧셈과 뺄셈(1)	덧셈과 뺄셈
	3	여러 가지 모양	여러 가지 모양 찾기, 알아보기, 꾸미기
	4	덧셈과 뺄셈(2)	세 수의 덧셈과 뺄셈, 10이 되는 더하기, 10에서 빼기, 10 만들어 더하기
	5	시계 보기와 규칙 찾기	몇 시 30분 알아보기, 수 배열표에서 규칙 찾기
	6	덧셈과 뺄셈(3)	10을 이용하여 모으기와 가르기, 덧셈과 뺄셈

당일 또는 그 주 안에 문제집을 풀어보면 아이가 어느 부분을 어려워했는지, 잘못 알고 있는 개념이 있는지 확인할 수 있다. 1학년뿐만 아니라 중등, 고등까지 교과를 복습하는 과정을 거쳐서 확인하는 공부 습관을 들이면 최소한 학습 결손을 피할 수 있을 것이다.

1학년은 수학에서 가장 기초적인 과정이기 때문에 쉽다고 간과한다면 개념적인 오류가 생겨 다음 학년 공부에 영향을 끼칠 수 있다. 2학년 수학은 1학년 과정을 복습하지 않기 때문에 자기의 학년에 나오는 기초 개념을 완벽하게 공부해야 한다. 수학은 각 학년별, 영역별 개념이 연결되는 과목이므로 초석부터 잘 다지는 것이야말로 수학 실력을 쌓을 수 있는 지름길이다.

자신감을 키워주는 2학년 수학

2학년 수학에서 가장 중요한 것은 단언컨대 연산이다. 3학년부터는 교과 내용도 어려워지기 때문에 수학에 대한 자신감을 키워주기에는 2학년이 가장 적당하다. 초등 고학년이 되면 아이들도 자신의 실력이 어느 정도인지 스스로 파악하기 때문에 무조건 잘한다는 칭찬은 오히려 독이 될 수 있다. 하지만 2학년은 부모의 절대적인 칭찬으로 자기 신뢰를 쌓을 수 있다. 수학 문제를 보고 '어? 이 문제 나도 풀 수 있겠는데?'라고 생각한다면 수학에 대한 자기 신뢰도가 높은 아이다.

실제로 공부를 잘하는 초등 고학년 중에는 어려운 문제를 풀 수 있는데도 '이 문제는 너무 어렵네. 풀어봤자 틀릴 것 같으니 그냥 풀지 말아야겠다'라고 도전조차 하지 않는 아이들도 있다. 자기 신뢰가 높지 않으면 잠재력을 끌어올리기 어렵다. 자신감은 곧 자기 신뢰로 이어지니 2학년은 심화 문제 수준이라고 하더라도 도전해볼 만하다. 아직 수학의 각 영역별로 공부해야 할 범위가 많지 않기 때문이다.

2학년 수학은 네 자릿수가 등장하고 곱셈구구와 시간에 대해 배우는데, 연산을 잘하면 잘할 수 있는 영역이 그만큼 많아지므로 충분한 연산 연습을 통해 수학의 자신감을 키워보자. 특히 두 자리 내림 있는 뺄셈과 세 자리 덧셈 뺄셈은 아무리 연산 원리를 잘 알고 있다 하더라도 연습하지 않으면 실수하기 쉽다. 또한 충분한 연습량이 받쳐주지 않으면 풀이 속도도 많이 느리다. 곱셈구구와 덧셈과 뺄셈에서 기초 연산 실력을 잘 다져놓으면 속도도 빨라지고 정확성도 높아진다.

곱셈구구는 원리만 알고 외우지 않으면 계산 문제를 빠르게 풀기 어려워 늦어도 2학년 1학기 초반까지는 교과서, 《원리셈》, 《소마셈》 교재에서 곱셈 원리를 공부하고 소리 내어 여러 번 읽어가면서 문제를 풀다 보면 자연스럽게 외워질 것이다. 1학년 때 학교 진도에 맞춰 공부한 아이들도 이때부터는 학교 수학 진도보다는 조금 앞서서 공부하는 것을 추천한다. 교과 진도는 수와 연산 영역 단원이 끝나면 도형을 배우고, 도형이 끝나면 다시 수와 연산 단원이 차례로 나온다. 교과 진도에 맞춰 공부하다 보면 연산의 흐름이 끊길 수 있기 때문에 학교에서 도형을 배울 때도 연산 연습을 해야 한다.

이때 연산을 앞서서 하지 않으면 3학년도 아닌 2학년 2학기부터 아이가 버거워할 수 있다. 수가 커지고 곱셈 계산도 해야 하므로 수학 익힘책에 나오는 문제의 양으로는 연산의 연습량을 채우기에 부족할 수밖에 없다. 올림이 있는 덧셈과 내림이 있는 뺄셈의 연습량이 충분하지 않다면 곱셈, 나눗셈, 혼합계산에서 힘들어할 수 있다. 원리 중심 연산 교재도 좋지만 아이에게 연습량이 더 필요하다고 하면 교과과정에 맞춘 연산 교재를 연습 교재로 사용해보자.《최상위 연산》,《빅터연산》,《초능력 수학 연산》,《쎈 연산》 등의 문제집이 해당된다. 주로 2학년 2학기부터 연습 교재로 채택하는 전문기관도 많다.

1학년 때 사고력 수학을 해보지 않았다면 2학년부터라도 ==사고력 수학을 꼭 경험해보길 바란다.== 수학의 즐거움과 자신감을 얻을 수 있기 때문이다. 학원을 꼭 가야 할 필요는 없다. 하지만 사고력 학원의 설명회는 들어보면 도움이 된다. 어떤 방향, 어떤 교재로 사고력 공부를 하는지 흐름을 파악하고, 사고력을 이용하여 문제를 풀어가는 과정을 알 수 있다. 사고력 문제집은 타 교재에 비해 생각을 요하는 문제들이 모여 있다. 다양한 문제를 다양한 방법으로 풀어보면서 사고력을 키우는 연습을 하면 새로운 문제에 대한 두려움을 줄이고 생각하면 풀이를 할 수 있다는 자신감을 키우기에도 좋다.

교과 수학은 단원 목표가 명확하게 정해져 있으므로 주어진 개념을 익히고 연습하고 확인하는 과정으로 진행된다. 덧셈과 뺄셈 단원은 교과 수학 문제집에서 아무리 난이도가 높은 문제라도 '덧셈과 뺄셈'을 적용해서 풀면 된다. 하지만 사고력은 영역으로 구분되어 있어 그동안 배웠던 개념을 총동원해서 풀어야 한다. 이 문제들을 해결했을 때 수학이 재미있고 자연스럽게 자신감이 생긴다.《초등 팩토》, 《최강 TOT》,《영재 사고력 1031》등의 교재를 한 권 선정해서 공부해보자.

시각과 시간은 고난도 문제에 주로 응용된다. 빨라지는 시계의 시각을 구하거나 며칠 전의 날짜를 구하는 문제는 시계와 달력 보는 것이 익숙하지 않으면 문제 해결 방법을 생각하는 데 어려움을 겪는다. **실생활에서 시계와 달력을 활용하자**(예를 들어 '우리가 1시간 20분 동안 영화를 봤는데, 5시 10분에 끝났네. 영화가 언제 시작한 걸까?')

규칙성에서 쌓기나무와 같은 문제들은 대부분의 아이들이 재미있어하지만 유난히 어려워하는 아이도 있다. '뉴매쓰-쌓기나무 보드게임, 바오밥 쌓기나무 3D'와 같은 교구로 쉬운 난이도부터 보드게임을 해서 경험을 쌓은 뒤 지면 학습을 하면 추상적인 사고를 하는 데 도움이 된다. 평소 종이접기나 오리기, 퍼즐 맞추기 등의 놀이 활동을 하면 칠교조각을 이용해 도형을 만들거나, 색종이를 접거나 오린 조각의 모형에 대한 문제들을 쉽게 해결할 수 있다.

2학년 단원별 교과과정의 주요 내용을 보면서 매주 1회는 아이가 공부한 내용 중 실수가 잦거나 어려워하는 부분은 없는지 확인해보자.

| 2학년 단원별 주요 내용 |

2학년	단원	교과과정	주요 내용
1학기	1	세 자릿수	90보다 10 큰 수, 몇 백, 세 자릿수, 각 자리의 숫자가 나타내는 값, 뛰어 세기, 수의 크기
	2	여러 가지 도형	원, 삼각형, 사각형, 오각형, 육각형, 칠교 모양, 똑같은 모양, 여러 가지 모양으로 쌓기
	3	덧셈과 뺄셈	1, 10의 자리에서 받아올림이 있는 두 자릿수 덧셈, 받아내림이 있는 두 자릿수 뺄셈, 여러 가지 방법의 덧셈과 뺄셈, □값 구하기, 세 수의 계산
	4	길이 재기	여러 가지 단위로 길이 재기, 1cm 알기, 자로 길이 재기, 길이 어림하기
	5	분류하기	분류 기준 알기, 분류하기, 분류하여 세어보기, 결과 말하기
	6	곱셈	여러 가지 방법으로 세기, 묶어 세기, 몇의 몇 배, 곱셈식 알기, 곱셈식으로 나타내기
2학기	1	네 자릿수	100이 10개인 수, 몇 천, 네 자릿수, 각 자리의 숫자가 나타내는 값, 뛰어 세기, 수의 크기
	2	곱셈구구	2단, 5단, 3단, 6단, 4단, 8단, 7단, 9단의 곱셈구구, 1의 단 곱셈구구와 0의 곱, 곱셈표 만들기
	3	길이 재기	cm보다 더 큰 단위, 자로 길이 재기, 길이의 합과 차, 길이 어림하기
	4	시각과 시간	5분 단위, 1분 단위의 시각 읽기, 여러 가지 방법으로 시각 읽기, 1시간, 하루의 시간, 달력
	5	표와 그래프	자료를 보고 표로 나타내기, 그래프로 나타내기, 표와 그래프의 내용 알기
	6	규칙 찾기	덧셈표, 곱셈표에서 규칙 찾기, 무늬, 쌓은 모양, 생활에서 규칙 찾기

3~4학년을 위한
수학 공부법

　초등 3~4학년은 사고력 수학에 진입하는 마지막 시기다. 학년이 올라가면서 교과 수학의 학습량도 늘기 때문에 사고력 수학을 하기에는 시간적, 심리적으로 여유가 없다. 앞서 강조했듯이 교과 수학 문제를 풀 때도 사고력이 필요하다. 하지만 사고력 수학 교재를 별도로 공부하지 않으면, 교과 공부에 치중할 수밖에 없다. 사교육 이용과 관계없이 초등 3~4학년은 사고력 문제를 종종 접하며 생각하는 힘을 기르자.

초등 1~2학년 때 사고력 또는 문장제 문제를 거의 경험하지 않은 아이들은 지난 학년의 학교 평가에서 이미 필요성을 느꼈을 것이다. 사고력/창의력 문제 또는 서술형 평가를 보면 연산만 잘해서는 정답을 구하기 어렵다. 다음 예시는 간단해 보이지만 각 조건에 맞는 공통적인 수를 찾기까지 몇 번의 과정을 생각해야 한다. 교과 수학도 사고력을 이용하여 풀이하는 문제가 많기 때문에 사고력 수학을 하면 교과 수학 문제도 잘 풀 수 있다.

다음 조건에 알맞은 수를 구해보세요.
- 3의 단 곱셈구구에 나오는 수입니다.
- 5×3보다 큽니다.
- 8의 단 곱셈구구에도 있습니다.

2학년 때 사고력 수학을 접하면 더 좋겠지만 아직 늦지 않았다. 4학년 이상부터 사고력 수학을 하면 심화 문제 풀이에 도움이 된다. 다만 갈수록 난이도가 높아져 교과 공부를 할 내용이 많아지므로 뒤늦게 사고력 문제까지 하면 부담이 될 수 있다. 상대적으로 시간 여유가 있을 때 사고력 수학을 공부하는 것이 좋다. 특히 3~4학년은 연산이 어느 정도 완성되면 단순 계산 연습에 시간을 많이 할애하지 않아도 되기 때문에 사고력 문제를 통해 자신의 수학 실력을 올릴 수 있다.

3~4학년은 수학 동화를 읽고 수학 독후감이나 수학일기를 써보면

서 자신이 알게 된 점과 느낀 점, 더 알아보고 싶은 점 등을 정리해본다. 그 밖에 관심 있는 수학 영역에서 직접 수학 문제를 만들어보거나 수학 이론이나 공식을 이용한 발명품을 만드는 등의 활동을 기록으로 남겨두면 자신만의 포트폴리오가 된다.

이러한 수학적 성장의 결과물을 만들어두면 영재교육원에서 학습할 기회를 얻을 가능성이 높아진다. 영재교육원은 교내에서 경험하기 어려운 심화 학습과 활동을 통해 수학적 역량을 높일 수 있다. 3~4학년은 적절한 학습 자극이 동기부여와 더불어 아이의 잠재력을 끌어낼 수 있는 시기다. 우리 아이는 못한다는 생각을 하기보다 기회가 된다면 심화된 학습 환경에 도전해보자.

소수의 개념

- 2를 제외한 모든 소수는 홀수인가?
- 1보다 큰 수에 대하여 그 수와 2배인 수 사이에는 적어도 하나의 소수가 존재하는가?(버트랑의 추측)
- 5보다 큰 모든 자연수는 3개의 소수의 합으로 나타낼 수 있는가?(골드바흐의 추측)
- 2보다 큰 모든 짝수는 두 소수의 차로 나타낼 수 있는가?(오일러의 추측)

3~4학년 아이들이 가장 어려워하는 영역은 바로 '수와 연산'이다. 사칙연산 개념을 이용하여 복잡한 계산으로 이어지는 징검다리 역

할을 하므로 새로운 개념 학습과 충분한 연산 연습이 필요하다. 다섯 자리가 넘는 수의 자릿값과 위치적 기수법을 이해하고, 수를 읽고 쓰고 크기를 비교할 수 있어야 한다. 세 자릿수의 덧셈과 뺄셈 연습은 아무리 강조해도 지나치지 않다. 수학 문제 풀이를 할 때 적어도 계산으로 인한 실수는 줄일 수 있기 때문이다.

곱셈은 (세 자릿수)×(두 자릿수), 나눗셈은 (세 자릿수)÷(두 자릿수)까지 다룬다. 분수는 양의 등분할을 통해 분수를 이해하고, 단위분수, 진분수, 가분수, 대분수 개념을 알고 관계를 이해해 분모가 같은 분수끼리, 단위분수끼리 크기를 비교할 줄 알아야 한다. 분모가 10인 진분수를 통해 소수 한 자릿수를 이해하고, 자릿값의 원리를 바탕으로 소수 세 자릿수를 이해하고, 소수의 크기를 비교할 수 있어야 한다. 분수와 소수의 덧셈과 뺄셈에서는 계산 원리를 이해하는 수준으로 간단하며, 소수 두 자릿수 범위에서 계산할 수 있어야 한다.

평면도형과 입체도형의 개념과 이해는 공간 감각의 기초가 되어 수학적 소양을 기르는 데 도움이 된다. 도형에 대한 정확한 정의를 아는 것도 중요하지만, 직선, 선분, 반직선을 구별할 수 있어야 한다. 평면도형의 밀기, 뒤집기, 돌리기 활동을 할 수 있어야 하며, 예측하여 변화를 이해해야 한다. '블로커스'와 같은 보드게임을 이용하면 이해한 것을 응용할 수 있다. 원의 중심, 반지름, 지름의 관계를 이해하고, 컴퍼스로 여러 가지 크기의 원을 그려보는 활동을 한다. 여러 가지 삼각형과 사각형의 분류를 통해 도형의 성질을 이해하고, 다각형과 정다각형의 의미를 알고, 주어진 도형을 이용하여 여러 가지 모양을 만들 수 있어야 한다.

측정은 시간, 길이, 들이, 무게, 각도 등 여러 속성의 양을 비교하고, 단위를 이용하여 재거나 어림해봄으로써 양을 수치화하는 것이다. 시각과 시간은 1분은 60초임을 알고, 초 단위까지 시각을 읽을 수 있으며, 초 단위까지 덧셈과 뺄셈을 해야 한다. 길이는 1mm, 1cm, 1m, 1km의 관계를 이해하고 길이를 측정하고 어림할 수 있어야 한다. 들이는 1l와 1ml의 관계를 이해하고, 무게는 1kg과 1g의 관계를 이해하여 실생활 문제 상황을 통해 덧셈과 뺄셈을 할 수 있어야 한다. 무게는 1t 단위까지 배운다. 각도는 아이들이 직접 측정해보고 주어진 각도와 크기가 같은 각을 그려보며, 여러 방법으로 삼각형과 사각형의 내각 크기의 합을 추론하고 설명할 수 있어야 한다.

규칙성 영역은 큰 수의 계산 또는 혼합계산식을 이용하는 복잡한 문제는 다루지 않으며, 규칙적인 계산식 배열에서 계산 결과의 규칙을 추측하고 확인하는 데 중점을 두면 된다.

자료와 가능성에서는 실생활 자료를 수집하여 간단한 그림그래프나 막대그래프로 나타낼 수 있어야 한다. 연속적인 변량에 대한 자료를 수집하여 꺾은선그래프로도 나타낼 수 있어야 한다. 그래프의 편리함에 대해 설명할 수 있어야 하며, 꺾은선그래프에서는 변화의 경향을 파악하는지가 중요하다. 이때 그래프를 해석할 수 있어야 한다.

| 3~4학년 수학 영역별 학습 요소와 활용 교구 |

영역	학습 요소	교구
수와 연산	나눗셈, 몫, 나머지, 나눠떨어진다, 분수, 분모, 분자, 단위분수, 진분수, 가분수, 대분수, 자연수, 소수, 소수점, ÷	수모형, 수막대, 막대분수, 원형분수, 모눈종이, 화폐 놀이
도형	직선, 선분, 반직선, 각, 꼭짓점, 변, 직각, 예각, 둔각, 수직, 수선, 평행, 평행선, 원의 중심, 반지름, 지름, 이등변삼각형, 정삼각형, 직각삼각형, 예각삼각형, 둔각삼각형, 직사각형, 정사각형, 사다리꼴, 평행사변형, 마름모, 다각형, 정다각형, 대각선	각도기, 컴퍼스, 모양 조각, 삼각자, 블로커스, 속성 블럭
측정	초, 도, mm, km, l, ml, g, kg, t	저울, 각도기, 자, 실린더, 비커
규칙성		성냥개비, 계산기, 바둑돌, 달력, 주사위
자료와 가능성	그림그래프, 막대그래프, 꺾은선그래프	비바샘 초등 수학 디지털 교구

위와 같은 성취 기준을 통해 아이가 어려워하는 영역이 있는지 확인하고, 3~4학년 수학 내용부터는 앞으로 배울 수학과 연계성이 깊기 때문에 부족한 영역은 반드시 학년 내에 보충해야 한다.

이 시기에는 어떻게 수학 공부를 해야 할까? 우선 수학 공부 시간을 정해놓는 것이 필요하다. 대부분의 아이들은 매일 스케줄이 다르다. 초등학생은 예체능을 하는 시기이기도 하고, 과목 특성상 주 1회 수업만 하는 경우도 많기 때문이다. 초등 3~4학년부터는 교과 학습을 선행과 현행으로 나눠서 공부하면 관리하기 수월하며, 자기주도학습의 토대를 만들기 위한 공부 시간을 따로 할애하는 것이 필요하

| 사교육을 하는 아이의 공부 계획 예시 |

	월	화	수	목	금	토	일
사교육		사고력 학원 (학원 숙제)	사고력 학원 숙제	교과 학원 (학원 숙제)	교과 학원 숙제	보충 및 오답	
연산(필수)	매일 연산 공부 - 10~15분 이내 학습 분량						
교과(현행)					학교 진도 단원 평가		
교과(선행)	보충, 학습						
스스로 학습	복습, 심화						

다. 이 공부 시간에는 숙제를 하는 것이 아니라 공부하다가 부족한 부분이 있으면 복습하고, 심화 내용으로 확장해가는 연습을 하는 것이다. 3~4학년의 하루 수학 공부 시간은 매일 1시간을 기준으로 하되 선행의 진도가 빠른 경우는 학습량이 많아지므로 총 100분으로 정하고 쉬는 시간을 제외하고 50분씩 두 번으로 나눈다.

이 시기에 사고력 학원과 교과 학원을 병행해서 사교육을 하는 경우가 상당히 많다. 한 학원에서 사고력과 교과를 하기도 하고 별개로 다니거나 과외를 하기도 한다. 중요한 것은 숙제 시간이다. 이때부터는 학원 가기 전날 몰아서 숙제를 하기에는 내용도 어렵고 양도 벅차다. 반드시 학원 다녀온 날, 적은 양이라도 숙제를 조금 해두고 다음 날 이어서 마무리한다.

교과 학원도 마찬가지다. 평일에 숙제를 다 못했다면 주말에 보충하고, 오답 정리를 하면 시간적으로 여유가 있다. 주의할 점은 주말에 숙제하는 습관을 들이지 않아야 한다는 것이다. 사교육을 이용하는 경우는 교과 선행으로 진행하기 때문에 주 1회는 본 교과 수업 전에 부족한 점을 보충하고, 다음 배워야 할 진도의 개념을 예습한다. 이는 학원 또는 과외를 했을 때 개념 이해의 시간을 줄여주고, 자신감을 갖고 수업에 임할 수 있도록 도와준다.

1~2학년과는 다르게 자기주도 학습 준비를 위해 교과 선행 교재를 예습하는 날은 상대적으로 시간 여유가 있으므로, 현재 공부하고 있는 교재와 비슷한 난이도의 교재를 선택해 어려운 부분이 있으면 복습한다. 또한 심화 교재도 선택해 처음 풀어보는 어려운 문제에 도전하는 태도를 기른다.

가장 중요하지만 간과하기 쉬운 것이 바로 교과 현행 공부다. 주 1회는 일주일간 학교에서 배운 내용의 단원 마무리 문제들을 풀고 학교 평가에 대비하자. 수학학원이나 과외의 시수가 늘었는데 과목별 사교육을 모두 하고 있다면 공부 시간이 턱없이 부족할뿐더러 체력적으로 지칠 수 있으니 지금 꼭 하지 않아도 되는 사교육은 어느 정도 정리할 필요가 있다.

| 집에서 공부하는 아이의 공부 계획 예시 |

		월	화	수	목	금	토	일
엄마표 아빠표 (필수)	사고력	숙제	숙제				V	보충 및 오답
	교과 (현행)					학교 진도 단원평가		
	교과 (선행)			숙제	숙제		V	
연산 (필수)		매일 연산 공부 - 10-15분 이내 학습 분량						
스스로 학습					V			

3~4학년도 마찬가지로 부모와 함께 개념을 공부하고 예제를 풀어 봐야 한다. 이때 부모는 답안 해설을 참고해도 되지만 아이에게는 답안지를 제공하지 않는다. 주말에 수업한다면 사고력과 교과 선행 교재를 함께 진행해도 된다. 평일에 수업한다면 바쁜 날은 빼먹게 되고 이것이 습관이 되면 수학 공부 자체를 미루게 된다. 여행을 자주 다니는 가정이라면 평일 중에 수학 수업하는 날을 정한다.

교과는 현행으로 학교 진도에 맞춰 매주 금요일마다 단원평가 문제를 풀어보고, 월요일부터 목요일까지는 부모님과 함께 공부한 내용을 토대로 숙제한다. 연산은 학교 진도와 관계없이 매일 꾸준히 하다 보면 보통 4학년 하반기쯤 초등 6학년까지 진도가 나갈 수 있다. 집에서 공부하는 아이도 자기주도 학습이 필요하다. 주 1회는 부족한 영역을 보충하거나 심화 문제를 풀어보자. 이렇게 공부하면 교재도 사교육을 하는 아이들처럼 다양하게 진행할 수 있다.

수학의 첫 고비를 맛보는 3학년 수학

수학은 개인의 역량에 따라 실력이 천차만별이다. 그래서 학년별로 구분 짓기보다 아이의 실력과 진도별로 구분해야 한다. 수학의 첫 고비를 맛본다는 3학년 수학! 3학년 수학 선행을 하는 1학년 아이나, 현행으로 공부하는 3학년 아이, 4학년이지만 3학년 수학도 고비를 못 넘겨 고생하는 아이도 있다.

여기에서 제시되는 학습 목표는 초등 3학년 표준 교과과정을 토대로 한 것이다. 표(249쪽 참고)에 제시된 주요 내용을 참고하여 익힘책 수준보다 조금 어려운 응용문제로 공부하면 자기 학년의 문제를 막힘없이 풀 수 있다. 초등 3학년 수학의 1차 목표는 교과과정을 이해해서 학습 결손을 방지하고, 적어도 수학을 포기하지 않는 것이다. 이 과정부터 잘 다져야 중등 수학까지 잘 따라갈 수 있다.

==3학년은 교과서를 간과해서는 안 된다.== 교과서를 학교에 두고 다니는 경우가 많아 아이가 학교에서 무엇을 공부하는지 모르는 부모들도 많다. 아이가 학교 진도에 맞춰 수학 공부를 하고 있다면 수학 교과서와 수학 익힘책을 추가로 구입한다. 예습이나 문제 풀이보다는 학교에서 배운 내용을 제대로 이해했는지 개념을 설명하는 용도로 쓰면 된다. 이런 과정을 통해 부모도 아이의 수학 교육에 관심을 더 기울일 것이다. 교과서에서 목차는 곧 교과과정이다. 각 과정별로 요약한 주요 내용을 살펴보면서 어려운 영역은 표시하고 이해가 빠른 영역은 심화로 확장해보자.

3학년 단원별 주요 내용

3학년	단원	교과과정	주요 내용
1학기	1	덧셈과 뺄셈	받아올림이 없는 (세 자릿수)+(세 자릿수) 받아올림이 있는 (세 자릿수)+(세 자릿수) 받아내림이 없는 (세 자릿수)-(세 자릿수) 받아내림이 있는 (세 자릿수)-(세 자릿수)
	2	평면도형	선분, 반직선, 직선, 각, 직각, 직각삼각형, 직사각형, 정사각형
	3	나눗셈	똑같이 나누기, 곱셈과 나눗셈의 관계 나눗셈의 몫을 곱셈식, 곱셈표, 곱셈구구로 구하기
	4	곱셈	(몇십)×(몇), 올림이 없는 (몇십몇)×(몇), 올림이 있는 (몇십몇)×(몇) 곱셈을 이용하여 실생활 문제 해결하기
	5	길이와 시간	1cm보다 작은 단위, 1m보다 큰 단위, 길이와 거리를 어림하고 재어보기, 1분보다 적은 단위, 시간의 덧셈과 뺄셈
	6	분수와 소수	똑같이 나누기, 분수, 분모가 같은 분수의 크기 비교, 단위분수의 크기 비교, 소수, 소수의 크기 비교
2학기	1	곱셈	(세 자릿수)×(한 자릿수), (몇십)×(몇십) (몇십몇)×(몇십), (몇)×(몇십몇), (몇십몇)×(몇십몇)
	2	나눗셈	내림이 없는 (몇십)÷(몇), 내림이 있는 (몇십)÷(몇) 내림이 없는 (몇십몇)÷(몇), 내림이 있는 (몇십몇)÷(몇), 나머지가 없는 (세 자릿수)÷(한 자릿수), 나머지가 있는 (세 자릿수)÷(한 자릿수)
	3	원	원의 중심, 반지름, 지름, 원의 성질, 컴퍼스로 원 그리기, 원을 이용하여 여러 가지 모양 그리기
	4	분수	분수로 나타내기, 분수만큼은 얼마인지 알기 진분수, 가분수, 대분수, 분모가 같은 분수의 크기 비교
	5	들이와 무게	들이 비교, 들이 단위, 들이의 덧셈과 뺄셈, 무게 비교, 무게 단위, 무게의 덧셈과 뺄셈
	6	자료의 정리	표의 내용을 알고 자료 수집하여 표로 나타내기, 그림그래프를 알고 그림그래프로 나타내기

논술형 평가는 보통 학교에서 공지하지만 일반적인 쪽지 시험이나 단원평가 등 상시 평가는 보통 한 단원이 마무리되는 시점에서 보는 경우가 많다. 수학 공부는 평일 중 하루를 정하거나 매주 금요일마다 교과 진도에 맞춰 단원평가 수준의 문제를 풀어보면 시험에 대한 두려움을 없앨 수 있다. 선행을 하는 아이도 주 1회는 교과 진도에 맞춰 공부해야 실수가 없다. 현행으로 공부하는 아이는 교과서로 미리 개념을 읽어보는 정도는 좋다. 수학 익힘책을 미리 풀어보면 학교 수업 시간에 집중도와 흥미가 떨어질 수 있으니 기본 문제집을 푸는 것이 낫다. 기본 문제에서 정답률 95% 이상 나오면 수학 교과에서 요구하는 역량은 익힌 것이다.

3학년은 학교 수업과는 별개로 연산을 따로 공부하는 것이 유리하다. 현행이나 선행이나 마찬가지다. 교과서나 익힘책에 제시된 문제로는 충분하지 않기 때문이다. 3학년 연산 능력이 부족하면 학년이 올라갈수록 연산 실수를 하거나 문제 풀이 속도가 느려서 제 시간에 문제를 다 풀지 못한다. 5학년부터는 사칙연산을 활용한 혼합계산이 등장하고 분수나 소수 계산도 해야 한다. 식이 복잡하고 계산하는 과정도 많아서 풀이 시간이 길어진다. ==3학년 연산부터는 '정확성과 속도' 둘 다 잡아야 한다.== 특히 3학년은 곱셈과 나눗셈 영역의 비중이 크다. 반드시 연산을 연습할 수 있는 문제집을 구비하여 최소 하루 20문제를 꾸준히 푼다.

기본 개념서 외에 《개념+유형 파워》나 《쎈 수학》 등은 다양한 문제 유형을 경험하고 응용문제를 통해 개념을 제대로 이해했는지 알 수 있어 심화 여부를 결정하기 쉽다. 가능하다면 자기 학년의 심화 문제집까지 공부하자. 주 1회는 짧게라도 스스로 심화 공부를 하는 시간을 가지고 스스로 공부하는 시간을 점점 늘려나간다.

도형은 웃으며 시작했다가 울고 나온다는 말이 있을 정도로 처음에는 쉽고 재밌는데 막상 문제를 풀어보면 개념이 헷갈리는 경우가 많다. 개념과 정의만 알아도 문제 맞히기가 어렵지 않다. ==이해와 암기, 응용을 동시에 해야 하는 것이 바로 도형이다.== 직접 작도를 해보면 개념을 확실히 이해했는지 확인할 수 있다.

| 3학년이 알아야 할 도형 개념 |

수학 명칭	개념	도형
선분	두 점을 곧게 이은 선	
직선	선분을 양쪽으로 끝없이 늘린 곧은 선	
각	한 점에서 그은 두 반직선으로 이루어진 도형	
직각삼각형	한 각이 직각인 삼각형	
직사각형	네 각이 모두 직각인 사각형	
정사각형	네 각이 모두 직각이고, 네 변의 길이가 모두 같은 사각형	
원	한 점에서 일정한 거리에 있는 점들을 이어서 만든 도형	
원의 지름	원의 중심을 지나는 선분	
반지름	지름의 길이의 반	

분수와 소수는 3학년 1학기와 2학기에 걸쳐 배운다. 4학년 1학기 교과과정에는 없고, 4학년 2학기에 다시 나온다. 한 학기를 학교에서 배우지 않는다고 평소에 공부하지 않으면 계산하는 방법을 잊어버린다. 분수와 소수를 다 배우고 3학년 2학기 하반기부터는 분수를 이어서 연산 교재로 공부하면 4학년 2학기에는 오히려 분수에 자신감이 생긴다. 분수는 이해하기 어렵기도 하고 계산 방법을 잊어버리기 쉽지만 원리를 파악하면 쉽게 잊어버리지 않는다. 분수 교구를 가지고 직접 놀이해보면 재미도 있고 기억에도 남는다. 특히 분수의 크기 비교를 어려워하는 아이들은 '분수막대'를 이용하면 분수의 크기가 한눈에 들어와 쉽게 비교할 수 있다.

이제부터 시작이다! 4학년 수학

4학년은 사칙연산을 완성하는 시기다. 3학년까지 수학 공부와 담을 쌓고 지내던 아이도 4학년 때 사칙연산을 능숙하게 해낼 수 있다면 지금부터 시작해도 전혀 늦은 것이 아니다. 주변에 이미 중등 수학 선행을 하는 아이들도 있는 것을 보면 이제라도 교과 선행을 시작해야 하나, 학원을 가야 하나 불안함이 생긴다. 여전히 계산 실수가 많은데 선행으로 진도만 나가면 작은 구멍이 점점 커질 뿐이다.

그동안 수학 공부를 안 했지만 연산만큼은 실수 없이 잘하는 아이들은 지금부터 선행을 시작해도 어려운 과정을 해낼 힘이 있다. 그만큼 사칙연산은 중요하다. 큰 수나 복잡한 혼합계산도 정확하고 빠른 속도로 푸는 것이 목표다. 시중 문제집으로 공부하기 어렵다면 학습지를 해서라도 연산만큼은 꼭 챙겨야 한다.

고학년부터는 한 학기만 하더라도 성장하고 변화하는 속도가 빠르다. 교육과정도 1학기와 2학기 수학의 난이도 차이가 크다는 것을 체감한다. 4학년 1학기까지는 사칙연산의 완성과 사고력 문제 풀이를 중심으로 계획하고, 2학기부터는 교과 내용의 응용과 심화를 시작으로 다음 학년 진도를 한 걸음씩 나간다. 그러면 4학년 때 현행으로 공부했던 아이들도 6학년 2학기에는 중등 연산을 할 수 있다.

4학년부터 교과 선행을 해야 한다고 생각하는 부모들이 많다. 하지만 초등 교과 선행은 중등 선행을 위한 기초 과정으로 심화에 너무 힘을 주지 않아도 된다. 오히려 사고력 문제를 통해 문제 해결 능력을 길러주는 것이 수학적 역량을 키우는 방법이다. 물론 심화 문제도 사고력이 요구되지만 교과 심화를 아주 깊이 파고들면 아이도 쉽게 지칠 수 있다.

선행을 하더라도 제 학년에 심화 문제를 풀 수 있을 정도면 충분하다. 교과 심화에 너무 매달리기보다는 사고력 문제에 더욱 중점을 두어 유연한 수학적 사고를 할 수 있어야 한다. 시간 여유가 있다면 교과 문제집과 사고력 문제집을 나눠서 풀어도 좋고, 사고력 중심의 교과 문제집을 풀어도 된다. 대표적으로 《문제 해결의 길잡이》(미래엔), 《최상위사고력》(디딤돌), 《수능까지 이어지는 초등 고학년 수학》

| 4학년 단원별 주요 내용 |

4학년	단원	교과과정	주요 내용
1학기	1	큰 수	1,000이 10개인 수, 다섯 자릿수, 10,000이 몇십 개, 몇백 개, 몇천 개인 수, 억과 조, 뛰어 세기, 수의 크기
	2	각도	각의 크기 비교와 크기 재기, 각 그리기 직각보다 작은 각, 직각보다 큰 각, 각도 어림하기 각도의 합과 차, 삼각형의 세 각의 크기의 합, 사각형의 네 각의 크기의 합
	3	곱셈과 나눗셈	(세 자릿수)×(몇십), (세 자릿수)×(두 자릿수) 몇십으로 나누기, 몫이 한 자릿수인 (두 자릿수)÷(두 자릿수), 몫이 두 자릿수이고 나누어떨어지는 경우, 몫이 두 자릿수이고 나머지가 있는 경우의 (세 자릿수)÷(두 자릿수)
	4	평면도형의 이동	밀기, 뒤집기, 돌리기, 뒤집고 돌리기, 돌리고 뒤집기, 무늬 꾸미기
	5	막대그래프	막대그래프 알기, 그래프 보고 내용 알기, 막대그래프 그리기와 활용
	6	규칙 찾기	수의 배열에서 규칙 찾기, 도형의 배열에서 규칙 찾기, 계산식에서 규칙 찾기, 규칙적인 계산식 찾기
2학기	1	분수의 덧셈과 뺄셈	분모가 같은 진분수의 덧셈과 뺄셈, 1 - (진분수) 분모가 같은 대분수의 덧셈과 뺄셈, (자연수) - (분수) 진분수 부분끼리 뺄 수 있는 분모가 같은 (대분수) - (대분수)
	2	삼각형	삼각형을 변의 길이, 각의 크기에 따라 분류하기 이등변삼각형과 정삼각형의 성질 삼각형을 2가지 기준으로 분류하기
	3	소수의 덧셈과 뺄셈	소수 두 자릿수, 소수 세 자릿수, 소수의 크기 비교 소수 사이의 관계, 소수의 덧셈과 뺄셈
	4	사각형	수직과 수선, 수선 긋기, 평행과 평행선, 사다리꼴, 평행사변형, 마름모, 여러 가지 사각형
	5	꺾은선그래프	꺾은선그래프 알기, 물결선을 사용한 꺾은선그래프 알기 꺾은선그래프 그리기
	6	다각형	다각형, 정다각형, 대각선, 모양 만들기와 모양 채우기

(NE능률)이 있다.

큰 수에서 수가 커지면서 어림잡는 것을 유난히 어려워하는 아이들이 있다. 그러면 대부분의 부모들은 우리 아이가 수에 대한 감이 없는 것은 아닌지 걱정한다. 하지만 ==초등 수학에서 요구되는 교과 수준은 누구나 공부하면 잘할 수 있다.== 수학의 감을 논하기보다 수에 대한 연습이 필요할 뿐이다. 4학년 1학기는 1단원부터 어렵다고 하는데, 개념 설명과 채점하는 부모도 헷갈리기 일쑤다. 그러나 심화 문제를 보면 수만 커졌을 뿐 문제 유형은 이전 학년에서도 등장했던 것들이 많다.

틀린 문제를 분석할 때 단순히 수가 커져서 실수한 것이라면 문제될 것이 없다. 성격이 급하고 꼼꼼하지 못한 아이들이 실수를 많이 하는 단원이다. 아이에게 지금 큰 수를 이해하지 못하면 나중에 다시 배울 기회가 없다는 것과 천천히 꼼꼼히 세어야 실수를 줄일 수 있다는 것, 그리고 교과서 한 권을 훑어보면서 도형과 규칙 찾기 등 재미있는 문제들도 많다는 것을 알려준다. 그러나 문제를 어떻게 풀어야 할지 모른다면 수가 작아져도 틀리는 것은 매한가지다. 그럴 때는 작은 수가 나오는 3학년이나 2학년 문제집에서 같은 유형을 찾아 풀어보면 4학년 심화 문제도 한결 수월하게 풀 수 있다. 단순히 수가 커졌다는 이유로 문제를 못 푸는 것은 아니라는 점을 명심한다.

4-1 심화 문제 예시	0부터 9까지 숫자 중에서 □ 안에 들어갈 수 있는 숫자들의 합을 구하시오. 424635601394＜42463□742083
2-2 심화 문제 예시	0부터 9까지 수 중 □ 안에 들어갈 수 있는 수는 모두 몇 개입니까? 6455＜6□75

《최상위》(디딤돌) 中

| 4학년이 알아야 할 도형 개념 |

수학 명칭	개념	도형
예각	직각보다 작은 각	
둔각	직각보다 크고 180°보다 작은 각	
이등변삼각형	두 변의 길이가 같은 삼각형(두 각의 크기가 같다)	
정삼각형	세 변의 길이가 같은 삼각형(세 각의 크기가 모두 같고 한 각의 크기는 60°)	
수직	두 직선이 만나서 이루는 각이 직각일 때 두 직선은 서로 '수직'	
수선	두 직선이 서로 수직일 때 한 직선은 다른 직선에 대한 '수선'	
평행	서로 만나지 않는 두 직선	
평행선	평행한 두 직선	
사다리꼴	마주 보는 한 쌍의 변이 평행한 사각형	
평행사변형	마주 보는 두 쌍의 변이 서로 평행한 사각형	
마름모	네 변의 길이가 같은 사각형	
다각형	선분으로만 둘러싸인 도형	
정다각형	변의 길이와 각의 크기가 모두 같은 다각형 (정삼각형, 정사각형, 정오각형, 정육각형 등)	

4학년 도형은 직접 작도를 해보는 것이 개념을 익히는 가장 좋은 방법이다. 각도기 사용도 익숙할 때까지 그려봐야 한다. 각도의 덧셈과 뺄셈은 어렵지 않다. 그 외 도형은 '모양조각' 교구를 이용하여 도형을 채워보면서 도형의 성질을 이해한다. 평면도형의 이동에서는 밀기, 뒤집기, 돌리기, 뒤집고 돌리기가 나오는데, 실제로 '모양조각'이나 색종이로 도형을 만들어 몇 번 해보고 예측하여 그림을 그려보는 연습을 하면 충분히 잘할 수 있다. 평소 종이접기를 즐긴다면 이와 같은 문제들을 쉽게 풀 수 있다.

4학년은 연산 영역이 중요하다. 곱셈과 나눗셈에서 실수가 많이 나오기 때문이다. 연산은 다 할 수 있다며 연습하지 않는 아이들이 있는데, 혼합식에서 계산 순서를 실수하거나 한 자릿수가 0일 경우 계산하지 않는 실수가 다반사다. 선행을 하더라도 학교에서 해당 단원을 배울 때는 연산 문제를 반복적으로 풀어봐야 평가에서 좋은 점수를 받을 수 있다. 이 단원에서 유난히 실수가 많다면 반드시 아이가 '자릿값'을 제대로 이해하고 있는지 확인해야 한다. 보조선을 그어 세로셈을 하면 실수도 줄이고 아이 입장에서도 편리하다. 과정이 익숙할 때까지 보조선이 있는 연산 문제집을 연습해도 좋다.

```
            1 9
      25)4 9 1
  3 5 6    2 5
× 2 0      2 4 1
-------    2 2 5
7 1 2 0      1 6
```

보조선을 활용한 곱셈과 나눗셈

자주 나오는 문제 유형은 곱셈이나 나눗셈에서 잘못된 곳을 찾아 바르게 고치거나, 곱셈식과 나눗셈식 완성하기, 수 카드로 곱셈식이나 나눗셈식을 계산하는 유형은 중요하므로 익힘책을 우선 공부하고 문제집 응용 수준까지 공부해야 한다.

수 카드 5장을 한 번씩만 사용해서 가장 작은 세 자릿수와 가장 큰 두 자릿수를 만들고 두 수로 곱셈식을 만들어 계산해보세요.

《4-1 수학 익힘책》中

4학년 연산에서 아이들이 가장 어려워하는 부분은 '분수와 소수의 덧셈과 뺄셈'이다. 5학년 때도 이어지므로 후행하는 일이 없도록 이 단원은 열심히 연습해야 한다. 분수와 소수만큼은 문제집 한 권 분량으로는 숙달하기까지 턱없이 부족하다. 기본 문제집 두 권과 응용문제집 한 권을 정해서 다른 단원은 풀지 않아도 분수와 소수의 단원들을 모아 꼼꼼히 풀어봐야 한다. 분수에서는 (자연수)-(분수), (대분수)-(대분수) 연습까지 충분히 해야 하고, 소수 사이의 관계를 아이들이 가장 어려워하므로 연습 문제를 통해 숙지해야 한다.

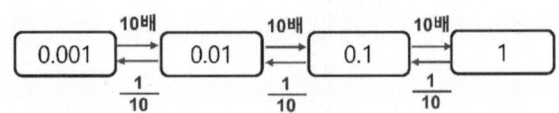

막대그래프나 꺾은선그래프는 절대 만만하게 봐서는 안 되는 영역이다. 그래프 읽는 방법을 익히면 생각 외로 쉬운 문제이다. 문제를 읽고 직접 표와 그래프를 만들어보면 그래프를 꼼꼼하게 해석하는 눈을 기를 수 있다. 규칙을 찾는 문제들은 사고력이나 경시에 자주 등장하는 유형이다. 추론 능력을 기를 수 있는 영역이므로 규칙 찾기의 심화 문제들은 꽤 어려운 편이지만 교과 수준에서는 규칙 조건을 잘 찾으면 크게 어려워할 부분은 없다. 재미있게 사고력 문제를 경험할 수 있는 기회라고 생각하자.

4학년은 수학다운 문제들이 등장하기 시작한다. 문제도 길고 서술형 문제는 논리적으로 해결하는 과정도 적어야 한다. 수학 문제를 풀 때 국어 실력이 곧 힘이 되는 시기다. 그동안 수학 선행은 하지 않았더라도 독서를 꾸준히 해왔던 아이들은 수학의 개념을 쉽게 이해하고 문제를 이해하는 능력이 뛰어나서 연산과 개념을 잘 챙긴다면 수월하게 수학 문제를 풀 수 있다. 독해력이 부족하면 문제를 제대로 이해하지 못해 잘못된 식을 세우거나, 어떻게 풀어야 할지 전혀 갈피를 잡지 못할 수도 있다. 문제를 소리 내어 읽어보거나 문장에서 의미별로 사선을 그어 표시하고, 문장의 의미 그대로 그림이나 표로 도식화해보면 된다. 순차적으로 그 과정을 정리하면 풀이 과정이 된다.

5~6학년을 위한 수학 공부법

　수학이 쉽고 재미있다고 했던 아이들도 어렵다고 말하는 때가 바로 5학년이다. 5학년부터 어떻게 공부했느냐에 따라 다음 학년의 학습 난이도가 결정된다. 5학년부터 수학에 흥미가 생겨 열심히 공부한 아이들은 학년이 올라갈수록 실력이 점점 더 좋아진다. 반면 학교에서 배우는 내용도 어려운데 학습 결손을 보완하지 않고 진도를 따라가기에 급급하면 수학과는 점점 멀어진다.

　5학년부터는 현행으로 공부하더라도 한 학기 정도는 미리 예습하면 적어도 교과 수학 진도를 따라가느라 고생하는 일은 줄어든다. 충분히 익히지 않고 다음 내용으로 넘어가지 않도록 공부의 선순환을 위해 예습은 필수적이다. 새 학기가 시작되기 전 방학 때 다음 학기 예습을 하고, 학기 중에도 이어서 예습한다면 무리하지 않고 선행 진도를 나갈 수 있다. 6학년 때는 중등 수학 공부를 한 학기라도 미리 해두면, 중학교에 올라가 자신감을 가지고 수학 수업 시간에 임할 수 있다.

5~6학년은 개념 노트·문제풀이 노트·오답 노트 세 권의 수학 노트가 필요하다. 도형과 측정의 개념과 공식이 적용되는 문제들이 많기 때문에 개념 노트 한 권에 정리해서 중등 수학의 기초 자료를 만들어둔다. 문제집에 직접 풀기보다는 풀이 노트를 만들어 식을 쓰고 풀이 과정을 정리한다. 오답 노트를 만들고, 문제를 풀고, 채점한 다음 오답 확인 후 틀린 문제를 노트에 정리한다. 이때 오답 노트를 만들어두면 중학교 입학 전에 오답 유형만 풀어보면 되므로 훨씬 효율적이고 수학 약점을 보완하는 강력한 도구가 될 수 있다.

5학년은 수학 공부 시간과 양을 조금씩 늘리기 시작해서 6학년이 되었을 때는 매일 적어도 1~2시간은 수학 공부를 습관화한다. 이제 본격적으로 수학 공부를 할 시기다. 이때 말하는 수학 공부는 숙제가 아닌 스스로 공부하는 시간을 의미한다. 부족한 부분을 보충하거나 관심 있는 영역의 심화 학습을 하는 시간이다.

영재고 또는 과학고를 준비한다면, 수학 공부 시간은 학원이나 과외를 포함해 매일 평균 3~5시간이 된다. 사교육을 하면 심화, 경시까지 해야 하므로 실제 공부 시간은 더 길어진다. 사교육 여부를 떠나 수학이 진로 선택에 중요한 과목이라면 매일 1시간 스스로 공부하면 3~4시간 학원에서 배우는 것보다 나을 것이다.

때로는 스스로 공부하는 아이들도 5학년 수학부터는 내용을 제대로 이해하지 못한 채 다음 단원으로 넘어가곤 한다. 고학년이 되면 스스로 알아서 공부한다고 생각하지 않길 바란다. 어느 날 학교에서 받아온 낮은 점수에 놀라는 부모도 적지 않다. '믿는 도끼에 발등 찍힌다'는 말을 실감하는 학년이다. 아이를 믿는 것도 중요하지만, 아이가 공부한 내용을 살펴보는 것을 소홀히 하지 않아야 한다.

아이의 공부를 가르치지는 않더라도 적어도 무엇을 배우고 무엇을 어려워하고 무엇을 잘하는지 정도는 알아야 한다. 아이가 어렵다고 손을 내밀었을 때 그것도 모르냐며 핀잔을 주어서는 안 된다. 어려운 것을 어렵다고 용기 내어 말한 아이를 격려해주고 문제를 해결할 수 있는 방안을 함께 모색함으로써 공부하는 방법, 모르는 문제를 해결하는 과정을 알려줘야 한다. 그러면 아이도 자연스럽게 부모에게 존경심이 생긴다.

5~6학년은 사춘기가 시작될 때라 자칫 지나친 간섭을 하면 아이와 멀어질 수 있다. 학교 주간 학습 안내표의 진도를 미리 확인하고 교과 학습을 우선으로 어려운 점은 없는지 살핀다. 사교육을 하는 경우 아이에게 너무 어렵지는 않은지 확인할 필요가 있다. 어려운 교재

를 공부한다고 해서 아이 실력이 좋은 것은 아니다. 필요 이상으로 어려운 문제들은 아이를 지치게 만든다. 부모가 욕심을 내려두고 아이만 바라봐야 할 때가 바로 지금이다.

5~6학년 수학의 영역별 학습 요소에 나오는 개념들은 확실하게 익혀야 한다. 특히 도형과 측정에서 새로운 개념들이 등장하므로 교구를 활용하면 이해하기가 한결 수월할 것이다.

| 5~6학년 수학 영역별 학습 요소와 활용 교구 |

영역	학습 요소	교구
수와 연산	약수, 공약수, 최대공약수, 배수, 공배수, 최소공배수, 약분, 통분, 기약분수	수모형, 수막대, 막대분수, 원형분수, 모눈종이
도형	합동, 대칭, 대응점, 대응변, 대응각, 선대칭도형, 점대칭도형, 대칭축, 대칭의 중심, 직육면체, 정육면체, 면, 모서리, 밑면, 옆면, 겨냥도, 전개도, 각기둥, 각뿔, 원기둥, 원뿔, 구, 모선	투명다면체, 입체도형, 입체모형 전개도, 조노돔 지오픽스, 펜토미노, 글리코블럭
측정	이상, 이하, 초과, 미만, 올림, 버림, 반올림, 가로, 세로, 밑변, 높이, 원주, 원주율, cm, ㎡, ㎢, ㎤, ㎥	줄자, 자
규칙성	비, 기준량, 비교하는 양, 비율, 백분율, 비례식, 비례배분, :, %	연결 큐브
자료와 가능성	평균, 띠그래프, 원그래프, 가능성	비바샘 초등 수학 디지털 교구

덧셈, 뺄셈, 곱셈, 나눗셈의 혼합계산에서 순서를 실수하지 않도록 충분한 연산 연습을 해야 한다. 정확도와 더불어 속도도 중요하기 때

문에 연산 문제를 풀 때는 짧은 시간 집중하는 것이 중요하다. 약수와 배수의 관계를 이해하고 최대공약수와 최소공배수의 의미를 알고 구할 수 있어야 한다. 분수와 소수의 곱셈과 나눗셈까지 연산 연습을 충분히 하면 중등 수학을 시작할 수 있는 기본 실력은 갖추게 된다.

==평면도형과 입체도형의 개념과 성질에 대한 이해를 바탕으로 구체적인 조작 활동을 통해 개념을 잘 알고 있어야 한다.== 도형은 암기도 필요한 영역이기 때문에 각 입체도형의 겨냥도와 전개도를 그릴 수 있어야 한다. 단, 각뿔과 원뿔의 전개도는 다루지 않는다. 측정은 길이, 넓이, 부피 등 여러 속성의 양을 비교하고, 단위를 이용하여 재거나 어림해봄으로써 양을 수치화하는 것이다. 실생활에서 어림값을 구하기 위한 방법으로 올림, 버림, 반올림을 적용할 수 있어야 하며, 이상, 이하, 초과, 미만을 이해하고 이를 활용하여 수의 범위를 나타낼 수 있어야 한다. 평면도형의 둘레와 넓이를 구하는 방법을 다양하게 추론해보고 문제를 해결할 수 있어야 한다.

6학년 때 배우는 규칙 영역은 함수 개념에서 중요한 역할을 한다. 비와 비율은 두 양의 크기를 비교하는 상황을 통해 비의 개념을 이해하고, 그 관계를 비로 나타낼 수 있어야 하며, 비율을 분수, 소수, 백분율로 나타낼 수 있어야 한다. 간단한 비례식을 풀 수 있으며, 주어진 양을 비례배분하여 실생활에서 비율이 적용되는 경우를 찾아 필요성을 이해한다. 자료와 가능성에서는 평균을 구하고 활용할 수 있도록 하며, 실생활 자료를 그림그래프, 띠그래프, 원그래프로 나타내본다.

자료 수집은 물론이며 그래프를 해석하여 문제 해결 능력을 키울 수 있다. 가능성을 수나 말, 즉 '불가능하다', '~아닐 것 같다', '반반이다', '~일 것 같다', '확실하다' 등으로 나타낼 수 있다.

5~6학년은 단기적으로는 주간 계획도 중요하지만 연간 수학 공부 계획도 필요하다. 문이과 통합이라고는 하지만 진로 선택에서는 문과 이과로 나눠지기 때문에 필요한 수학 공부의 깊이가 다를 수밖에 없다. 이때부터는 사교육과 집에서 공부하는 것으로 나누기보다는 진로에 따라 계획을 세워야 한다. 주간 계획은 앞서 제시한 공부 계

| 6학년 수학 연간 계획표 예시(의학 계열 진로 목표) |

구분		1학기(3~6월)	여름방학(7~8월)	2학기(9~12월)	겨울방학(1~2월)
연산		1-2 수력충전	2-1 수력충전	(1) 2-1 수력충전 (2) 2-2 수력충전	2-2 수력충전
교과	현행	6-1 쎈 수학 (단원평가 중심) 6-1 최상위수학 (유형 중심)	6-1 쎈 수학, 6-1 최상위수학 오답 총정리	6-2 쎈 수학 (단원평가 중심) 6-2 최상위수학 (유형 중심)	(1) 6-2 쎈 수학, 6-2 최상위수학 오답 총정리 (2) 6학년 심화 문제 해결의 길잡이
	선행	(1) 1-1 개념+유형 파워 (2) 1-1 최고 수준 (3) 1-2 개념 원리	(1) 1-2 개념 원리 (2) 1-2 개념+유형 파워	(1) 1-2 개념+유형 파워 (2) 1-2 최고 수준 (3) 2-1 개념 원리	(1) 2-1 개념 원리 (2) 2-1 개념+유형 파워
스스로 학습		1-1 에이급 원리 해설 (인강 활용)	경시대회 모의고사	1-2 에이급 원리 해설 (인강 활용)	초등 수학 총정리
기타		〈수학동아〉 구독 EBS 〈문명과 수학〉, 〈넘버스〉 등 다큐 시청			

획과 다르지 않기 때문에 연간 수학 공부 계획을 예시로 제시한다.

의학 계열 진로가 목표인 6학년의 수학 연간 계획표 예시(278쪽 참고)를 살펴보자(실제 상담했던 아이의 6학년 연간 계획표이며, 중학생이 되어서도 큰 이변 없이 진행 중이다). 선행 진도가 빠른 편은 아니지만 선행도(개념-응용-심화) 순서대로 꼼꼼하게 진행하고 있다. 이 연간 계획표의 큰 장점은 자신의 학년, 즉 현행의 응용 심화를 놓치지 않는다는 것이다. 선행을 하는 아이들 중에는 선행 과제가 많으면, 자신의 학년 공부는 뒤로한 채 선행 교재에 집중하는 아이들도 많다.

이 연간 계획표에서 연산은 자신의 실력에 맞는 교재를 꾸준히 진행하고 있다. 선행 수학 진도보다 한 학기 앞서 연산을 공부하면 적어도 연산 때문에 진도가 지체되는 일은 없다. 연산이 탄탄하면 중등 수학의 수 연산 영역에서 오히려 도움이 되기 때문에 중등 연산도 따로 공부할 필요가 있다. 현행으로 교과 진도에 맞춰 《쎈 수학》과 《최상위수학》은 동시에 진행하되, 《쎈 수학》은 교과 진도에 맞춰 공부하면 자연스럽게 단원평가에 대비하게 된다.

목표는 《쎈 수학》 B단계 만점이다. 《최상위수학》은 기본 개념은 제외하고 유형 중심으로 문제 풀이를 하고 여름방학 때는 오답 총정리를 한다. 여름방학 때는 상대적으로 시간이 있어서 경시대회 모의고사도 스스로 학습 계획에 넣었다. 스스로 학습은 자신의 실력을 쌓기 위한 공부로서 아이가 주도적으로 계획한다. 약 4개월 동안 《에이급 원리 해설》 교재 전체를 풀기보다는, 최고 수준 심화 교재를 하면서 해결하기 어려운 비슷한 유형을 찾아 인강과 함께 부분적으로 활용하는 계획안이다. 평소 수학에 흥미가 많아 수학 관련 다큐를 보거나 수학 잡지를 본다.

아직 6학년이지만 선행을 한 적이 없어도 괜찮다. 중요한 것은 자신의 실력에 맞춰 현재 하고 있는 공부를 잘 채워가는 것이다. 계획을 세울 때는 최소한 중등 입학 전인 겨울방학 때는 1학년 연산이라도 꼭 연습하자.

누구나 어려워하는 5학년 수학

5학년 수학은 잘하는 아이도 어렵다고 체감한다. 이제까지 아이와 함께 수학을 공부해온 부모도 고비를 맞는 시기다. 5학년은 수학뿐만 아니라 다른 과목도 전반적으로 학습량이 늘어난다. 전체적으로 한꺼번에 어려워지기도 하고, 새로 배우는 개념의 양도 늘어난다. 공부의 양이 많아지다 보니 충분히 학습할 시간이 없다.

현행 진도로 공부하는 아이들은 매 단원마다 꼼꼼하게 학습해야 한다. 선행을 하는 아이들은 기본, 응용, 심화 총 세 권을 미리 풀고, 자기 학년에 응용 심화 문제를 다시 풀어보는 경우가 많다. 현행을 하는 아이들에 비해 상대적으로 문제집을 조금 더 많이 푸는 것이다. 현행을 하는 아이들은 보통 직전 학기 방학 때 한 학기 예습을 하고, 현행에서는 학교 진도에 맞춰 응용문제집을 풀고, 학기가 끝나고 방학이 시작되면 직전 학기 심화와 다음 학기 예습을 한다.

5학년 새 학기가 시작되기 전에 반드시 점검해야 할 것이 하나 있다면 사칙연산의 완성도다. 기본 응용 수준의 문제를 풀었을 때 계산에서 실수하는 일이 없어야 한다. 사칙연산이 제대로 되지 않으면 5학년 때 수학이 무너진다. 계산이 복잡해지기 때문에 연산의 속도와 정확도가 뒷받침되지 않는다면 연산 때문에 속 끓는 일이 많아진다. 연산 실력이 부족한 아이들은 학교 진도조차 따라가기 버거울 수 있다. 초등 기간에는 연산 실력에 따라 진도도 제각각이겠지만, 가장 중요한 것은 꾸준한 연습을 통해 수학의 감을 유지하는 것이다.

자연수의 혼합계산 단원은 규칙에서 실수하거나 부호를 잘못 보는 경우도 있다. 정확하게 풀어야 하는 단원이라 집중하지 않으면 누구나 실수하기 쉽다. 중학교 때는 양수와 음수로 확장되어 연산하므로 5학년부터는 실수하지 않고 정확하게 푸는 훈련을 해야 한다. 이 단원에서 어려운 심화 문제를 반복하기보다는 수학 익힘책 수준의 문제를 한 번 풀어보는 것만으로도 충분하다. 어려운 문제를 해결하기보다 쉬운 문제를 실수하지 않는 것이 학습 목표에 더 가깝다.

분수의 덧셈, 뺄셈, 곱셈의 연산에서 약분과 통분을 자연스럽게 할 수 있을 정도의 연습이 필요하다. 또한 분수 크기를 비교하는 개념을 정확하게 숙지해야 한다. 중요한 단원이니 미리 공부하지 않으면 학습량이 많은 데다 추가로 공부해야 하므로 학교 진도를 따라가기에 급급할 수밖에 없다.

| 5학년 단원별 주요 내용 |

5학년	단원	교과과정	주요 내용
1학기	1	자연수의 혼합계산	덧셈, 뺄셈, 곱셈, 나눗셈이 섞여 있는 식의 계산
	2	약수와 배수	약수와 배수, 곱을 이용하여 약수와 배수 관계 알기 공약수와 최대공약수, 공배수와 최소공배수
	3	규칙과 대응	두 양 사이의 관계, 대응 관계를 식으로 나타내기
	4	약분과 통분	크기가 같은 분수, 분수를 간단하게 나타내기, 분모가 같은 분수로 나타내기, 분수의 크기 비교, 분수와 소수의 크기 비교
	5	분수의 덧셈과 뺄셈	분모가 다른 분수의 덧셈 분모가 다른 분수의 뺄셈
	6	다각형의 둘레와 넓이	다각형의 둘레, 넓이의 단위 직사각형의 넓이, 다각형의 넓이
2학기	1	수의 범위와 어림하기	이상과 이하, 초과와 미만 수의 범위의 활용, 올림, 버림, 반올림
	2	분수의 곱셈	(진분수)×(자연수), (대분수)×(자연수) (자연수)×(진분수), (자연수)×(대분수) (진분수)×(진분수), 여러 가지 분수의 곱셈
	3	합동과 대칭	도형의 합동, 선대칭 도형, 점대칭 도형
	4	소수의 곱셈	(소수)×(자연수), (자연수)×(소수) 1보다 작은 소수끼리의 곱셈, 1보다 큰 소수끼리의 곱셈 자연수와 소수, 소수끼리의 곱셈에서 곱의 소수점의 위치
	5	직육면체	직육면체의 성질, 겨냥도, 전개도, 정육면체의 전개도
	6	평균과 가능성	평균과 활용, 일이 일어날 가능성 표현하기

5학년 1학기에서 생각보다 오답이 많은 단원은 '5. 분수의 덧셈과 뺄셈'이다. 이때는 개념 문제집이나 연산 문제집에서 해당 유형을 찾

초등 5-1 수학 익힘책 中 약수와 배수 단원 문제 예시	중학 투탑 수학 1-1 中 소인수 분해 단원 문제 예시
연수와 준기는 운동장을 일정한 빠르기로 걷고 있습니다. 연수는 3분마다, 준기는 4분마다 운동장을 한 바퀴 돕니다. 두 사람이 출발점에서 같은 방향으로 동시에 출발할 때, 출발 후 30분 동안 출발점에서 몇 번 다시 만나는지 구해보세요.	어느 버스 정류장에서 A노선의 버스는 15분마다, B노선의 버스는 18분마다 출발한다고 한다. 오전 6시 정각에, A, B 두 노선의 버스가 동시에 출발한 후 그날 오후 6시까지, A, B 두 노선의 버스가 동시에 출발하는 횟수를 구하기 위한 풀이 과정을 쓰고 답을 구하시오.

아 정확하게 풀어야 한다. 해당 단원의 심화 문제는 중등에서 일차방정식의 활용에 나오는 문제 유형과 비슷하다. 이때쯤 부모들은 수학 선행의 필요성을 느끼기 시작한다. 하지만 방정식을 몰라도 현재까지 공부한 내용을 토대로 문제 풀이는 가능하므로 정답 유무를 떠나 다양한 문제 유형을 접해본다는 마음으로 즐겁게 공부해도 좋다.

5학년 1학기 약수와 배수는 중등에서 최대공약수, 최소공배수 단원으로 이어지는 중요한 단원이다. 기초 개념을 잘 숙지해야 나중에 다시 5학년 수학을 펼쳐보지 않을 수 있다. 이 단원은 현재 중등 1학년도 많이 어려워한다. 이 단원만큼은 익힘책의 문제 풀이만으로는 유형 연습이 부족할 수 있으니 시중 문제집에서 응용 수준의 문제를 필히 풀어봐야 한다. 5-1에 나오고, 중1-1에서 배우니 선행을 하더라도 학교에서 약수와 배수 단원만큼은 현재 진도에 집중하고 가능하면 심화 문제까지 다뤄도 좋다.

5학년에는 입체도형, 합동과 대칭의 개념을 배운다. 직접 작도를 해보면 익히기 어렵지 않다. 모눈종이를 활용하거나 종이에 그림을

| 5학년이 알아야 할 도형 개념 |

수학 명칭	개념	도형
직육면체	마주 보는 면이 합동인 직사각형으로 둘러싸인 입체도형	
정육면체	여섯 면이 모두 합동인 정사각형으로 둘러싸인 입체도형	
합동	모양과 크기가 모두 같아 완전히 포개지는 도형	
대응점, 대응변, 대응각	합동인 두 도형을 완전히 포갰을 때 겹쳐지는 꼭짓점이 대응점, 겹쳐지는 변이 대응변, 겹쳐지는 각이 대응각	
선대칭도형	어떤 직선을 기준으로 도형을 접었을 때 완전히 겹쳐지는 도형	
점대칭도형	어떤 점을 중심으로 180도 돌렸을 때 처음 도형과 완전히 겹쳐지는 도형	

그래서 돌려보고, 색종이를 반으로 접어서 잘라보면 기본 문제는 어렵지 않게 해결할 수 있다. 심화 문제는 머릿속으로 도형을 돌리거나 뒤집고, 종이를 몇 번 접어야 하는 과정을 거쳐야 한다. 이때 가장 핵심이 되는 것은 합동과 대칭 개념의 완벽한 이해와 도형의 성질을 잘 파악하는 것이다. 따라서 도형의 개념은 정확하게 알고 있어야 한다.

5학년에서 측정 영역은 그동안 배운 평면도형의 성질을 이용하여 둘레와 넓이를 구하는 문제들로 구성되어 있다. 둘레는 쉽게 구하지만 넓이는 어려워할 수 있으나, 공식이 나오게 된 배경을 직접 그려보면서 공부하면 쉽게 이해할 수 있다. 도형 감각이 부족한 아이들에게 더욱 효과적이다.

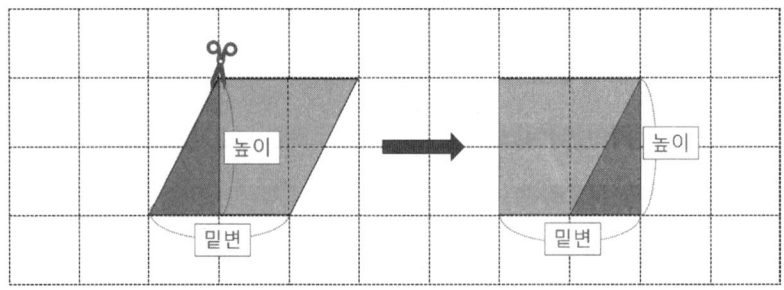

예를 들어 평행사변형의 넓이를 단위 넓이를 이용하여 모눈의 개수를 구해 알아볼 수 있다. 모눈종이에 평행사변형을 그리고, 밑변에 수직선인 높이를 긋고, 그 선을 가위로 자른 뒤, 자른 도형 중 한 도형을 옆으로 이동하면 직사각형이 만들어진다. 평행사변형의 밑변은 가로가 되고 높이는 세로와 같으므로 평행사변형의 넓이는 '밑변의 길이×높이'가 된다.

공식이 나오게 된 배경을 이해했다면 문제를 풀면서 익혀야 한다. 잘 틀리는 도형은 실제로 그 도형을 자주 그려봐야 한다. 도형 단원의 특성상 공부를 할 때는 다 아는 것 같지만 시간이 지나면 원리나 공식이 생각나지 않을 수 있다. 하지만 알아야 할 공식을 그림과 함께 개념을 정리해두면 이미 공부를 했기 때문에 쉽게 떠올릴 수 있다.

5학년부터는 수학이 어려워지므로 아이가 잘 모르는 것은 천천히 다시 한 번 설명해주어야 한다. 이제부터 공부해야 하는 시기인데, 자신감만 한 동기부여는 없으므로 아이들에게 칭찬도 필요하다. 학

| 5학년이 알아야 할 수학 공식 |

	명칭	공식	도형
다각형의 둘레	정다각형	한 변의 길이×변의 수	⬠
	직사각형	(가로+세로)×2	▭
	평행사변형	(한 변의 길이+다른 한 변의 길이)×2	▱
	마름모	한 변의 길이×4	◇
다각형의 넓이	직사각형	가로×세로	▭
	정사각형	한 변의 길이×한 변의 길이	□
	평행사변형	밑변의 길이×높이	▱
	삼각형	밑변의 길이×높이÷2	△
	마름모	한 대각선의 길이×다른 대각선의 길이÷2	◇
	사다리꼴	(윗변의 길이+아랫변의 길이)×높이÷2	⏢

년이 올라갈수록 학교에서 보는 단원평가도 100점을 맞기 어렵다. 교과 단원평가가 있다면 쉬운 단원이라도 100점을 맞는 경험을 하자. 이는 수학의 자신감으로 이어지고, '아! 맞다'라고 이야기하며 실수하는 아이들의 태도도 바뀔 수 있다. 실수가 습관이 되지 않도록 점검하는 습관도 기른다.

초등 마무리는 확실하게! 6학년 수학

6학년이 되면 부모와 아이 모두 마음이 조급해지기 시작한다. 1년 뒤 중학교에 입학하면 내신이 중요한데, 이제껏 시험다운 시험을 본

적이 없으니 아이의 실력이 어느 정도인지 가늠하기도 어렵다. 수학 교과서와 익힘책을 잘하고 있지만, 이것만으로는 아이가 수학을 잘한다고 판단할 수는 없다. 공부를 시키지 않았던 부모들도 아이가 6학년이 되면 공부에 관심을 가진다.

6학년 때 가장 중요한 한 가지는 바로 '자기주도 학습'이다. 그동안 스스로 공부해본 적 없거나 공부 자체를 해본 경험이 적으면 공부 습관이 제대로 잡히지 않아 자기주도 학습에 어려움이 있다. 그러나 아이들은 부모가 생각하는 것 이상으로 올바른 방향으로 성장하고 있다. 이제부터라도 조금씩 공부 습관을 만들어주면 초등 3학년 때는 그렇게 말을 안 듣던 아이도 무언가 해보려고 노력하는 모습을 보인다.

초등 아이들에게 필요한 것은 과정에 대한 진심 어린 칭찬이다. 아이들도 자신이 칭찬받을 만한 일을 했는지 안 했는지는 구별할 수 있다. 말로만 대충 하는 칭찬은 효과가 떨어질뿐더러 오히려 아이들에게 반감을 살 수 있다. 아이들이 공부한 과정을 살펴보고 진정한 조언과 격려를 해주어야 한다.

지금까지 심화 문제를 풀어본 적이 없다고 해서 초등 저학년부터 심화 문제집을 순서대로 풀어볼 필요는 없다. 6학년 진도부터 심화 문제를 접근해보자. 6학년 심화 문제는 그동안 배운 개념들이 더해진 것이기 때문에 현재 학년의 문제를 잘 해결하는 것을 목표로 삼아도 좋다.

6학년에게 추천하고 싶은 문제집 2가지 중 첫 번째는 《문제 해결의 길잡이》다. 문제를 해결하는 다양한 방법을 경험해볼 수 있으며 사고력을 요하는 심화 문제로 구성되어 있다. 응용문제를 충분히 풀 수 있다면 누구나 한 번쯤은 풀어봐도 좋다. 나 역시 매 학년마다 마무리는 《문제 해결의 길잡이》를 사용했다. 한 권을 다 풀 때마다 문제 해결 능력이 조금씩 나아지고 있음을 아이 스스로 느낀다.

두 번째는 《수능까지 이어지는 초등 고학년 수학》이다. 6학년은 학습 결손이 있는지 확인하는 과정이 필요하다. 《쎈 수학》과 같은 문제집의 성취도 문제로 마무리해도 좋지만, 심화와 중등 연계 문제도 함께 풀고 싶다면 이 교재가 효율적이다. 중등 수학 과정을 앞두고 있거나 중등 선행을 시작했지만 잘 받아들이지 못하는 아이에게 도움이 될 수 있다.

6학년 교과과정의 주요 내용을 살펴보자. (278쪽 참고) 수와 연산 영역은 분수와 소수의 나눗셈으로 마무리한다. 연산에서도 풀이 과정을 쓰는 것은 중요하다. 수 감각이 있거나 연산에 능숙한 아이들은 다음과 같은 문제를 암산으로 쉽게 풀어낸다.

다음 가장 작은 수를 가장 큰 수로 나눈 몫을 구해보세요.

$$2\frac{1}{2},\ 4,\ \frac{8}{5}$$

하지만 수 감각이 부족하거나 연산 연습이 충분하지 않은 아이들은 대분수를 가분수로 바꾸고, 통분을 한 뒤 자연수도 가분수로 바꾼 다음 가장 작은 수와 큰 수를 찾아서 나눗셈을 한다. 계산 과정을 줄여나가는 것 또한 실력이다. 계산 과정이 길어지면 오히려 실수하는 아이들도 있다. 속도와 정확성이 중요한 연산은 타고난 수 감각이 없어도 꾸준한 연산 연습을 한다면 자연스럽게 능숙해진다.

6학년 아이들은 대부분 연산을 활용하는 문제를 어려워한다. 계산만 하는 것은 오히려 쉽다. 문장제 문제에서 식을 어떻게 써야 할지 몰라서 곧바로 별표를 하거나 긴 문장을 대충 읽고는 풀고자 하는 의지조차 없는 아이도 있다. 그럴 때는 수학 익힘책과 비슷한 난이도의 문제집을 풀어본다. 개념 문제를 풀어본 다음 순차적으로 같은 영역의 난이도를 점차 높여가면 된다. 수학도 암기라는 말은 이런 문제 유형을 외워서 풀이하는 아이들을 두고 하는 말이다. 물론 개념과 공식은 암기가 필요할 수 있다. 하지만 문제 유형마다 풀이 과정을 외워버리면 공부할 때는 틀리지 않아도 조금만 시간이 지나면 기억이 나지 않는다. 풀이 과정을 외우는 방법은 효율이 떨어지므로 쉬운 단계부터 차근차근 스스로 풀어보는 연습이 필요하다.

'유사 문제 유형의 난이도 변화'(277쪽 참고)의 문제를 보면 1단계는 가장 기본적인 나눗셈을 하면 되지만, 2단계부터는 분수의 사칙연산이 복합적으로 나온다. 처음 3단계 문제를 스스로 풀기 힘들면 쉬운 문제부터 차근차근 풀어가면서 점점 문제 풀이 방향을 찾아나간다.

1단계를 풀 수 있는 아이는 2단계가 심화이며, 2단계를 풀 수 있는 아이는 3단계가 심화이다. 심화의 기준은 문제집 종류가 아니라 문제 유형 난이도에 따른 개인의 실력이다.

| 유사 문제 유형의 난이도 변화 |

1단계	2단계	3단계
무게가 똑같은 감자 3개의 무게가 $1\frac{2}{5}$ kg입니다. 감자 1개는 몇 kg일까요?	한 상자에 무게가 똑같은 감이 3개씩 들어 있습니다. 감이 들어 있는 상자 2개의 무게가 $\frac{13}{4}$ kg이고, 빈 상자 1개가 $\frac{3}{8}$ kg이라면, 감 1개는 몇 kg입니까?	무게가 같은 젤리 50개가 놓여 있는 접시의 무게를 재어보니 $10\frac{5}{12}$ kg이었습니다. 젤리 20개를 먹고 나머지 젤리가 놓여 있는 접시의 무게를 재어보니 $6\frac{1}{4}$ kg이었다면 젤리 2개의 무게는 몇 kg입니까?

출처 : 《교과서 개념잡기 6-1》　　출처 : 《교과서 유형잡기 6-1》　　출처 : 《최상위수학 6-1》

이렇게 실력을 차츰 쌓다 보면 수와 연산 영역은 중등에서도 힘을 발휘하게 될 것이다.

| 6학년 단원별 주요 내용 |

6학년	단원	교과과정	주요 내용
1학기	1	분수의 나눗셈	(자연수)÷(자연수)의 몫을 분수로 나타내기 (분수)÷(자연수), (대분수)÷(자연수)
	2	각기둥과 각뿔	각기둥, 각기둥의 전개도, 각뿔과 구성 요소
	3	소수의 나눗셈	(소수)÷(자연수), (자연수)÷(자연수)의 몫을 소수로 나타내기, 몫의 소수점 위치 확인하기
	4	비와 비율	두 수 비교, 비와 비율, 백분율
	5	여러 가지 그래프	그림그래프, 띠그래프, 원그래프, 여러 그래프 비교
	6	직육면체의 부피와 겉넓이	직육면체의 부피 구하기, 직육면체의 겉넓이 구하기
2학기	1	분수의 나눗셈	(분수)÷(분수), (자연수)÷(분수), (분수)÷(분수)를 (분수)×(분수)로 나타내기
	2	소수의 나눗셈	(소수)÷(소수), (자연수)÷(소수), 몫을 반올림하여 나타내기, 나눠주고 남는 양
	3	공간과 입체	위, 앞, 옆에서 본 모양, 층별로 나타낸 모양을 보고 쌓은 모양과 쌓기나무의 개수 알기
	4	비례식과 비례배분	비, 간단한 자연수의 비, 비례식의 성질과 활용, 비례배분
	5	원의 넓이	원주와 지름, 원주율, 원의 넓이
	6	원기둥, 원뿔, 구	원기둥, 원기둥의 전개도, 원뿔, 구

6학년 때 배우는 도형은 전개도를 직접 그려보면서 용어에 익숙해지도록 한다. 가끔 아이들이 삼각기둥을 삼기둥이라고 쓰는 것을 보면 아직 용어가 생소한 것이다. 각 입체도형의 특징을 알아야 한다. 원기둥, 원뿔, 구의 공통점과 차이점은 명확히 알아야 한다. 도형의 성질은 암기할 정도로 많이 보고 익숙해져야 문제를 틀리지 않는다.

특히 측정 영역에서 쌓기나무를 활용하여 부피 구하는 공식이 나온 원리를 이해해야 한다.

교과서를 통해 원리를 이해하고 6학년이 알아야 할 수학 공식은 암기해야 심화 문제에 적용하기 수월하다. 난이도가 쉬운 문제는 공식을 외우지 않아도 원리만 알면 생각해낼 수 있다. 그러나 심화 문제는 상대적으로 시간이 많이 걸리는 데다 공식을 외우지 못하면 문제 풀이가 오래 걸린다. 도형과 측정은 개념과 공식을 암기해야 한다.

| 6학년이 알아야 할 도형, 측정 개념 |

수학 명칭	개념	도형
각기둥	윗면과 아랫면이 서로 평행하고 합동인 다각형으로 이루어진 입체도형(밑면 : 각기둥에서 서로 합동이면서 평행한 두 면, 옆면 : 밑면에 수직인 면)	
각뿔	밑면이 다각형이고 옆면이 모두 삼각형인 도형	
원기둥	평행이고 합동인 면이 2개이며, 옆면이 굽은 면이고, 밑면이 원이며, 각과 꼭짓점이 없는 도형	
원뿔	옆면이 굽은 면이며, 밑면이 원이고, 꼭짓점이 1개인 도형	
원주	원의 둘레	
원주율	원의 지름에 대한 원주의 비율	

| 원기둥, 원뿔, 구의 공통점과 차이점 |

도형		원기둥	원뿔	구
공통점		굽은 면으로 둘러싸여 있음 위에서 본 모양은 원임		
차이점	모양	기둥 모양	뿔 모양	공 모양
	꼭짓점	없음	있음	없음
	앞에서 본 모양	직사각형	이등변삼각형	원
	옆에서 본 모양	직사각형	이등변삼각형	원

| 6학년이 알아야 할 수학 공식 |

구분	명칭	공식	도형 그림
부피 구하기	직육면체	가로×세로×높이 =밑면의 넓이×높이	
	정육면체	한 모서리의 길이×한 모서리의 길이×한 모서리의 길이	
겉넓이 구하기	직육면체	여섯 면의 넓이의 합 =한 꼭짓점에서 만나는 세 면의 넓이의 합×2 =한 밑면의 넓이×2+옆면의 넓이	
	정육면체	여섯 면의 넓이의 합 =한 모서리의 길이×한 모서리의 길이×6	
	원기둥	한 밑면의 넓이×2+옆면의 넓이 =한 밑면의 넓이×2+(밑면의 원주×높이)	
원	원주	지름×원주율 =반지름×2×원주율	
	원주율	원주÷지름 =약 3.14	
	지름	원주÷원주율	
	원의 넓이	반지름×반지름×원주율	

6학년 수학의 꽃이라고 불리는 비와 비율은 아이들이 가장 어려워하는 단원이다. 수학 교과서와 익힘책은 익숙해지기까지 문제 수가 부족하다. 개념 문제집을 준비해 개념 설명부터 읽어보며 문제를 풀어야 한다. 개념이 확실하지 않으면 2 : 3과 3 : 2가 같은 것 같기도 하고, 다른 것 같기도 하다고 말한다. 두 수를 비로 나타냈을 때, 기호 : 의 오른쪽 수가 기준이라는 것을 알면 2 : 3과 3 : 2는 다르다고 말할 수 있다.

비와 비율이 어렵다고 하는 이유는 비율이 사용되는 문제가 어렵기 때문이다. 응용 수준의 문제집에는 걸린 시간에 대한 거리의 비율, 넓이에 대한 인구의 비율, 소금물 양에 대한 소금 양의 비율 등을 구하는 문제들이 나온다. 이것은 꼭 구하는 방법을 익힌다기보다는 문제 해결 능력을 기르기 위한 것이다. 실제 비율, 백분율 등은 실생활에서 많이 쓰이니 수학의 필요성을 체감할 수 있는 영역이기도 하다.

==6학년부터는 수학 공부 시간을 차츰 늘려서 6학년이 마무리되는 시점에는 학기 중에 2~3시간, 방학 중에 4~6시간 공부할 수 있는 체력을 만들어야 한다.== 수학을 어떻게 공부해야 하는지, 무엇이 중요한지 아는 것도 필요하지만 체력 관리를 통해 공부 시간에 집중할 수 있다면 늦게 수학을 시작했더라도 얼마든지 자신이 원하는 수준에 도달할 수 있다.

중학교 입학 준비를 위한
수학 공부법

첫째, 중등 선행보다 초등 수학의 완전 학습이 더 중요하다. 초등 수학과 중등 수학은 아이들이 체감하는 난이도의 격차가 크다. 초등학교 수학이 쉽다고 생각하고 3~4개월에 한 학기씩 문제집을 풀면서 진도를 나가다 보면 어느새 아이가 4~5학년이 되었을 때 초등 수학 문제집이 마무리된다. 특히 심화를 하지 않고, 응용 수준의 문제집으로만 초등 진도를 나간 것이라면 절대 중등 선행을 시작해서는 안 된다.

5학년 과정부터는 중등 수학과 밀접한 관계가 있다. 중등 선행을 하면 초등 심화 문제를 조금 더 쉽게 풀 수 있다는 생각으로 섣부르게 중등 개념을 시작하면 중등 응용 수준부터는 스스로 문제 풀기가 어려워진다. 오히려 초등 심화를 탄탄하게 공부하는 것이 중등 수학에 더 도움이 된다. 그렇다고 중학교 입학 준비를 하는 데 초등 1~2학년 심화가 필수적인 것은 아니다. 1~2학년 심화 문제들은 3~4학년에서 응용 수준 이상의 문제 유형과 연관되어 있으므로 3~4학년 교과 심화와 연산에 문제없다면 꼭 되돌아가지 않아도 된다. 하지만 3~6학년 심화가 충분하지 않으면 중학 수학 1학년 1학기 1단원부터 고생하는 경우가 많다.

초등 수학에서 3~6학년 심화 과정은 정답률이 높진 않아도 공부 경험이 필요하다. 그래야 중등 수학 문제를 처음 풀었을 때 어렵지만 해볼 만하다고 생각할 수 있다. 초등 심화 교재의 정답률이 70~80% 이상이라면 중등 수학 선행을 할 때 개념 학습과 응용 수준의 문제를 충분히 해낼 수 있다. 70% 미만이지만 절반 정도 풀어낼 수 있으면 그것만으로도 스스로 사고하며 공부한 경험이 쌓인 것이므로 심화 공부의 의미가 없는 것은 아니다. 중등 수학은 응용력, 사고력을 요하는 문제들이 많기 때문이다.

중학교 입학 전 반드시 복습해야 할 초등 수학 단원

학년	단원명
3학년	분수와 소수, 원
4학년	분수의 덧셈과 뺄셈, 소수의 덧셈과 뺄셈 삼각형, 사각형, 다각형
5학년	약수와 배수, 분수의 곱셈, 소수의 곱셈, 분수의 나눗셈, 소수의 나눗셈, 직육면체, 다각형의 넓이, 합동과 대칭
6학년	비와 비율, 비례식과 비례배분 각기둥과 각뿔, 원의 넓이, 직육면체의 겉넓이와 부피, 원기둥, 원뿔, 구

둘째, 중등 연산은 미리 준비하자. 학교 교과 진도에 맞춰 현행을 하는 경우 6학년 2학기부터 중등 연산 1학기를 미리 공부하면 적어도 중학교 학기 중에 연산 숙달 부족이 생기지 않는다. 연습 시간을 따로 할애하지 않아도 되니 공부 시간을 효율적으로 분배할 수 있다. 또한 자신 있게 교과 수업에 임할 수 있다. 중등 수학은 크게 1학기는 대수, 2학기는 기하로 구분한다. 2학기에는 대수 영역이 없다고 연산을 공부하지 않으면 다음 학년 1학기에 그동안 숙달했던 연산 연습이 수포로 돌아갈 수 있다.

중등 수학은 최소한 연산도 한 학기 앞서 미리 공부해서 완벽하게 숙달되어야 한다. 중등 연산 문제집을 따로 풀어보는 것이 더욱 효과적이다. 학습지를 이용해도 되지만 중등 연산의 개념을 잘 설명해줄 수 있는 선생님인지 반드시 확인한다. 교재만 제공하고 채점 관리만 하는 학습지가 아니라 새로운 유형을 접할 때 원리와 문제 풀이 방법까지 설명해줘야 한다. 중등 수학은 속도와 정확성 2가지를 모두 잡아야 상위권이 될 수 있다.

<mark>셋째, 독해 문제집을 풀어보자.</mark> 책을 잘 읽는 아이들이 수학을 잘한다고 하지만 책을 꼼꼼히 읽지 않고 대충 읽으면 지문도 대충 읽는다. 무슨 말인지 이해는 하지만 문장을 수와 식으로 치환하는 것은 어려워하는 아이들이 많다. 문제 해결에 필요한 수학적 개념은 다 알고 있는데, 어떻게 풀어야 할지, 어떤 식을 세워야 할지 모르는 것이다. 독해 문제집에서 구조 파악에 대한 문제를 풀어보는 것이 도움이 된다. 수학 문제 풀이 과정을 자세히 보면 국어에서 글을 전개하는 원리와 다르지 않다. 구조를 파악하면 구하고자 하는 것과 조건을 구별하여 식을 세울 수 있다. 다음 문제 예시를 보면 논리적 사고를 이용한 구조 파악으로 조건에 맞게 풀이한 것을 알 수 있다.

> 어떤 물통에 물을 가득 채우는데,(1) / A, B호스로는 각각 20분, 30분씩 걸리며,(3) / 또 가득 찬 물을 C호스로 다 빼는 데는 1시간이 걸린다고 한다.(2) / A, B호스로 물을 넣으면서 / 동시에 C호스로 물을 뺄 때,(조건(5)) / 물통에 물을 가득 채우는 데 걸리는 시간(구하고자 하는 것,(4))은 몇 분인지 구하여라.
>
> 《최상위수학 라이트 1-1》 일차방정식의 활용 문제 中

풀이 물통에 가득 찬 물의 양을 1이라고 하자. C호스로 물을 다 빼는 데 1시간이 걸린다면 1분에 $\frac{1}{60}$의 물을 빼낸다.

A호스는 1분에 $\frac{1}{20}$, B호스는 1분에 $\frac{1}{30}$의 물을 넣는다.

물통에 물을 가득 채우는 데 걸리는 시간을 χ분이라고 하면,

$\frac{1}{20}\chi + \frac{1}{30}\chi - \frac{1}{60}\chi = 1$, 양변에 60을 곱하면

$3\chi + 2\chi - \chi = 60$

∴ $\chi = 15$

물을 가득 채우는 데 걸리는 시간은 15분이다.

문장을 의미별로 끊어 읽고, 논리력을 이용하여 구조를 파악해가며 풀이 순서를 정해본다. 구하고자 하는 것을 조건에 대입하여 풀이 과정을 완성한다. 이처럼 복잡한 수학 심화 문제일수록 글의 구조를 파악할 수 있어야 논리적으로 풀이할 수 있다. 논리력과 사고력이 향상되는 독해 훈련은 수학 문제 해결 능력을 키워주는 뿌리 역할을 한다.

5장

똑똑한 초등 수학 공부 마스터

잘 모르겠다면 연산부터

  수학을 어떤 것부터 해야 할지 모른다면 연산부터 공부해보자. 연산만 잘한다고 수학을 잘하는 것은 아니지만 수학을 잘하는 아이들 중에 연산을 못하는 아이는 없다. 스포츠도 실전에 강한 선수들은 기본기와 체력을 갖췄듯이 수학도 마찬가지다. 연산이 능숙하면 수학을 잘할 가능성이 크다.

  수학 공부는 수능 시험에 귀결된다. 수능 수학은 고등학교까지 습득한 수학의 기본 개념, 원리, 법칙을 이해하고 적용하여 계산하고 추론하며 문제를 푸는 것을 통해 대학 교육에 필요한 수학적 사고력을 측정하는 시험이다. 100분 안에 30문제를 풀어야 하니 속도와 정확성이 중요하다. 시간이 없다고 하기보다는 실력이 없다고 하는 것이 더 정확한 표현이다. 제한 시간 내에 마지막 문제까지 마무리하려면 충분한 기초 체력이 있어야 한다. 적어도 연산이라는 기초 체력이 충분하면 실수를 최소화할 수 있다.

초등 저학년 때는 연산 문제집부터 풀이하며 진도를 나가도 무리가 없다. 하지만 3학년 이후부터는 틀리는 문제가 많고 어려워하는 점이 눈에 띈다. 왜 그럴까? 이때부터는 그동안 배웠던 연산을 활용하는 단계로 수와 연산 실력이 하나둘 수면 위로 떠오르기 시작한다. 이전 학년까지 연산은 대부분 계산 문제가 대부분이었지만 4학년부터는 수의 크기도 커지고 확장되는 범위도 넓어진다. 연산은 초등학교 때 배우는 덧셈, 뺄셈, 곱셈, 나눗셈이 전부가 아니다. 초등 연산은 중학교에서 방정식과 함수, 고등학교에서 미적분까지 연결되는 위계성이 철저한 영역이므로 이전 과정에서 학습 결손이 있다면 다음 과정을 이해하기 어렵다. ==개념을 이해한 다음 정확한 계산력을 키우는 것이 중요 포인트이다.==

| 초중고 연산의 연계 |

	초등	중등	고등
수와 연산	• 자연수 • 자연수의 사칙연산 • 분수와 소수 • 분수와 소수의 사칙연산 • 약수와 배수 • 약분과 통분	• 소인수분해 • 정수와 유리수 • 유리수와 순환소수 • 제곱근과 실수	• 집합 • 명제
문자와 식		• 문자의 사용과 식의 계산 • 일차방정식 • 일차부등식 • 연립일차방정식 • 다항식의 곱셈 • 인수분해 • 이차방정식	• 다항식의 연산 • 나머지 정리 • 인수분해 • 복소수와 이차방정식 • 이차방정식과 이차함수 • 여러 가지 방정식과 부등식
함수		• 좌표평면과 그래프 • 일차함수와 그래프 • 이차함수와 그래프	• 함수 • 유리함수와 무리함수 • 지수함수 • 로그함수 • 삼각함수 • 함수의 극한과 연속 • 미분 • 적분

4학년 때 배우는 분수와 소수의 덧셈과 뺄셈 연산이 미흡했다고 하더라도 5학년 때 배우는 다각형 넓이는 이해하며 공부할 수 있다. 하지만 분수와 소수의 곱셈과 나눗셈은 원리를 이해한들 계산이 익숙하지 않으면 실수가 이어진다. 수학 영역 중에서도 연산은 순차적으로 교과 체계에 맞춰 공부해야 효율적이다.

연산 학습의 기준과 목표는 자기 학년의 연산을 완성하는 것이다. 여기서 말하는 완성이란 개념 이해가 아니다. 문제 풀이가 정확하고 빠르게, 아주 능숙한 정도를 말한다. 고학년 때는 자연수와 분수, 소수의 사칙연산에서 계산 때문에 틀리지 않도록 충분한 연습량을 쌓아야 한다. 수학을 아무리 잘해도 계산이 숙달되지 않으면 90점은 쉽게 넘을 수 있어도 만점을 받기는 어렵다.

연산을 잘 이해하는 아이라면 초등 전 학년에서 '수와 연산'을 우선적으로 공부해도 된다. 연산은 3학년이라고 해서 꼭 3학년 내용만 공부해야 하는 것은 아니다. 가능하다면 아이의 능력 범위에서 선행을 하고, 꾸준히 연습한다면 중고등 수학을 공부할 때 빠른 계산력으로 시간을 벌 수 있다. 저학년 때는 연산을 공부하는 아이들이 많지만 학년이 올라가면서 꾸준히 연산을 하는 아이가 많지 않다. 다음 6-1 심화 문제를 예시로 살펴보자.

> 둘레가 221.1m인 원 모양의 공원이 있습니다. 공원 둘레를 서우와 다영이가 같은 곳에서 동시에 출발하여 일정한 빠르기로 반대 방향으로 걷는다고 합니다. 서우는 7분 동안 76.44m를 다영이는 9분 동안 99.72m를 걷는다면 두 사람은 출발한 지 몇 분 후에 처음으로 만나는지 소수로 나타내시오.
>
> **풀이** 서우가 1분 동안 걷는 거리 : 76.44÷7=10.92m
> 다영이가 1분 동안 걷는 거리 : 99.72÷9=11.08m
> 두 사람이 1분 동안 걷는 거리 : 10.92+11.08=22m
> 문제 해결 : 221.1÷22=10.05(분) 후에 처음으로 만난다.

고학년이 되면 점점 심화 문제를 접하면서 계산보다는 문제 해결 능력이 더 중요하다고 생각한다. 연산보다는 수학 문제 풀이를 하는 것이 낫다고 하지만 앞의 문제 풀이를 보면 갈색 글씨는 문제 해결에 필요한 실마리와 과정이고, 회색 글씨는 풀이를 위한 식이다. 심화 문제를 풀기 위해 총 네 번의 소수의 나눗셈을 거쳐야 한다. 자칫 하나의 나눗셈에서 실수라도 나오면 아는 문제인데도 오답이 될 수 있다. 심화 문제일수록 계산 과정이 많거나 복잡한 경우가 종종 있다. 연산 속도가 빠르면 문제를 푸는 시간도 빠르기 때문에 시험에서 빛을 발할 수 있다.

연산은 학습 시기를 놓치면 따라잡는 데 시간이 걸리므로 고학년이 되어도 연산의 끈을 놓아서는 안 된다. 반대로 연산을 미리 준비하면 상위 수학으로 올라갈수록 좋은 성적을 얻을 수 있다. 그렇다면 연산 공부는 언제까지 해야 할까? 적어도 아이가 고등 수학 문제를 풀 때 계산 실수로 틀리지 않아야 한다. 초등, 중등 수학 과정을 공부하고 있다면 하루 1~2장도 좋으니 꾸준히 문제를 풀어서 연산의 감을 놓지 말자. 전쟁에서 전술에 앞서 무기가 중요하듯이 수학에서 탄탄한 연산 실력은 강력한 무기를 가지고 전쟁에 나가는 것과 같다. 수학을 잘하고 싶다면 일단 연산부터 시작하자.

실수도 실력일까?

수학에서 실수는 무엇을 의미할까? 사소한 실수도 방치하면 자신이 갖고 있는 실력을 100% 발휘할 수 없기에 실수도 실력이라고 한다. 초등 아이들의 수학 문제집을 채점하다 보면, 3×8=32, 6×4=28 등 구구단을 단순 실수로 잘못 적은 경우가 있다. 또는 뺄셈인데 덧셈을 하거나 혼합계산에서 곱셈을 먼저 해야 하는데 덧셈을 먼저 하는 실수는 누구나 한 번쯤 겪어봤을 정도로 흔하다.

연산 문제를 풀다가 이런 실수로 틀리면 순간 착각했다고 생각할 수 있다. 하지만 어려운 문장제 문제 풀이를 정확히 적었는데, 마지막에 연산 실수로 오답을 적는 것은 실수가 아니라 실력이다. 중고등 수학에서 한 문제 차이로 등급이 바뀔 수도 있는 만큼 이것은 치명적인 약점이다. 꼼꼼하지 못한 습관이 자리 잡으면 실수가 많아질 수밖에 없다.

긴장하거나 성격이 급해서 문제를 빨리 푸는 아이들은 검토를 통해 실수를 줄여나갈 수 있다. 수학은 시간이 없어서 검산을 다 못 하는 경우도 많은데, 수학을 잘하는 아이들은 그래도 문제를 빨리 푸는 편이라 검토할 시간 여유가 있다. 처음부터 문제를 차분히 보고 풀면 좋겠지만 실수는 누구나 할 수 있다. 아이가 문제를 풀다가 실수했다고 너무 채근해서는 안 될 일이다.

초등 수학 문제를 실수하면 부모들은 중고등학교 가서도 실수할까 봐 걱정한다. 초등 수학은 항상 100점이 목표라고 하는 부모들도 많다. 목표는 누구나 만점이지만 실수가 있을 수 있으니 90점 이상이면 잘했다고 칭찬해주는 것이 좋다. 그 대신 이번 실수를 다음에는 하지 않도록 실수했을 때 아쉬운 점에 대해 아이와 이야기해본다.

초등 2학년 아이가 단원평가에서 $15+8=25$라고 연산 실수를 했다면 어떻게 해야 실수를 줄일 수 있는지 함께 방법을 찾아보자. 이때 아이가 받아올림이 있는 덧셈의 원리를 정확히 모른다면 다시 문제를 풀어보며 방법을 알려준다. 어떻게 풀어야 하는지 방법은 알지만 왜 그렇게 되는지 원리를 몰라서 생각나는 대로 풀이를 하기도 한다.

사실 문제 풀이 연습이 부족한 것인데 실수라며 답만 고치고 넘어가면 그다음에도 같은 이유로 답을 틀릴 것이다.

==아이가 실수로 틀린 문제들을 모으고 비슷한 유형의 문제끼리 묶어보자.== 그러면 틀린 문제가 단순 실수인지, 아이의 수학 약점인지 쉽게 찾을 수 있다. 수학을 잘하려면 자신감 있게 문제를 풀어야 한다. 실수한 문제 유형을 여러 번 풀게 하거나 아이의 태도를 꾸짖으면 수학 문제에 두려움이 생길 수 있다. 우리 아이는 아직 초등학생이다. 실수를 줄일 수 있는 시간은 충분하다.

==문제를 꼼꼼하게 끝까지 읽지 않거나 부호나 숫자를 잘못 보는 습관은 바로잡아 주어야 한다.== 이런 습관을 실수라고 판단하여 대충 공부하다 보면 학년이 올라갈수록 수학이 점점 더 힘들어진다. 실수를 잡아야 실력을 올릴 수 있다. 가장 중요한 것은 문제를 대하는 태도다. 쉬운 문제라고 해서 끝까지 읽지 않고, 아는 문제라고 빨리 풀어버리려는 습관을 고쳐야 한다. 수학은 겸손하게 공부해야 하는 과목이다. 문제를 꼼꼼하게 보는 습관을 길러야 하는데 검토할 때 양손을 이용하면 도움이 된다. 중요한 부분은 오른손으로 짚어가며 읽고, 왼손은 그에 해당하는 풀이 과정을 짚어가며 이중으로 점검한다.

운동도 연습을 꾸준히 해야 실력이 느는 것처럼 수학도 마찬가지다. 초등 과정에서는 대부분 연산에서 실수가 나온다. 이때는 익숙하지 않아서 실수하는 경우가 많다. 연산은 하루 10문제라도 꾸준히 연습해서 계산이 익숙하고 편해져야 한다. 누구나 처음에는 곱셈과 나눗셈을 하는 데 시간이 많이 걸린다는 점을 인지하고 매일 꾸준히 하는 것을 목표로 한다.

풀이 과정을 쓰는 것을 귀찮아하는 아이들도 많다. 특히 사칙연산을 어느 정도 암산할 수 있을 때 실수가 더 많이 나온다. 풀이 과정을 아주 세세하게 적을 필요는 없지만, 식을 세우고 풀이 내용을 차분히 적는 연습을 해본다. 이때 줄이 있는 수학 노트를 쓰면 도움이 된다. ==풀이 과정이 있으면 어느 부분에서 실수했는지 쉽게 찾아낼 수 있다.== 이런 경험이 쌓이면 아이도 풀이 과정의 중요성을 깨닫고, 실수로 인해 처음부터 문제를 푸는 일이 없다.

마지막으로 채점 결과 오답이 나온 문제를 다시 풀어서 맞혔다고 그냥 넘어가서는 안 된다. 대충 보고 넘어가면 나중에 똑같은 실수를 반복하게 된다. 왜 실수했는지, 어떤 유형의 문제에서 실수했는지 구체적으로 알아야 한다. ==아이 스스로 어떤 실수를 하는지 아는 것이 가장 중요하다.== 이렇게 하면 검토할 때도 유의해서 확인하므로 실력이 자연스럽게 올라간다.

심화 문제집
꼭 해야 할까?

　자녀의 수학 공부에 가장 관심이 많은 학부모는 단연코 초등 1학년이다. 누구나 학교 공부의 첫 단추를 잘 꿰고 싶을 것이다. 다른 과목과 달리 수학은 답이 정해져 있기 때문에 아이의 실력을 객관적으로 파악할 수 있는 지표가 된다. 보통 수학을 잘하면 공부를 잘한다고 생각한다. 공부, 특히 수학을 잘하는 방법은 저학년 부모들의 큰 관심사다.

　수학은 미리 공부해두면 수월하다는 생각에 유치원부터 초등 1학년 교과에 나오는 연산을 시작한다. 취학 전부터 수학을 시작한 초등

1~2학년 아이 중에는 3학년 이상의 진도를 나간 경우도 적지 않다. 초등 저학년 학부모가 중고등학교 수학 공부에 대한 정보를 미리 수집하기도 한다. 수학을 잘하는 방법으로 전문가들이 입 모아 이야기하는 것이 바로 '자기 학년의 심화가 중요하다'는 것이다.

심화 문제집의 필요성

심화 문제를 풀어보지 않으면 기본 개념을 문제에 응용하거나 활용하지 못한다. 보통의 아이들은 기본 개념을 배운 뒤 문제 유형을 풀어보고 다음 진도로 넘어간다. 선행은 이런 방식으로 공부하는 경우가 많다. 그러다 보니 1~2년 선행이 오히려 자기 학년의 심화 문제보다 더 쉽게 느껴진다. 3학년 아이가 5학년 선행을 하고 있다면 문제 난이도를 확인해보자. 5학년 개념 문제가 3학년 심화 문제보다 쉬울 수 있다. 개념 문제는 관련된 유형 문제를 풀다 보면 자연스럽게 풀이 규칙을 찾을 수 있기 때문에 배운 개념을 적용하기 어렵지 않다.

진분수의 곱셈

진분수의 곱셈은 분자는 분자끼리, 분모는 분모끼리 곱하여 계산합니다.

1) 단위분수×단위분수
$\frac{1}{4} \times \frac{1}{5} = \frac{1}{4} \times \frac{1}{5} = \frac{1}{20}$

2) $\frac{3}{8} \times \frac{5}{6} = \frac{3 \times 5}{8 \times 6} = \frac{15}{48} = \frac{5}{16}$

예시 : 5-2 개념 문제(《개념+유형 파워》 中)

분명 자기 학년의 문제인데 왜 심화는 어려울까? 심화 문제는 문장제로 되어 있어서 어려운 것이 아니라 문제 자체에 한 가지 개념만 들어 있는 게 아니기 때문이다.

재호는 가지고 있던 우표의 $\frac{3}{4}$을 우진이에게 주고, 우진이에게 주고 남은 우표의 $\frac{4}{9}$를 주연이에게 주었더니 30장이 남았습니다. 재호가 처음에 가지고 있던 우표는 모두 몇 장인지 구하시오.

분명 학교에서 배운 개념을 이용해 조금만 더 깊이 생각하면 해결할 수 있는데 처음 본 것처럼 배우지 않았다고 생각하거나 복잡하게 느껴져서 쉽게 포기하는 아이들도 많다. 현재 단원에 나오는 개념뿐만 아니라 이전 학년에서 배운 개념들이 복합적으로 나오기 때문에 스스로 깊이 생각하는 경험을 쌓아야 한다.

심화 문제집은 어떻게 선택해야 할까?

1~2학년은 자기 학년에 맞춰 심화 문제집을 꼭 풀어야 할 필요는 없다. 유아부터 사고력 수학을 공부했던 아이라면 1~2학년 심화 문제를 어디선가 풀어본 것 같다고 생각한다. 문제 유형이 비슷하기 때문이다. 저학년 때는 자기 학년의 심화 문제집을 풀어도 좋지만, 사

고력 문제를 통해 아이의 수학적 경험을 쌓는 것이 실력 향상의 지름길이다. 초등 저학년을 위한 사고력 교재 중 심화 문제를 경험할 수 있는 대표적인 것으로는 《창의사고력 수학 초등 팩토》(매스티안), 《영재 사고력 1031》(시매쓰), 《최강 TOT》(천재교육), 《최상위사고력》(디딤돌) 등이 있다. 이 문제집을 모두 다 풀어야 하는 것은 아니다. 사고력 문제집은 한 단원이라도 자신의 것으로 충분히 이해했다면 심화를 해결할 수 있는 수학 실력이 늘었다고 볼 수 있다. 다 풀어야 한다는 부담감이 없어야 한다.

==심화 문제는 양보다 질이 중요하다. 문제를 해결하는 데 필요한 핵심 요소인 식을 만들어가는 과정이 심화의 핵심이다.== 대표적인 교재가 《문제 해결의 길잡이》(미래엔), 《수학의 힘 감마》(천재교육)이다. 선행을 하고 있어도 1학년이면 1학년 교재를, 5학년이면 5학년 교재를 진도에 맞춰 복습하면 학교에서 보는 논술형 평가도 대비할 수 있고, 자기 학년의 심화도 챙길 수 있어 일석이조다.

여기에서 꼭 알아두어야 할 것은 ==아이 실력에 따라 심화 문제의 난이도 조절이 필요하다는 것이다.== 모든 아이들이 '최상위'라는 말이 붙은 교재를 공부해야 하는 것은 아니다. 아이가 자기 학년의 응용 수준 문제를 잘 해결했다면 난이도가 높은 심화 문제집을 선택해도 좋다. 정답률이 70% 이상이라면 현재 수준의 문제집을 그대로 유지하고, 정답률이 50% 안팎이라면 조금 더 쉬운 심화서로 바꿔준다.

예를 들어 초등 3학년 아이가 3학년 디딤돌 응용 수준의 문제집은

90% 이상의 정답률을 보여서 최상위 심화 문제집을 풀게 했더니 정답률이 50% 수준이라고 하자. 응용과 최상위 문제집의 난이도 차가 큰 것이므로《최상위수학》대신 조금 더 쉬운《최상위S》로 교재를 바꾼다. 응용 난이도와 최상위 난이도의 차이가 너무 클 수도 있으니 조금씩 다음 단계로 넘어가는 것이 꼼꼼하게 공부하는 방법이다.

심화서를 선택하기 어렵다면 한 권에 개념, 응용, 심화 단계별로 구분된 유형 문제집을 선택하자. 아이에게 필요한 난이도를 선택하기 용이하다. 《쎈 수학》(신사고), 《개념+유형 파워》(비상교육)가 대표적이며 3학년 이상 아이들에게 주요 교재가 된다. 개념도 어려워하는 아이라면 응용문제가 심화이고, 응용문제를 잘 푼다면 그다음 난이도가 심화이다. 아이의 실력에 따라 심화 수준을 맞추면 된다.

아이마다 심화 수준이 다르다는 것을 인지하고, 아이에게 맞는 교재를 선택하는 것이 그 출발이다. 심화를 꼭 해야 하는 것은 아니지만 아이가 평소에 공부하는 난이도보다 조금 더 생각할 시간이 필요한 문제를 제공하면 실력 향상에 도움이 된다. 심화서 한 권을 완벽하게 다 풀 필요는 없다. 한 단원이라도 좋으니 제대로 개념을 알고, 자기주도로 문제를 해결하는 경험을 쌓는 것이 중요하다. 스스로 최대한 많은 문제를 경험했을 때 실력이 올라간다.

==심화 문제를 공부할 때 꼭 필요한 것은 자신에게 맞는 교재, 오래 고민할 수 있는 충분한 시간, 정성 들여 문제를 해결하는 태도, 3가지다.==

체력과 정서가 기본

　'공부 잘하는 아이는 아프지도 않나 보다', '공부도 잘하는데 운동도 잘하네', '공부 잘하는 아이가 성격도 좋은 것 같아', '공부 잘하는 아이들은 운동할 시간도 없을 것 같은데 어쩜 이렇게 건강하고 밝을까', 이런 생각을 하는 부모들이 많다. 수학뿐만 아니라 공부를 잘하려면 건강한 몸과 정서가 바탕이 되어야 한다. 건강하지 않으면 공부를 하기 어렵고, 마음이 편하지 않으면 복잡한 생각에 얽혀 공부할 정신적 여유가 없다.

아이가 초등 3학년인데 운동할 시간도 없이 수학 공부를 하다가 밤 12시에 책상에 엎드려 잠이 든다며 상담을 요청한 부모가 있었다. 게다가 아이가 수학 공부를 하는 모습을 보고 화를 내는 경우도 많다고 했다. 초등 3학년이 밤 12시까지 수학 공부를 한다는 것 자체가 말이 안 된다고 하는 부모도 많을 것이다. 하지만 실제 상담을 해보면 치열한 학군에 거주하는 부모들은 종종 이런 고민을 한다. 공부는 오래 많이한다고 잘하는 것이 아니다. 그런데도 주변에 잘하는 친구들을 따라가려다 보면 자신도 모르게 수학 공부를 하느라 많은 것을 놓치고 있다는 것을 모른다.

수학은 엉덩이 힘으로 공부한다는 말처럼 체력이 중요하다. 공부를 더 하고 싶어도 힘들어서 못 하는 자신을 자책하는 아이들도 있다. 체력의 한계는 누구나 있기 마련이지만, 그 한계점은 저마다 다르다. 평소에 준비하지 않으면 무너지는 것은 한순간이다. 수학과 같이 두뇌를 많이 써야 하는 공부는 체력이 뒷받침되지 않으면 장시간 공부하기 어렵다. 초등 때는 학습의 질이 중요하지만, 학년이 올라갈수록 학습의 양도 무시할 수 없다. 범위가 정해져 있는 시험이라면 더 많이 반복해서 공부하는 것이 중요하다.

공부를 하다 보면 체력보다 더 힘든 것이 정서 관리다. 오랜 시간 책상에 앉아서 공부하는데, 수학 문제를 틀릴 때마다 부모님이 화를 낸다면 얼마나 마음이 답답하고 힘들겠는가? 자신도 잘하고 싶고 일부러 틀리는 것도 아닌데 부모님이 알려주는 수학 개념을 한 번에 이해하지 못한다고 질타를 받으면 아이의 정서가 쉽게 무너진다. '나는 뭘 해도 안 되는 아이인가 보다'라는 생각이 자리 잡으면 공부할수록 자신감이 떨어져서 공부와 멀어질 수밖에 없다. 수학은 정답이 정해져 있기 때문에 답을 틀렸을 때마다 좌절감이 든다. 그런데 체력이 강한 아이들은 틀려도 한 번 더 해볼 힘이 남아 있다. 몸이 힘든 상황에서 계속 문제를 틀리고 부모에게 혼나면 마음은 금방 힘들어지기 마련이다. 그래서 공부도 체력전이라고 말하는 것이다.

수학은 마음이 심란하면 집중해서 풀기 어려운 과목이다. 그날 기분에 따라 영향을 받는 아이들도 있다. 학교 선생님께 칭찬을 많이 받은 날은 실수 없이 문제를 풀지만, 친구와 다툰 날엔 사소한 연산 문제를 실수하기도 한다. 이런 사사로운 마음에 일희일비하지 않고 평정심을 가져야 공부에 집중할 수 있다.

==아이가 수학을 잘하도록 도와주고 싶다면 지구력을 길러주는 운동을 하자.== 운동은 체력과 정서 두 마리 토끼를 한 번에 잡을 수 있는 유일한 방법이다. 초등 시기에 체력과 정서, 2가지만 길러도 중학교에 입학해서 얼마든지 공부를 잘할 수 있다. 운동과 수학의 공통점이 있다. 노력한 만큼 나온다는 것이다. 어려울수록 성취감이 크고 자신의 한계를 넘어서는 과정을 통해 성장한다. 지구력을 요하는 운동은 완주의 기쁨을 안겨주듯이 수학 문제를 끝까지 푸는 과정도 그와 비슷하다.

나의 딸도 초등 5학년에 지구력을 요하는 자전거를 본격적으로 하기 시작했다. 자전거 국토종주를 통해 체력의 한계에 부딪히고 극복하는 과정을 거쳐 얻은 성취감은 그 무엇과도 바꿀 수 없는 경험이었다. 힘든 과정을 거치면 웬만한 일로는 힘들어하지 않는다. 자전거를 타는 내내 차라리 수학 문제를 푸는 것이 쉽다는 생각이 들었다고 한다. 계속 달리다 보니 체력의 한계를 이겨낼 수 있었고 정신력도 강해졌다. 국토종주 이후에 달라진 것은 어려운 공부를 할 때도 '나 스스로 이겨낼 힘이 있다'고 생각하게 되었다는 것이다. 운동을 하는 과정도 수학 공부를 하는 과정과 다르지 않다고 생각하며 어려운 공부에도 도전하는 힘을 얻은 것이다. 걷기, 등산, 줄넘기, 배드민턴 그 어떤 운동도 좋다. 아이가 성취감을 느낄 수 있는 운동을 하면 체력과 정서, 2가지 모두를 충족할 수 있다.

지금 아이가 수학을 못한다고 해서 쉽게 포기해서는 안 된다. 공부는 장기전이고 초등학교 때 포기하는 것은 너무 이르다. 아이와 부모 모두 힘든 상황이라면 우선 부모의 체력을 길러보자. 정서는 자연스럽게 건강해질 것이다.

수학학원 어떻게 선택할까?

초등 저학년 때까지는 집에서 부모와 함께 수학 공부를 하는 아이들도 많다. 일찍부터 수학학원에 다니는 아이는 수학 실력이 월등히 뛰어난 것일까? 그런데 아이의 학년이 올라가면서 점점 부모가 공부를 봐주기 힘들다 보니 학원을 다니는 아이들이 하나둘 늘어난다. 우리 아이만 수학학원을 안 다니는 것은 아닐까, 나중에 우리 아이가 갈 수 있는 학원이 없는 것은 아닐까, 우리 아이만 뒤처지는 것은 아닐까, 하는 걱정도 늘기 시작한다.

주변의 영향으로 우리 아이도 수학학원을 보내야 할지 말지 고민 된다면 아직은 학원을 보낼 때가 아니다. 학원을 보내면서도 다녀야 할지 그만둘지 계속 고민하게 된다. 아이에게 필요하다는 확신이 섰 을 때 학원을 선택한다. 수학학원에 다닌다고 수학을 잘하는 것도 아 니고, 부모가 더 이상 수학 공부에 신경을 쓰지 않아도 되는 것도 아 니다. 학원은 아이의 약점을 보완해주고 강점을 키워주는 보조적인 역할이다. 학원을 보내기로 결심했다면 아이에게 적합한 곳을 신중 히 선택해야 한다.

대부분의 학부모들은 초등 수학학원은 연산 수학학원, 사고력 수 학학원, 교과 수학학원으로 구분한다. 하지만 어떤 수학 문제든 해결 하려면 사고의 과정이 반드시 필요하다. 연산이나 교과 중심 수학학 원에서도 사고력 문제는 필연적으로 다룰 수밖에 없으므로 사고력 수학학원이라고 따로 규정할 필요 없다. 사고력을 키우기 위해 사고 력 수학학원을 꼭 다녀야 하는 것은 아니다.

초등 저학년 때는 무조건 사고력을 해야 한다는 기준은 사실 잘 못된 것이다. 수학을 배우는 과정에서 사고력은 길러진다고 보면 된 다. 다만 학원의 커리큘럼을 보면 중심 영역에 차이가 있다. 예를 들 어 연산을 중심으로 가르치는 학원은 교과과정에서 필요한 연산을 다양한 문제 유형으로 다룬다. 사고력 중심 학원은 교과서를 기준으 로 창의적 문제 해결력을 필요로 하는 유사 영역을 주로 다룬다고 보 면 된다. 저학년 아이들은 우선 독해력이 부족하면 주로 문장제의 창의 사고력 문제를 어려워하는 경향이 있다. 우리 아이가 현재 국어가 부족해서 수학을 어려워하는지, 아니면 수학적 사고가 필요한지를 우선 파악하고 학원을 선택해도 늦지 않다.

그렇다면 수학학원은 어떻게 선택해야 할까?

==첫째, 주변 시선에 관계없이 우리 아이의 수학 공부에 도움이 되는지 판단한다.== 입소문이나 학원 레벨이 선택의 기준이 되어버리면 학원을 다니면서도 우리 아이가 수학에 흥미가 있는지, 수학을 공부하는 태도는 어떤지, 실력이 향상되었는지보다 학원 커리큘럼을 잘 따라가고 있는지만 확인하게 마련이다. 아이가 학원에서 배우는 내용을 다 소화하지 못하면 오히려 학원 때문에 추가로 더 스트레스를 받으며 공부해야 한다.

==둘째, 아이에게 숙제 분량이 버겁지 않은 곳을 선택한다.== 초등 저학년 때는 예체능을 함께 하다 보니 공부할 시간이 생각보다 적다. 고학년 때는 학교 수업도 늦게 끝나고, 학원에서 몇 시간 동안 수업을 들으니 집에서 숙제할 시간이 빠듯한 날도 있다. 수학은 실력에 따라 같은 학원, 같은 레벨이라도 이해한 범위와 깊이가 다르다. 어떤 아이는 숙제 30문제 푸는 데 1시간이 걸리고, 어떤 아이는 5시간이 걸릴 수도 있다.

문제 풀이를 꼼꼼히 하는 아이들은 또래보다 시간을 더 주어야 한다. 학원 숙제로 문제 풀이를 하고 오답 풀이까지 했을 때 성취감과 즐거움을 느낄 정도의 분량이 적당하다. 인터넷 검색으로는 숙제 분량을 알기 어렵다. 학원에 직접 방문하여 어떤 교재를 사용하는지, 숙제가 어느 정도인지 확인하고 아이가 숙제를 하는 데 어느 정도 소요될지 예측해본다. 숙제가 너무 많으면 아이가 지치고 부모와 마찰이 생길 수도 있다.

셋째, 레벨 테스트를 대비해서 시험을 보지 않는다. 수학은 평소 실력으로 레벨 테스트를 봐야 실력 향상에 도움이 된다. 상위 레벨의 반에 합격하기 위해 과외를 하거나, 미리 그 학원 교재를 공부할 필요는 없다. 레벨 테스트를 준비하느라 실력이 잠시 오를 수는 있겠지만 상위 레벨에 들어간들 충분히 소화하기 어려울 수도 있다. 수학은 어렵게 공부해야 잘하는 과목이 아니다. 자신의 실력에 맞는 레벨에서 공부해야 자신 있게 할 수 있다.

하지만 부모들은 같은 반 친구들이 우리 아이보다 수학 실력이 더 높기를 바란다. 잘하는 친구들을 보고 자극을 받을 거라고 생각하는 것이다. 하지만 그런 방법이 모든 아이들에게 긍정적인 동기부여를 하지는 않는다. 오히려 친구들이 모르는 문제를 물어봤을 때 해결해주는 경험이 쌓이면 자연스럽게 한 번 더 복습하는 효과가 있다. 잘 풀리지 않는다면 한 번 더 생각해보고 모르는 것을 찾아서라도 친구에게 알려줄 것이다. 공부한 보람도 느끼고 자신감도 차곡차곡 쌓을 수 있다.

넷째, 학원의 로드맵과 커리큘럼이 부모가 지향하는 학습과 일치하는지 확인한다. 자녀가 어릴수록 수학 공부는 부모의 개입이 많을 수밖에 없다. 목표 중심으로 계획을 세워서 공부하는 가정은 보통 로드맵과 커리큘럼이 분명한 대형 학원을 선택하는 것이 유리하다. 선생님의 전문성이 보장되고 계획된 커리큘럼대로 진행되기 때문에 어떤 교재로 어느 정도 공부해야 하는지 예측도 가능하다.

수강생이 많은 경우 선생님이 중심이 되어 아이의 실력을 끌어주는 학습 방식으로 진행한다. 분기별로 담임선생님이 바뀌는 곳도 있으니 적응하는 데 시간이 걸리는 아이라면 반드시 확인해야 한다. 로드맵을 봤을 때 대체적으로 진도가 빠른 편이고 아이가 잘 따라간다면 선행도 무리 없이 진행하고 성취도도 높일 수 있다. 공부하다 어려움이 있으면 약점을 보완해주는 보충 수업도 있다.

하지만 진도가 나갈수록 모르는 것이 점점 더 쌓여 수학이 점점 어렵게 느껴진다면 로드맵 수정이 필요하다. 무엇보다 아이의 공부 성향이 중요하고, 맞춤형 학습을 원한다면 규모가 작은 학원을 선택하는 것이 좋다. 개별 진도를 나가는 방식으로 정형화된 로드맵이나 커리큘럼이 구체적이지 않은 곳이 많다. 대신 아이의 실력에 맞게 교재를 선정하고, 진도를 정할 수 있다는 것이 장점이다. 그러나 개별적으로 수업이 이루어지다 보니 저학년은 또래 그룹이 형성되지 않아 혼자 수업하면 지루함을 느낄 수도 있다. 학원 규모와 관계없이 저학년 때는 그룹 수업의 장점을 최대한 살려 친구들과 함께 수학 공부를 해보는 것도 좋은 방법이다.

==다섯째, 선생님 역량을 확인한다.== 아무리 유명한 수학학원도 선생

님마다 수업의 질적 차이는 있다. 아이들에게 수학 문제 풀이와 설명만 해주는 선생님과 수학을 통해 공부를 열심히 하고 싶다는 마음의 파도를 일으키는 선생님이 있다. 추천을 받을 수도 있지만 손뼉을 마주 쳤을 때, '짝' 소리가 나는지는 직접 수업을 받아봐야 알 수 있다. 아이가 어려워하는 부분을 파악해 자신감을 심어주고 학부모에게 피드백을 잘하는 선생님들은 대체로 제자를 사랑하는 마음을 갖고 있다. 보통 선생님을 보고 학원을 선택하는 경우가 많다. 한 달 남짓 학원을 다녀보면 선생님의 역량은 금방 파악된다.

<mark>마지막으로 시기적으로 꼭 필요한지 고민해봐야 한다.</mark> 아이가 수학을 못하는 것 같다며 무작정 학원을 알아보는 것은 시간 낭비다. 다음 질문에 하나씩 답해나가면, 현재 우리 아이에게 학원이 필요한지, 그 시기가 적절한지 알 수 있다.

우리 아이는 지금 학원을 가야 할까?

1. 아이의 꿈은 무엇인가?
2. 그 꿈을 이루기 위해 수학이 결정적인 역할을 하는 과목인가?
3. 수학 공부를 가장 많이 해야 할 때는 언제인가?
4. 수학보다 중요한 과목이 있다면 무엇인가?
5. 수학보다 중요한 그 과목을 아이가 잘하는가?
6. 아이는 지금 몇 학년인가? 자기 학년의 수학은 자신 있게 잘한다고 말할 수 있는가?
7. 수학에서 부족한 영역이 있다면 무엇인가?

8. 부족한 영역을 극복할 수 있는 방법을 생각해보고, 얼만큼 시간이 필요한지 예상해보자.
9. 학원을 보낸다면 3개월 안에 어떤 기대효과를 얻으려고 하는가?
10. 현재 상황에서 학원이 부모보다 잘 가르치고 잘 관리해줄 수 있다고 생각하는가?
11. 학원을 다니지 않는다면 한 달 뒤에도 같은 고민을 하고 있을까?

수학은 스스로 공부해야 잘하는 과목이지만 시의적절하게 전문가의 도움을 받으면 시간을 절약할 수 있다. 하지만 초등 과정에서는 목적지까지 조금 돌아가더라도 스스로 찾아보는 경험이 오히려 시간을 아끼는 길이다. 스스로 사고하는 과정을 거쳐 공부해왔다면 학원을 다니든 아니든, 또는 어떤 학원을 선택하더라도 아이가 성장하는 모습을 볼 수 있다.

문제를 처음 풀 때는 많이 틀리는데 다시 풀면 거의 맞히는 아이

수학 문제를 처음 풀 때는 많이 틀리지만 가르쳐주지 않았는데도 다시 풀면 거의 맞히는 아이가 있다. 문제집을 보면 동그라미도 많지만 세모도 참 많다. 처음부터 집중해서 풀면 다 맞힐 수 있는 것을 왜 대충 푸는지 도무지 이해할 수 없다. 아이는 당연히 처음부터 정답을 맞히고 싶어 한다. 수학뿐만 아니라 다른 과목도 그럴 확률이 높다.

첫째, 공부하는 태도에 문제가 있다. 공부하기 싫은데 해야 하니 앉아서 대충 문제를 읽고 푸는 태도가 습관이 되어버린 것이다. 집에서 공부하거나 숙제할 때는 이런 현상이 보이지 않는다. 학교나 학원에서 시험 결과가 좋다면 시험을 치르는 태도는 좋을 것이다. 문제를 다시 풀었을 때 거의 맞히는 아이는 영리한 아이일 확률이 높다.

스스로 집중해서 공부하면 문제도 빨리 해결하고 정답률도 높다. 이렇게 좋은 결과를 보여주면 대부분의 부모들은 "이것도 해보면 어때?" "좀 더 해보자"고 제안하거나 더 많은 과제를 준다. 힘들게 집중해서 공부했더니 보상은커녕 숙제만 늘었으니 처음 문제를 풀 때부터 대충 하는 습관이 자리 잡는 것이다. 공부 시간을 정해두고 집중하는 훈련을 하되, 부모는 정해진 학습량 이외에 추가해서는 안 된다. 아이와 함께 약속하고 서로 지키며 공부해보자.

둘째, 문제 이해력이 부족하다. 저학년은 소리 내어 문제를 읽으면 이해하는 데 도움이 된다. 고학년은 문제를 꼼꼼하게 확인하며 읽는 습관을 들여야 한다. 문제를 의미별로 사선으로 끊어 읽는다. 숫자와 기억해야 할 조건 등 중요한 부분에 밑줄을 긋고, 구하고자 하는 부분에 동그라미를 표시한다. 풀이를 쓰고 마지막 답에 네모 표시를 해야 옮겨 적을 때 실수하지 않는다. 답을 옮겨 적고 단위를 확인한다. 풀이 과정을 검토하면 처음에 풀 때부터 실수할 일이 적어진다. 문제집이 자녀의 수준에 적절한데도 이런 일이 많다면 평소 오답 노트를 만들어 틀리는 유형을 관리할 필요가 있다.

셋째, 계산 실수가 대부분이라면 연산 학습을 따로 해야 한다. 문제 해결 능력은 있지만 항상 계산에서 틀리는 것이다. 현재 공부하는 진도보다 한 학기 정도 앞서 연산 공부를 하면 계산 실수는 줄어들 수밖에 없다. 마지막에 계산을 검토하는 습관도 기르면 정답률을 높일 수 있다.

모르는 문제를
부모에게만 의지하는 아이

수학 문제집을 풀어보는 이유는 무엇을 알고 모르는지 확인하기 위해서이다. 모르는 문제가 없다면 문제집을 잘못 선택한 것이다. 아이에게 모르는 문제에 대해 2가지 관점을 알려줘야 한다. 첫째, 모르는 문제는 수학 실력을 향상해줄 도구다. 둘째, 수학은 모르는 것을 점점 줄여가는 공부이다. 배우는 내용은 점점 많아지는데 모르는 문제를 스스로 해결하지 못하고 부모가 알려주면 나중에는 또 틀릴 수밖에 없다. 그러면 모르는 문제가 점점 많아져 수학 공부가 점점 더 힘들어진다.

모르는 문제를 계속 부모에게 물어보는 이유는 시간은 정해져 있고 해야 할 공부는 많아 빨리 해결하기 위해서이다. 또한 어려운 문제를 스스로 해결하는 경험이 부족해서 문제에 어떻게 접근해야 하는지조차 모르는 경우도 있다. 모르는 문제를 바로 알려주는 것은 잘못된 방법이다. 심지어 문제도 부모가 읽어주고 풀이 과정도 꼼꼼하게 하나씩 알려준다면 수학 공부를 하는 것이 아니라 강의를 듣는 셈이다. 학교나 학원에서 숙제는 완벽하게 해오는데 막상 시험을 보면 결과가 좋지 않은 아이들은 대부분 모르는 문제를 부모가 개입하는 경우가 많다.

초등 과정에서는 아무리 어려워도 초등학생이 해결할 수 있는 범위다. 초등 때부터 모르는 문제를 부모에게 자주 물어보면 문제 해결 능력이 아니라 이해 능력만 키울 뿐이다. 특히 초등 때는 언어 이해 능력이 높은 아이들이 수학을 더 잘한다. 문제 해결 능력에 비해 언어 능력이 높은 아이들은 문제 해결 방법을 듣고 이해하는 것으로 그 문제를 잘 안다고 생각한다. 하지만 그 문제를 이해했다고 유사한 문제까지 해결할 수 있는 것은 아니다.

태권도를 처음 배울 때 기초 운동을 시작으로 품새를 익히고 대련하는 과정과 비슷하다. 사범이 가르쳐주면 머릿속으로는 '아! 이렇게 하는구나'라고 이해했다고 태권도를 할 줄 아는 것은 아니다. 게다가 태권도를 잘하고 싶다면 배운 것을 토대로 스스로 연습하고 대련할 때 배운 기술을 적용해봐야 한다. 어떤 방법이 가장 경기에 유리한지는 연습량과 실전 경험에 비례할 것이다. 수학 공부도 머리로만 이해해서는 다음에도 똑같은 문제가 나왔을 때 풀기가 어렵다.

"모르는 문제는 별 표시하고, 오늘 공부를 다 한 다음에 한꺼번에 물어보렴"이라고 말하는 부모들도 상당히 많다. 이런 일이 자주 반복되면 아이들은 문제가 조금만 길어지거나 풀이 방법이 바로 떠오르지 않으면 시도조차 하지 않고 무조건 별 표시를 하고 쉬운 문제부터 푼다.

아이의 문제집을 펼쳐보자. 풀이 흔적 없이 별 표시로 가득하지는 않은가. 모르는 문제도 세 번 정도는 다시 풀어보라고 알려준다. 이때 필요한 것은 바로 수학 노트다. 1~2학년은 심화 문제를 풀더라도 공간이 충분하다. 하지만 3학년 이상부터는 풀이 과정이 길고 다양한 과정을 시도해야 하므로 문제집에 풀이 공간이 부족할 수 있다. 지우개로 지우고 다시 쓰기보다는 수학 노트에 풀이 과정을 모두 남기는 것이 좋다.

세 번 정도 풀어봐도 잘 풀리지 않는다면 그때는 별 표시를 해도 좋다. 풀이 흔적이 있으면 아이가 왜 어려워했는지 쉽게 파악할 수 있다. 문장 이해 능력이 부족했는지, 개념이 부족했는지, 개념 연결의 응용이 어려웠는지 알면 아이도 무엇을 모르고 어떻게 해결해야 하는지 방법을 스스로 찾기 쉽다.

그런데 아이가 어떻게 해야 할지 전혀 모르겠다고 도와달라고 하면 어떻게 해야 할까? 이런 일이 비일비재하면 "그렇게 공부할 거면 하지 마!" 하고 화를 내는 부모들도 있을 것이다. 모르는 것을 어떻게든 해결해보려는 아이의 마음도 이해해줘야 한다. 물어보는 것도 아이가 용기를 낸 것이다. 특히 모범생은 여러 번 시도해본 끝에 물어보는 경우가 많다. 다시 풀어보라는 말 대신 그 문제를 함께 살펴봐주는 것이 필요하다.

그런데 모르는 문제를 무조건 물어보는 아이라면 여러 번 생각해보라는 말은 소귀에 경 읽기와 다름없다. 그때는 적극적으로 아이 스스로 생각할 수 있도록 도와주어야 한다. 우선 아이가 문제를 소리 내서 읽게 한다. 초등 고학년도 마찬가지다. 문제를 눈으로 읽는 것과 소리 내서 읽는 것은 차이가 있다. 이때 문장을 의미별로 사선을 그어가면서 읽으면 조건과 구하고자 하는 것을 쉽게 구분할 수 있다. 초등 아이들은 개념 이해 부족보다는 문제를 제대로 이해하지 못하는 경우가 많다. 부모에게 물어보는 이유도 풀이보다는 문제를 이해하지 못하기 때문이다.

문제집에서 틀린 표시를 보면 자존심 상하는 아이들도 모르는 문제가 있을 때마다 부모에게 자주 묻곤 한다. 이 아이들은 틀리는 것을 유독 힘들어한다. 평소 칭찬을 많이 듣고 자라거나 쉬운 문제를 틀렸을 때, 부모에게 많이 혼난 경험이 있을 때 모르는 문제에 대한 두려움이 많다. 《틀려도 괜찮아》라는 동화책이 주는 메시지처럼 결과보다 과정이 중요하다는 것을 아이에게 알려줘야 한다. 비록 답은 틀렸지만 풀이 흔적이 있다면 칭찬해준다. 과정에 대한 칭찬을 자주 받다 보면 모르는 문제에 대한 두려움도 줄어들고 번번이 묻기보다 스스로 해결하려고 노력한다.

꼭 알아야 할 중요한 문제를 모른다고 할 때 "이것도 모르면 어떡하니?"라고 핀잔을 주기보다 "보물 같은 문제를 찾아왔네"라고 이야기해주자. 보물은 찾기도 힘들고 얻기도 힘들다. 중요한 문제를 알게 된 것만으로도 수학을 잘할 기회가 생긴 것이다. 보물을 얻으려면 스스로 노력해야 한다는 것을 알려준다. 처음부터 문제 풀이 방법을 다 알려주기보다 해결의 실마리가 될 수 있는 힌트를 살짝 주면 보물찾기처럼 수학 문제도 재밌게 풀 수 있다.

이렇게 해도 모르는 문제를 지속적으로 물어보면 2가지를 확인해 보자. 첫 번째, 현재 아이의 수학 실력을 점검한다. 심화 문제라도 아이가 70% 이상 해결할 수 있는 문제집을 제공한다. 그래야 아이도 모르는 문제를 스스로 해결하고자 하는 의지가 생긴다. 시도조차 하기 싫은 문제가 대부분이라면 아이는 수학이 어려운 과목이라고 인식하게 된다. 아이가 현재 공부하고 있는 문제집의 난이도가 아이의 실력이라고 생각해서는 안 된다. 수학 문제집은 해볼 만하다고 느끼는 것을 선택해야 한다.

두 번째는 평소에 읽는 책의 수준을 점검한다. 평소 편안하게 보는 책의 어휘나 문장 수준이 수학 문제보다 쉽다면 당연히 어려워할 수밖에 없다. 아이가 문장제 문제들을 주로 물어본다면, 문제집은 조금 더 쉬운 수준으로 낮추고, 평소 읽는 책의 난이도를 조금씩 높여가서 문해력을 기른다. 문장제만 아니면 심화 문제도 잘 풀 수 있다고 해서 문장제를 제외하고 심화 수준의 다른 문제만 풀이하는 것은 의미가 없다. 응용 수준으로 낮추더라도 문장제 문제까지 꼼꼼하게 풀어서 실력을 차곡차곡 다지는 것이 추후 어려운 문제까지 해결하는 힘을 기르는 방법이다.

스스로 해낼 수 있는 아이는 부모에게 일부러 의존하지 않는다. 모르는 문제를 부모에게 자주 묻는 아이는 그만큼 혼자 해낼 힘이 부족한 것이다. 혼자 해내기까지 시간적 여유가 부족한 경우가 많다. 아이들은 생각보다 쉽게 포기하지 않는다. 공들여 생각한 문제는 꼭 풀고 싶어 한다. 모르는 문제를 부모에게 의존하는 아이는 생각할 시간이 부족한 것은 아닌지 점검해보자.

수학 공부가
어렵다고 하는 아이

 수학을 쉽다고 하는 아이와 어렵다고 하는 아이, 어느 쪽이 많을까? 당연히 어렵다고 하는 아이가 많다. 그래서 어떻게 하면 수학을 쉽고 재미있게 배울지 고민한다. 공부를 시작한 지 얼마 되지 않은 유아 또는 저학년 아이들은 수학이 쉽다고 한다. 가장 쉬운 기초 연산부터 시작하기 때문에 자신감 있게 문제를 풀 수 있다. 누구나 개념을 익히고 연습 문제를 풀다 보면 100점을 맞을 수 있으니 쉽게 느껴지는 것이다. 그러나 학년이 올라갈수록 배워야 하는 개념도 많아지고 응용문제도 어려워진다. 시험을 봐도 100점은커녕 80점도 잘 안 나온다.

"엄마 수학이 어려워요."

"수학은 원래 어려운 거야. 공부를 해도 어려운데 공부를 안 하니 더 어렵지. 그렇게 말할 시간에 문제 하나라도 더 풀겠다."

수학은 원래 어려운 것인가? 적어도 공부만큼은 당연한 것이 없다. 수학이 어렵다고 하는 아이에게 조언보다는 공부를 안 해서 그런다고 잔소리하는 부모들이 더 많다. 수학이 어렵다고 말하는 것은 몸이 아프다고 신호를 보내는 것과 같다. 아이가 아프면 다독여주고 비상약으로 급한 불부터 끄기 마련이다. 그래도 낫지 않으면 병원에 가서 의사의 처방을 받는다. 공부 안 하는 아이 탓만 할 것이 아니라 아이의 마음을 공감하는 것이 우선이다. 수학이 어려운 원인을 파악하고 어떻게 하면 좋을지 함께 고민해본다. 구체적으로 무엇을 어떻게 해야 할지 해결책을 적극적으로 찾고 필요 시 전문가의 도움도 받아야 어려움을 극복할 수 있다.

그렇다면 수학을 어렵다고 하는 아이는 어떻게 해야 할까?

첫째, 아이에 대한 관심이 필요하다.

수학 공부를 하라고 하면 문제집을 보자마자 어렵다고 하는 경우가 있다. 이때 필요한 것은 부모의 관심이다. 아이가 고학년일수록 공부에 대한 관심은 많고 아이에 대한 관심은 줄어든다. 지금 풀고 있는 문제집이 어려우니 쉬운 문제집으로 바꿔야겠다고 하기보다는 아이의 진심을 들여다본다. 아이는 엄마 아빠와 이야기하고 놀고 싶은데, 자꾸 공부하라고 하니 어렵다는 핑계를 대는 경우도 있다. 아이가 수학 문제를 정말 어려워하는지 아니면 평소 부모와 대화할 시간이 부족한지 생각해보자.

==둘째, 어려운 것과 하기 싫은 것을 구분한다.==

누구나 어려운 일은 하기 싫은 법이다. 수학 공부도 마찬가지다. 어려우면 생각도 많이 해야 하고 확실하지도 않은 정답을 찾으려고 안간힘을 써야 한다. 어려운 문제를 해결하면 성취감이 있지만 열심히 노력했는데도 문제를 못 푼 경험이 쌓이면 실패에 대한 두려움이 생긴다. '난 열심히 해도 안 되나 봐', '괜히 했어'라고 자신을 탓하기도 한다. 이와 같이 누적된 부정적인 경험은 무기력으로 이어지기 쉽다. 어려우면 생각하기 싫고 귀찮은 것이다. 특히 서술형 문제나 심화 문제는 생각을 더 많이 해야 하니 하기 싫은 것이 당연하다.

아이가 학교 수행 평가를 위해 처음 줄넘기를 배우던 날을 생각해보자. 막상 줄넘기 하나를 성공하면 해볼 만하다는 생각이 든다. 줄에 걸려 넘어져도 한 번은 성공했기에 또 하나를 넘을 수 있다는 기대감을 갖는다. 하나를 넘고, 또 하나를 넘다 보면 어느새 요령을 파악해서 금세 10개 정도는 넘는다. 어려운 것이 아니라 익숙하지 않을 뿐이다. 작은 성공 경험은 어려운 것과 하기 싫은 것을 구분할 수 있는 출발점이 된다.

==셋째, 스스로 공부하는 습관을 들일 때까지 부모의 도움이 필요하다.==

아기 스스로 숟가락질할 때까지 부모는 이유식을 떠먹여 주고, 숟가락질하는 시범도 보여주고, 아이가 많이 흘리더라도 지켜봐 준다. 공부도 마찬가지다. 공부는 생존 수단이 아니기 때문에 아이가 알아서 하는 것이 아니다. 공부를 스스로 잘할 수 있다면 어렵다고 생각하지 않을 것이다. 수학은 타 과목보다 스스로 공부하기가 더 까다롭다. 선생님의 설명을 잘 듣는다고 잘할 수 있는 과목이 아니다. 배우는 것보다 배운 것을 익히고 활용하는 것이 더 중요하기 때문에 스스로 공부하는 습관을 들여야 한다.

특히 수학을 어려워하는 아이는 어떻게 공부해야 할지 모르겠다고 한다. ==부모는 아이에게 말로만 할 것이 아니라 수학 공부 방법과 공부 습관을 들이는 방법을 가르쳐줘야 한다.== 학교에서 배운 내용을 숙제하는 것만으로는 학습량이 절대적으로 부족하다. 수학이 어렵다면 집에서도 공부할 필요가 있다고 아이에게 차근차근 설명한다. 이때 어려운 점이 무엇인지 배운 내용에 대한 개념 정리를 함께 해보고, 문제 풀이 과정을 쓰는 방법을 알려준다면 아이의 태도는 점차 긍정적으로 변할 것이다. 공부 습관도 자리 잡지 못한 아이에게 어려운 수학 문제를 알아서 해결하라고 하고, 틀리면 혼내는 부모는 교육적 방임에 가깝다. 결국 아이는 수학, 아니 공부 자체를 포기할지도 모른다.

수학은 스스로 공부하는 습관을 들이기만 해도 90%는 성공이다. 아이와 함께 하루 공부 시간과 분량을 계획하고 부모가 곁에서 관찰

한다. 아이는 옆에서 지지해주는 든든한 지원군이 있다는 사실만으로 심리적으로 공부의 어려움을 조금씩 극복할 수 있다. 처음에는 부모와 함께 공부하다 조금씩 아이가 공부하는 시간을 늘려가면 된다. 매일 하루 15분 연산부터 시작해보자. 스스로 공부하는 습관을 들이기에 가장 좋은 방법이다.

==넷째, 부족한 역량을 파악한다.==

수학이 어렵다고 한다면 현재 공부하고 있는 내용을 이해하기 힘들다는 의미다. 선행을 하고 있다면 우선 현재 학교에서 배우고 있는 진도의 개념/응용/심화 문제를 단계적으로 문제 풀이를 통해 확인해본다. 심화 문제까지 어려움이 없다면 선행하고 있는 교재 수준과 비슷한 문제집을 사서 각 단원평가 문제를 풀어보고 부족한 부분이 있는지 확인한다. 부족한 부분은 해당 단원만 보충하면 된다.

선행을 하고 있는데 학교 진도에 맞는 문제 풀이도 어려워한다면 선행을 중단해야 한다. 오히려 학교 진도에 맞춰 심화 문제까지 복습하는 것이 실력 향상에 더 도움이 된다. 선행 없이 학교 진도에 맞춰 공부하는데도 어려워하는 아이라면 우선 연산 연습이 제대로 되어 있는지부터 파악한다. 또한 직전 학기 문제집이 있다면 단원평가나 성취도 평가 문제 풀이를 통해 학습 결손이 있는지 확인한다. 결손이 있다면 부족한 단원을 보충하고 현재 진도에 집중한다.

==다섯째, 아이 수준에 맞는 교재를 제공하고 과정에 대해 칭찬한다.==

어려운 문제를 풀어야만 사고력이 좋아지고, 수학 실력이 향상되는 것은 아니다. 물론 아이의 현재 수준에서 조금 더 난이도가 높은 문제를 풀어야 수학을 잘할 수 있는 것은 사실이다. 그런데 수학 난이도는 옆집 아이나 부모가 기준이 되어서는 안 된다. 초등학교 심화 문제집에는 보통 '최상위'라는 제목이 붙는다. '최상위' 문제집을 풀어야만 최상위가 되는 것은 아니지만 옆집 아이가 공부하면 우리 아이도 왠지 해야 할 것만 같다. 그런데 아이의 현재 수준이 개념 단계에 있다면 응용 단계 문제집이 아이에게는 '최상위'로 느껴질 수 있다.

옆집 아이는 최상위를 하는데 응용 단계 문제를 어려워한다고 핀잔을 주어서는 안 된다. 아이가 수학이 어렵다고 할 때는 현재 과정이 아이에게 적절한 난이도인지 반드시 확인한다. 다른 아이들보다 진도가 늦다고 조급해할 필요가 없다. 부모의 조급함은 아이의 수학 공부를 망치는 지름길이다. 쉬운 개념 문제를 당연히 맞혀야 한다며 아이가 잘해도 칭찬을 하지 않는 부모가 있다. 교재의 난이도와 관계없이 아이의 현재 수준에서 최선을 다해 공부하고 있다면 그 과정을 칭찬해주자.

수학은 독해력, 사고력, 연산 등 복합적 역량이 필요한 과목이다. 이를 충분히 받쳐주지 못하면 어렵고 힘들어하기 때문에 아이 수준에 맞는 교재 선정이 중요하다.

수학 공부가 처음이라면 어떻게 할까?

수학 공부가 처음이라면 대부분 다른 과목도 공부를 제대로 해보지 않았을 가능성이 크다. 보통 1~2학년은 교과 공부를 따로 하지 않아도 학교에서 보는 평가 문제는 대부분 어렵지 않게 해결한다. 초등학교 평가 문제는 학교에서 배우는 교과 수준을 넘어서지 않기 때문이다. 누구나 학교 수업에 충실하면 생활통지표의 교과 평가는 '잘함' 이상이 나온다. 서술형으로 기재된 종합 의견은 학교생활 기준으로 평가되기 때문에 아이의 현재 학습 수준이 어느 정도인지 파악하기 어렵다. 보통 초등 3학년이 되면 교과목이 많아지고 공부 범위도 늘어난다. 집에서 복습을 제대로 하지 않으면 기본적인 단원평가 문제도 틀리기 일쑤다.

수학도 마찬가지다. 1~2학년 때는 연산이나 도형의 기초 단계를 배우기 때문에 따로 공부하지 않아도 학교 단원평가 정도는 쉽게 풀어내는 아이들이 많다. 3학년이 되면서 큰 수의 덧셈과 뺄셈에서 실수가 나오고, 분수의 개념을 처음 배우면서 교과 수학도 어렵다고 생각하는 아이들이 많아진다. 아이가 80점 이하의 교과 단원평가 시험지를 보여주는 순간 부모들은 수학 공부의 필요성을 뒤늦게 깨닫곤 한다. 이제부터 수학 공부를 시켜야겠다고 마음먹고 아이와 함께 서점에 가서 이것저것 수학 문제집을 살펴보기 시작한다. 공부는 아직 시작도 안 했는데 여기서부터 문제가 생긴다. 교과서는 수학, 수학 익힘책 두 권인데 문제집 종류가 많다 보니 책 한 권 고르기도 쉽지 않아 어떻게 시작해야 할지 도통 모르는 것이다.

수학 공부가 처음이라면 우선 수학 교과서와 수학 익힘책부터 들여다보자. 교과서 처음부터 배운 진도까지 수학 익힘책과 비교해가며 아이가 공부한 흔적을 살펴본다. 문제를 푼 흔적이 없거나 고쳐지지 않은 오답이 있다면 수업 시간에 집중을 안 했거나 이해하기 어려웠을 수 있다. 수학 익힘책에서 동일 단원의 문제에서도 오답이 있거나 풀이 흔적이 없다면 수업 시간에 어려운 점이 있었는지 물어본다. 이때 학교에서 공부 안 하고 뭐 했냐고 채근해서는 안 된다. 학교 공부와 학교생활에 대한 부모의 따뜻한 관심은 동기부여의 시작이다. 관심이 잔소리로 이어지면 아이는 공부와 점점 멀어진다.

첫 한 달은 매일 수학 공부를 하기 힘들 것이다. 적어도 학교에서 수학 수업이 있는 날은 아이와 함께 복습과 예습을 하는 습관을 들여야 한다. 교과 진도에 맞춰 문제 풀이를 하는 것도 의미 있지만 앞서 해야 할 것이 있다. 교과서 개념을 제대로 이해했는지 확인할 필요가 있다. 이때 아이가 노트나 화이트보드에 판서하며 부모에게 직접 설명하면 더욱 효과적이다. 대부분의 아이들은 설명하면서 재확인 과정을 거치는데, 잘 아는 내용은 자신 있게 말하고 문제 풀이도 빠르게 척척 해낸다.

아이가 설명도 잘하고 풀이한 복습 문제가 모두 정답이라면 우선 결과보다는 학교 수업 시간에 집중한 것에 대해 칭찬한다. 수업 태도가 좋으면 수학도 잘할 수 있다는 과정의 중요성을 자연스럽게 알려주는 것이 포인트다. 교과 내용을 잘 이해하는 편이라면 비슷한 난이도와 다양한 유형의 연습 문제를 풀게 해서 개념을 견고하게 다진다. 《기본/응용 수학》(디딤돌), 《쎈 수학》(신사고), 《개념+유형 파워》(비상교육) 등의 문제집은 수학 익힘책보다 한 층 더 응용된 문제들로 구성되어 있어 수학 자신감을 쌓기 좋다. 채점 후 정답률과 관계없이 스티커나 스탬프와 같은 작은 보상을 주면 아이들이 성취감을 느끼게 된다.

반면 이해되지 않았거나 문제 풀이를 잘못하고 있다는 것을 알면 설명하다가 중간에 멈춰버리기도 한다. 학교에서 배운 내용을 자신이 이해한 대로 설명하는 태도를 칭찬해줘야 한다. 수학 공부를 처음 시작했다면 자신감을 불어넣어 줘야 한다. 틀린 부분이 있다면 아이가 왜 그렇게 이해했는지 되물어 스스로 답을 찾을 수 있도록 독려하는 것이 부모의 역할이다.

아이가 잘 모를 때 부모가 알고 있는 풀이 방법을 가르쳐주는 것은 지양한다. 교과서에 나오는 용어와 개념으로 설명해야 아이는 배운 내용을 쉽게 상기하며 응용할 수 있다. 교과서 설명이 부모가 이해하기에도 부족하다면 어려워했던 개념이나 예시 문제를 사진으로 찍어두고, 비슷한 난이도의 문제집을 한 권 구매한다.

교과서는 평균적으로 개념과 기본 난이도 문제집 수준과 비슷하다. 아무리 어려운 문제도 응용 수준을 넘어서지 않기 때문에 심화 문제집은 개념 설명에 적합하지 않다. 《교과서 개념잡기 초등 수학》(비상교육), 《만점왕》(EBS), 《우공비》(신사고), 《우등생해법》(천재교육), 《백점 초등 수학》(동아출판) 등은 교과 문제 유형을 중심으로 만든 대표적인 문제집으로 개념/기본서로 참고하기에 적당하다.

처음 수학을 공부할 때는 의욕이 너무 앞서 선행을 하는 경우도 더러 있다. 현재 교과 진도에 대한 예습 외에 선행을 꼭 해야겠다는 생각이 들면 연산을 미리 공부해두자. 연산 진도가 현재 교과 진도보다 6개월 정도 앞서면 그때부터 교과 선행을 시작해도 절대 늦은 것이 아니다. 교과 선행의 가장 큰 걸림돌은 연산 실력이라는 점을 꼭 기억하길 바란다.

처음 수학 공부를 하는 아이의 공부 계획표(예시 : 초등 5학년)

| 교과 수업을 잘 이해하는 경우(기준 : 학교 단원평가 90점 이상) |

	월	화	수	목	금	토	일
학교 수업	수학	수학		수학	수학		
복습		월, 화 수업 내용 설명하기			목, 금 수업 내용 설명하기		
		5-1 쎈 수학			5-1 쎈 수학	오답 노트	
예습			목, 금 진도 교과서 개념 읽기				월, 화 진도 교과서 개념 읽기
연산	5-2 빅터연산 1장	5-2 빅터연산 1장	5-2 빅터연산 1장	5-2 빅터연산 1장	5-2 빅터연산 1장	×	×

| 교과 수업은 잘 이해하지만 공부를 하지 않은 경우(기준 : 학교 단원평가 80~89점) |

	월	화	수	목	금	토	일
학교 수업	수학	수학		수학	수학		
복습	수업 내용 설명하기	수업 내용 설명하기		수업 내용 설명하기	수업 내용 설명하기		
	5-1 디딤돌 기본/응용	5-1 디딤돌 기본/응용		5-1 디딤돌 기본/응용	5-1 디딤돌 기본/응용	오답 노트	
예습	다음 진도 교과서 개념 읽기		다음 진도 교과서 개념 읽기	다음 진도 교과서 개념 읽기			다음 진도 교과서 개념 읽기
연산	5-1 빅터연산 2장	5-1 빅터연산 2장	5-1 빅터연산 2장	5-1 빅터연산 2장	5-1 빅터연산 2장	×	×

| 교과 수업 보충이 필요한 경우(기준 : 학교 단원평가 79점 이하) |

	월	화	수	목	금	토	일
학교 수업	수학	수학		수학	수학		
복습	수업 내용 설명하기	수업 내용 설명하기		수업 내용 설명하기	수업 내용 설명하기		
	5-1 만점왕 오답 노트	5-1 만점왕 오답 노트		5-1 만점왕 오답 노트	5-1 만점왕 오답 노트		
예습	다음 진도 교과서 개념 읽기		다음 진도 교과서 개념 읽기	다음 진도 교과서 개념 읽기			다음 진도 교과서 개념 읽기
연산	EBS 만점왕 연산 9단계	EBS 만점왕 연산 9단계	EBS 만점왕 연산 9단계	EBS 만점왕 연산 9단계	EBS 만점왕 연산 9단계		

수학 점수 올려주는
수학 로드맵 만들기

우리 아이에게 딱 맞는 수학 커리큘럼은 그 누구도 대신 만들어줄 수 없다. 아이를 가장 잘 아는 것은 부모다. 그 어떤 좋은 선생님의 로드맵도 마음에 쏙 들기 어렵다. 수학 공부를 할 때 로드맵이 있는 것과 없는 것은 어떤 차이가 있을까? 학원을 다니지 않고 집에서 공부하는데 야심 차게 시작했으나 한 학기가 끝나도록 문제집 한 권을 마무리하지 못한다면 로드맵이나 계획표가 없거나 실천 불가능한 계획을 세웠을 확률이 높다. 로드맵은 수학 공부 지도라고 생각하면 된다. 수학 공부를 할 때, 보통 개념-응용-심화 순서로 하는데, 로드맵이 없으면 수학 교재를 언제 어떻게 활용해야 할지 계획을 세우기 어렵다.

또한 어떤 아이는 한 학기에 한 권도 제대로 끝내기 힘든 문제집을 3~4권 풀기도 한다. 집에서 하는 공부로는 진도를 나가기 쉽지 않으니 일찌감치 학원의 도움을 받는 것이다. 그러나 학원은 우리 아이의 맞춤 커리큘럼으로 진행하기 어렵다. 대형 학원은 오히려 학원 커리큘럼에 우리 아이를 맞춰야 한다. 아이에게 딱 맞는 수학 로드맵과 계획표를 만들어 실천해보자.

연간 수학 로드맵 만들기

연간 수학 로드맵은 학사 일정이나 연간 일정에 따라 만들 수 있다. 선행을 시작하는 초등 고학년은 학기 중과 방학 중 학습 시간을 따로 관리하는 것이 편리하다. 학사 일정에 따른 로드맵을 만들어두면 1년 학교 일정에 맞춰 수학 공부 계획을 세울 수 있다. 연산, 교과(현행, 심화), 사고력, 스스로 학습, 기타 등으로 나눠 어떤 공부를 해야 하는지 교재명을 적어두면 편리하다. 수학 로드맵은 연간 일정까지만 세운다. 진행하다가 너무 어려운 영역을 만나거나 반대로 너무 쉽게 문제를 해결하면 변동이 있을 수 있으니 장기간 로드맵을 만들지 않아도 된다.

Case 1 학사 일정에 따라 만들기

| 6학년 연간 로드맵 예시 |

구분		1학기(3~6월)	여름방학(7~8월)	2학기(9~12월)	겨울방학(1~2월)
연산		구몬 I단계(중3)	구몬 J단계(고1)	구몬 J단계(고1)	구몬 K단계(고2)
교과	현행	6-1 쎈 수학	6-1 수학의 힘 감마	6-2 쎈 수학	6-2 수학의 힘 감마
	선행	중2-1 일품 중2-2 올리드 중2-2 일품	중2-2 일품 중3-1 올리드	중3-1 일품 중3-2 올리드 중3-2 일품	수(상) 개념 원리
사고력		X	수능까지 이어지는 초등 고학년 수학 대수1 심화	X	수능까지 이어지는 초등 고학년 수학 대수2 심화
스스로 학습		(1) 올리드 인터넷 강의 (2) 일품 오답	(1) 올리드 인터넷 강의 (2) 일품 오답	(1) 올리드 인터넷 강의 (2) 일품 오답	초등 수학 마무리
기타		(1) 주 1회 1시간 3% 올림피아드 문제 풀기 (2) 주 한 권 ד수학자가 들려주는 수학 이야기' 읽기			

Case 2 연간 일정에 따라 만들기

| 1학년 연간 로드맵 예시 |

구분	3월	4월	5월	6월	7월	8월	9월	10월	11월	12월	1월	2월
연산	하루 한장 쏙셈 1-1		하루 한장 쏙셈 1-2		하루 한장 쏙셈 2-1		하루 한장 쏙셈 2-2			하루 한장 쏙셈 3-1		
교과 현행	우등생 수학 1-1				교과서 개념 잡기 1-2		우등생 수학 1-2			교과서 개념 잡기 2-1		
교과 심화				최상위수학 1-1					최상위수학 1-2			
사고력	초등 팩토1						초등 팩토2					
스스로 학습		HME 기출	HME				HME 기출	HME				
기타	개념씨 수학 동화						수학 뒤집기 기본					

수학 학습 가용 시간 계산하기

아이가 하루에 공부할 수 있는 시간도 확보하지 않은 채 계획표를 만들면 무용지물이다. 하루에 공부할 수 있는 시간을 아이와 함께 정하고 그 시간의 절반 정도를 수학 공부에 활용한다. 모든 시간을 수학 공부에 쏟기는 어렵다. 아이들의 집중 시간이 길지 않을뿐더러 다른 과목도 공부해야 한다. 주말은 평일에 다 하지 못한 공부를 한다. 우선 아이가 공부할 수 있는 시간부터 확인한다.

	월	화	수	목	금	토	일
7시	O	×	O	×	×		
8시	×	×	×	×	×		
9시	×	×	×	×	×		
10시	×	×	×	×	×		
11시	×	×	×	×	×		
12시	×	×	×	×	×		
13시	×	×	×	×	×		
14시	×	×	×	O	×		
15시	×	×	×	×	×		
16시	×	O	O	O	×	주말은 비워둔다	
17시	O	O	O	O	×		
18시	×	×	×	×	×		
19시	O	O	O	O	O		
20시	O	O	O	O	O		
21시	O	×	×	×	O		
22시	×	×	×	×	×		
23시	×	×	×	×	×		
24시	×	×	×	×	×		
학습 시간	5시간	4시간	5시간	5시간	3시간		

 월요일부터 금요일까지 하루 1~2시간 정도 수학 공부할 시간이 있다. 공부 계획을 세울 때 문제를 1~2시간 풀 수 있는 분량을 제공하면 무리 없이 수학 공부를 할 수 있다.

1개월 안에 문제집 한 권 마무리

학습 계획을 세우면서 처음에는 이런저런 교재를 동시에 하려고 하는 부모들도 많다. 연산, 교과, 사고력 등 해야 할 것이 많기 때문이다. 그런데 학습 계획표를 처음 써본다면 한 달에 문제집 한 권을 마무리하는 것으로 아이에게 성취감을 선물하자. 처음부터 교재가 많으면 막상 공부하는 페이지 수는 얼마 되지 않는데 가짓수가 많아서 공부를 많이 한다고 느껴져 불만이 생긴다.

우선 문제집 한 권이라도 끝까지 풀어보자. 보통 주말은 학습 계획에 포함하지 않지만 이때만큼은 공부 습관을 길러야 하므로 주말에도 공부하는 것이 좋다. 간단하게 진도표를 만들어 아이가 공부한 페이지를 쓰고, 실행 여부를 표시하면 한눈에 관리할 수 있어 편리하다. 진도표를 만들기 번거롭다면 문제집 목차를 복사하여 문제집 표지에 붙여놓는다. 교재 안에 학습 진도표가 있기도 하지만 이렇게 사용하면 학습 여부를 체크하기 편리하다.

	1	2	3	4	5	6	7
1주 차	61-63	64-66				→진도	
	○	○				→실행 여부	
2주 차	8	9	10	11	12	13	14
3주 차	15	16	17	18	19	20	21

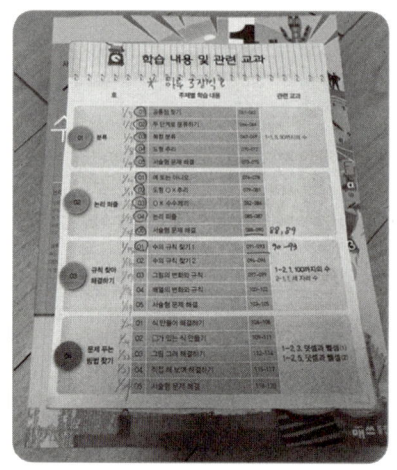
21일 공부 습관

공부 계획은 주 단위로 정하고
아이에게는 월간 계획 확인표를 주자

공부 계획은 주 단위로 정하는 것이 기본이다. 그래야 실천 가능한 계획표를 만들 수 있다. 아이가 공부하는 교재를 기준으로 구분하자. 반드시 연산, 교과, 사고력, 기타로 나눌 필요는 없다. 공부 습관이 자리 잡을 때까지 또는 수학 공부를 열심히 하고 싶다면 주말에 주 단위의 공부 계획표를 만들어서 책상에 붙여둔다. 아이들은 자신이 공부한 성과를 눈으로 보면 더 열심히 하는 경향이 있기 때문에 월간 학습 기록표를 제공하고 공부 여부만 체크한다. 공부한 페이지를 적으면 더욱 좋겠지만 아이 입장에서 귀찮을 수 있고 자신이 공부한 것을 확인하는 것만으로도 성취감을 얻을 수 있다.

날짜 (요일)	2/1(월)	2/1(화)	2/1(수)	2/1(목)	2/1(금)	2/1(토)	2/1(일)
연산	소마셈 B 1주 1일 차	소마셈 B 1주 2일 차	소마셈 B 1주 3일 차	소마셈 B 1주 4일 차	소마셈 B 1주 5일 차	보충 및 오답	
교과(예습)		교과서 유형잡기 1-1 6-16		교과서 유형잡기 1-1 17-27			
사고력	팩토A 21-24	×	팩토A 25-28	×	팩토A 29-32		
기타	매일 한 권 수학 동화 읽기						

주 단위 공부 계획

	소마셈 B	교과서 유형잡기	팩토A	수학 동화
1	○	×	○	○
2	○	○	×	○
3	○	×	○	○
4	○	○	×	○
5				
6				
7				
8				
9				
10				
11				
12				
13				
14				
15				
16				
17				
18				
19				
20				
21				
22				
23				
24				
25				
26				
27				
28				
29				
30				

월간 학습 기록표

Epilogue

 이 책을 펴내면서 교육 컨설턴트 이전에 네 아이의 엄마로서 수많은 고민을 거듭했다. 초등 학부모에게 현실적으로 도움되는 책을 쓰고 싶었기에 작은 부분도 소홀하게 여기지 않았다. 아이가 하나였을 때는 나이도 젊고, 열정도 있어서 어떤 과목이든 엄마표로 충분히 가능했다. 그 당시 컨설팅을 할 때는 이것도 해야 하고, 저것도 해야 하니, 부모로서 역량이 되는 한 충분히 해주라고 조언했다. 그런데 둘째가 태어나 보니 어린아이를 보살피며 첫째 아이 수학 숙제를 봐주기가 너무도 힘들다는 것을 알게 되었다. 둘째는 아기띠를 하고, 첫째의 수학 공부를 봐주던 일이 아직도 생생하다. 우는 둘째를 달래가며 첫째 옆에 붙어 앉아 모르는 문제를 가르쳐주던 나의 모습은 과연 어땠을까? 첫째에 대한 기대치와 열정이 불러일으킨 욕심은 아니었을까?

그 욕심도 잠시, 둘째가 걸어 다니기 시작하면서 첫째의 수학 문제집 한 권을 채점하기가 어렵다는 것을 새삼 깨달았다. 지금은 셋째와 넷째 쌍둥이가 태어나고 다섯 살 터울인 둘째와 열 살 터울인 첫째의 수학 공부를 봐주느라 여전히 고군분투 중이다. 네 아이에게 하루 10분씩 할애한다고 해도 40분이다. 보살펴야 하는 아이가 늘어났지만 첫째와 둘째의 수학 공부는 열심히 진행 중이다.

아이가 많으면 공부시키기가 더욱 어려워진다. 특히 보육이 필요한 셋째와 넷째가 있으면 첫째와 둘째는 스스로 수학 공부를 해야 한다. 5학년인 첫째는 그동안 엄마와 함께한 공부 방법으로 스스로 잘 해나가고 있다. 일곱 살인 둘째는 이제 공부 습관을 잡기 시작했다. 아이가 많아도 학습을 이끌어갈 수 있는 이유는 무엇이었을까? 우선 부모와 아이의 체력이 뒷받침되어야 한다.

첫째 아이가 중등 수학 선행을 시작하면서 수학 학습량이 많이 늘어났다. 공부는 역시 체력이라는 생각이 든다. 집에서 수학학원까지 왕복 12킬로미터인데 비 오는 날을 제외하고 자전거를 타고 학원에 가서 4시간씩 공부하고 오는 딸이 그저 대견하다. 수학 공부를 하고 자전거 타고 집으로 돌아오는 길은 항상 마음이 뿌듯하다고 한다. 차를 타는 대신 자전거를 타고 다니니 체력도 좋아지고 집중력도 생긴다는 말에 그저 고마운 마음뿐이다.

또 하나는 아이에게 맞는 수학 로드맵으로 꾸준히 공부해왔다는 것이다. 우리 아이도 수학에 뛰어나지는 않다. 그저 공부한 만큼 결과가 나오는 평범한 아이이기에 꾸준히 수학 공부를 하고 있다. 그 어느 사교육도 우리 아이에게 맞는 로드맵을 제시해주기는 어렵다. 아이의 컨디션이나 아이가 유난히 어려워하는 영역을 부모만큼 세심하게 관찰할 수 없다. 아이의 수학 약점을 잘 알고 있기에 로드맵도 아이에 맞춰서 세울 수 있다.

그리고 언젠가는 해내고 말 것이라는 아이에 대한 믿음이 컸다. 주변에 수학을 잘하는 아이가 워낙 많다 보니 상대적으로 비교될 때도 있지만 아이 속도에 맞춰 공부할 것이라고 믿고 기다려주었다. 5학년이 되고 나서는 스스로 공부 계획도 세우고, 앞으로 공부 방향도 엄마와 의논한다.

수학 잘하는 아이로 키우고 싶다면 기다려줘야 한다. 아무것도 하지 말라는 것이 아니다. 아무리 바쁘고 피곤해도 졸린 눈을 비비며 아이가 공부한 교재를 채점하는 최소한의 정성은 필요하다. 오늘 하루 애쓴 아이를 위해서라도 부모도 채점이 밀리면 안 된다. 기다려주고 함께 공부한 시간들이 쌓여 지금 초등 수학 학습에 대한 조언을 할 수 있게 되었다.

이 책은 다년간의 상담 경험, 교과과정과 수학 교재 분석, 아이를 직접 공부시킨 경험 등을 녹여낸 결과물이다. 깔루아교육만이 알려줄 수 있는 노하우를 최대한 담았다. 아이와 함께 수학 공부를 하는 부모들에게 작지만 알찬 도움이 되길 바란다.

깔루아교육 조지희